广州华商学院学术著作全额资助，本资助项目编号 2022HSZZ10

双循环下产业结构的优化升级

师应来　著

中国财经出版传媒集团
中国财政经济出版社

图书在版编目（CIP）数据

双循环下产业结构的优化升级／师应来著．--北京：中国财政经济出版社，2023.5

ISBN 978－7－5223－1627－7

Ⅰ．①双…　Ⅱ．①师…　Ⅲ．①产业结构优化－研究－中国　Ⅳ．①F121.3

中国版本图书馆 CIP 数据核字（2022）第 138891 号

责任编辑：孙　琛　　　　责任校对：胡永立
封面设计：王　颖　　　　责任印制：党　辉

中国财政经济出版社 出版

URL：http：//www.cfeph.cn

E－mail：cfeph@cfeph.cn

社址：北京市海淀区阜成路甲 28 号　邮政编码：100142

营销中心电话：010－88191522

天猫网店：中国财政经济出版社旗舰店

网址：https：//zgczjjcbs.tmall.com

北京财经印刷厂印刷　各地新华书店经销

成品尺寸：170mm×240mm　16 开　18.25 印张　256 000 字

2023 年 5 月第 1 版　2023 年 5 月北京第 1 次印刷

定价：78.00 元

ISBN 978－7－5223－1627－7

（图书出现印装问题，本社负责调换，电话：010－88190548）

本社质量投诉电话：010－88190744

打击盗版举报热线：010－88191661　QQ：2242791300

目　录

第三部分　第三产业结构优化升级

第一章 绪 论

第一节 概述

一、研究背景与意义

（一）研究背景

自改革开放以来，尤其是2001年中国加入世界贸易组织（WTO）之后，我国便实行国内循环与国际循环相结合的经济发展格局，在近期中美贸易摩擦与全球新冠肺炎疫情的冲击下，面临国际经济形势的新环境，为加快我国经济可持续循环发展，2020年上半年以来，党中央继续多次强调实施国内国际双循环的经济发展战略。2020年5月23日，习近平总书记指出：要逐步形成以国内大循环为主体、国内国际双循环相互促进的新发展格局。经济双循环的发展格局在如今严峻的国内外形势下，为我国经济发展指明方向，也将成为较长一段时间内我国经济发展的重要导向。

此外，经济双循环是在已有的复杂的国际产业体系中进行我国经济格局的拓新，双循环同样也立足于我国产业链、价值链、供应链等体系的完善规整，以国内大循环为主体，拉动经济高质量发展，提升我国在全球产业链中的地位。若要保证双循环战略的顺利平稳发展，我国产业结构的优化升级、产业链的价值攀升至关重要。经济双循环与国内产业结构优化升级相互促进、相互驱动，通过产业链的完善与产业结构的调整促进国内大循环，提高我国产业的核心竞争力，优化国际循环路径，加速经济的国内外双循环发展。双循环新发展格局的提出，是现阶段我国实现高质量发展的伟大构想，具有三个方面的重要意义。

第一是理论意义：双循环新发展格局基于对现实问题的深入思考，准确把握了现阶段的发展机遇。双循环新发展格局理论，作为对马克思主义理论的继承和发展，是习近平新时代中国特色社会主义思想的创新成果，对我国未来经济发展具有指导性理论意义。

第二是实践意义：双循环战略为我国未来的工作指清方向、点明道路，该格局下发挥人才富集优势、增强科技水平、继续发展制造业、完备产业链供应链等措施已被多次提出，双循环下的众多经济举措充分体现了双循环新发展战略具有鲜明的实践指导意义。需要注意的是，各地区在新发展格局的指导下进行建设的时候，不能“画地为牢”，自顾自地搞发展，而是要加强沟通，相互协作，实现国内市场的大循环。

第三是世界意义：一方面，中国加快构建新发展格局为世界抵御共同风险提供了思维方法，新发展格局以从全局出发为宗旨，在推进过程中注重协调整体，这使各国能更好应对挑战，协调推动经济发展。另一方面，新发展格局有利于推进中国全面扩大开放。习近平总书记强调：“我们绝不会走历史回头路，不会谋求‘脱钩’或是搞封闭排他的‘小圈子’。”新发展格局扭转了国内循环和国际循环的主体地位，但并不意味着进行封闭的国内循环，未来，中国会致力于提高国内外市场联通的效率，与他国共享要素资源，使国内市场走向国际化。

双循环的新发展格局是我国经济发展应对全球经济形势的必要举措，也是历史经验的必然趋势。在双循环的背景下，我国产业结构应如何有效应对、产业链应如何进一步改革等问题值得思考与关注。

（二）研究意义

首先是理论意义：我国正加快构建以国内大循环为主题、国内国际双循环相互促进的新发展格局，并且在接下来的多次会议中，习近平总书记对“双循环”的概念与理论进行多次强调，在当下国外市场经济发展疲软的环境形势，同时为进一步参与全球分工下，“双循环”的提出为国内经济的发展增添了新的活力，开拓了新的方向，也为将来一段时间内我国经济发展指定了新的目标与着力点。而新的发展格局的调整带来的是机遇与挑战并存，为实现全球范围内配置资源与生产布局，这对我国推动三次产业形成较为合适的规模与比例以及产业结构的优化升级提出了更高的要求。

“双循环”发展格局，有助于推进改革力度的进一步加大以及开放程度的进一步加深，从而推进新兴产业布局发展，推动我国产业链和价值链的提质升级。同时，促进新形势下参与国际合作，为我国国际分工体系获取更大的优势以及进一步拓展市场份额与影响力做支撑。产业结构的优化升级，可以促使社会主要行业、产业的投资回报不断提高，同时不断提升要素在国民经济中的分配比例，从而为经济秩序的稳定运转提供更高的实力保障。

其次是实践意义：“双循环”新发展格局，是我国应对复杂多变的国际形势所作出的重要战略判断。在当前经济困境形势下，应当牢牢把握新的经济发展战略带来的难得机遇，推动资源要素的进一步合理配置与三次产业结构的升级，从而促进价值链的提升，从而为我国经济健康、可持续发展注入新的活力。

“双循环”发展格局的提出，可以涌现更多更高质量更充分的就业机会，加之收入分配制度与社会保障制度的完善，推动居民消费意愿，在此基础上引导居民转变消费理念，促进消费升级，实现产品需求具有更多品质化、个性化属性，实现消费需求从求量向提质的转变，从而推动生产参与者加大研发投入、改变服务理念与提升服务质量，满足居民对于更加优质生活水平的要求；同时，以消费升级促使产业结构升级，推动三次产业结构的迭代更新，推动高端服务业以及制造业等技术知识密集型产业的主导发展结构。

“双循环”发展格局的推进，有助于实现社会在生产全过程中生产、分配、流通、消费四大重点环节的循环往复，保证各个环节的发展和畅通。同时，基于着眼全球视角的高度，推动供应链调整以及产业结构升级，实现制造业等关键核心领域的技术突破，从而在更高程度、更广范围扩大对外开放，推动更深层次的参与国际分工，反哺经济发展，实现产业结构的跃迁。

产业结构的升级，实现关键技术领域的突破，减弱对外部市场的技术依赖，可以实现产业链的进一步自主可控以及价值链的进一步攀升。除此之外，改革开放以来，我国凭借劳动力与原材料成本优势，实现了产业的快速发展，但是长期以来处于中低端水平的发展局面并未实现质的改变，在产业结构升级的基础上，通过加强品牌建设与售后服务、提升技术水平与运营管理能力，扩大品牌影响力，增加企业的经济绩效以及提升价值链的地位。另外，产业结构的升级，融合移动互联网、人工智能、数字经济等新兴产业与经济形式，赋予产业发展新动能，实现生产率与创新效率的提升，推进全球价值链分工向服务业渗透。

二、研究内容与思路

本书旨在研究双循环背景下的产业结构优化升级现状，根据三次产业的划分，本书重点研究内容主要分为三部分：第一部分是第一产业结构优化升级，第二部分是第二产业结构优化升级，第三部分是第三产业结构优化升级。具体每一部分将分别从产业发展现状、产业链发展现状、产业双循环的优化路径三个方面进行，对每一产业的各个行业发展现状以及产业链的环节优化等问题进行深入研究，同时对重点行业进行新冠肺炎疫情因素的影响分析，在各产业与产业链现状研究的基础上进行各个产业如何高效、高质进行双循环的优化研究。

本书具体研究思路如图 1 – 1 所示。

三、研究方法与特色

（一）研究方法

本书主要使用了如下研究方法：

1. 文献分析法。本书在前言部分运用文献分析法，在全面搜集相关资料的基础上，对双循环新发展格局与产业升级、经济发展的相互关系进行

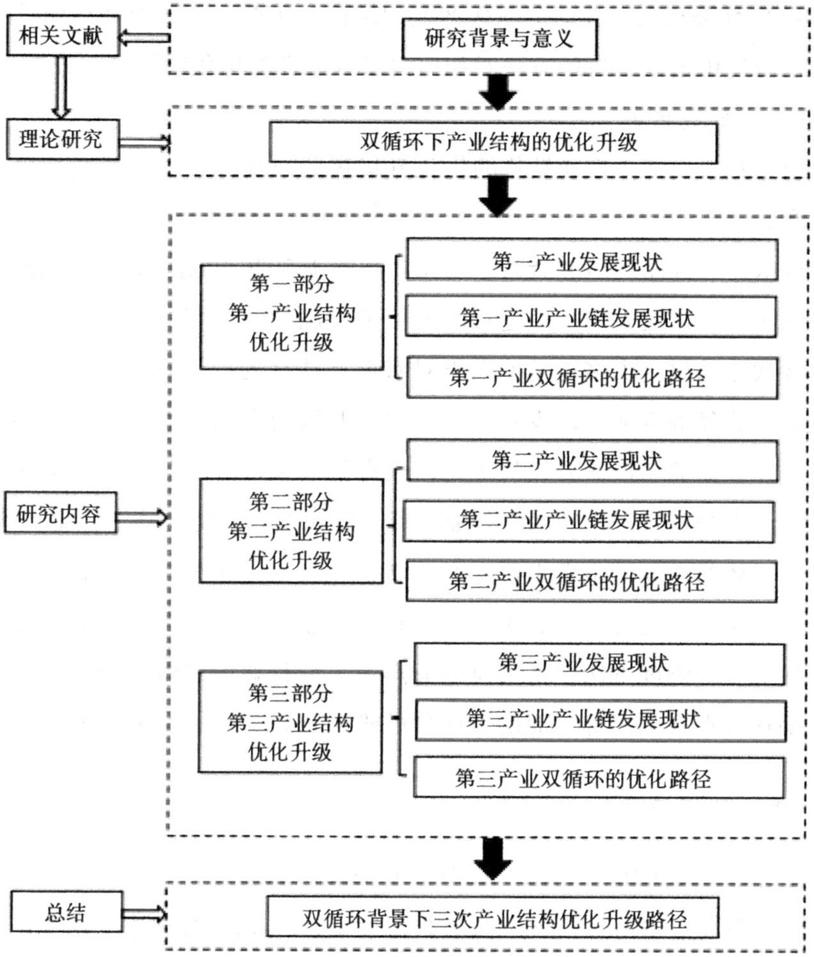

图 1-1　研究思路

归纳整理，为本书研究双循环下产业结构的优化升级提供基础。

2. 学科交叉分析。该方法体现在运用产业经济学、政治经济学、统计学等多个学科的理论与方法来阐述双循环战略、产业链和产业升级的概念与理论基础。

3. 统计分析法。在研究过程中，通过对三大产业相关指标的描述性分析来探讨双循环背景下我国产业结构的现状以及变化趋势，达到对双循环下产业结构升级的正确认识。

4. 定性分析法。在研究三次产业的结构升级时，不仅要使用统计分析法，还需使用定性分析的方法对如何寻求双循环的优化路径进行分析。

（二）研究特色

通过对双循环下产业结构的优化升级进行研究，本书的研究特色主要体现在：

以双循环战略为研究背景。双循环战略于2020年提出，一经提出就引起了学者们的广泛关注。通过对国内相关文献的整理不难发现，目前关于双循环战略的研究大多还是着眼于对双循环战略的产生背景、内涵、构建以及发展路径等方面，较少有从产业结构升级的方面出发来寻求双循环的优化路径。而关于产业升级的研究，现有的成果中也少见有基于双循环战略的背景来分析每一产业的各行业发展现状以及产业链的环节优化。

从具体的产业链出发来研究产业结构。关于产业结构的优化升级，有变异系数法、层次分析法、主成分分析法、偏离—份额分析法和多元回归分析法等多种测度方法。本书通过分产业、分行业的定量分析结合产业链环节描述及存在问题等方面的定性分析研究来产业结构的优化升级。

四、数据来源

本书使用数据较多，原始数据主要来源于国家统计年鉴、国泰安数据库、中经网统计数据库、知网大数据研究平台和EPS数据库中的中国区域经济数据库、中国能源数据库、中国环境数据库、中国高技术产业统计年鉴等。

第二节 研究现状

一、双循环内涵

2020年5月23日，习近平总书记首次提出："我们要把满足国内需求作为发展的出发点和落脚点，逐步形成以国内大循环为主体、国内国际双循环相互促进的新发展格局。”双循环的发展格局以构建国内大循环为基础，事实上，我国之前一直实施国际大循环为主的发展战略，自2008年以来，我国已逐渐在进行由国际循环为主向国内循环的转变，而近期的中美贸易战和新冠肺炎疫情只是为该战略提供了一个迫切性要求（贾根良，2020）[1]。从时机格局上看，双循环的新发展格局适应了我国经济发展阶段以及国际环境的变化，同时也是我大国经济优势的发挥时机（刘鹤，2021）[2]。从战略背景上看，双循环是在我国在冷静理智的经济环境下提出的，它是我国经济发展流向国内因素主导的重要驱动，是全球范围内经济力量格局变动下的战略部署，是有效改善我国产业链、供应链等的充分条件，双循环旨在实现我国未来长期一段时间内的经济战略目标（伍山林，2020）[3]。双循环内涵如下：

第一，以国内大循环为双循环主导战略。双循环的新发展格局本质还是在于稳定我国内部的经济高质量发展，提升我国的经济自给自足能力。以国内大循环为主体，推动国内国际双循环相互促进是开放大国构建双循环新发展格局的重要理念（张燕生，2021）[4]。双循环以经济全球化为提出背景，而该趋势也处于不断变动的状态中，在当今世界的规则博弈变局的不断深化过程中，双循环发展格局必将以国内循环为主导，这是大国发展的一个经验性和趋势性事实（金碚，2021）[5]。确定经济发展的内外导向是我国经济追赶发达国家的破局之路，双循环的实施则以“以内为主，内外互促”原则为基本前提（丁晓强等，2021）[6]。

第二，以满足内需为双循环核心要义。满足国内需求是双循环战略的出发点，黄逸江（2020）[7]指出以内需替代外需是国内经济大循环的战略发展核心，国内大循环本质上是扩大内需政策的配套改革措施。我国依然会继续发展国际市场，实施开放型经济，但该措施是以满足国内需求为最终目标的，增加对外投资、扩大出口等措施目的不仅在于开放，更在于满足内需，有效地利用国际市场补足国内需求（魏杰，2002）[8]。

第三，以有效应对全球新形势为长远目标。近期重大事件频发，国际经济局势动荡，为最大程度减少国内经济受到国外以及国际形势的负面影响，双循环格局用以保障我国有效应对之后的突发国际事件。将国内循环作为经济立足点是在当前全球经济发展放缓、逆全球化形势初现的背景下我国维持经济增长稳定性的必要策略，加强双循环流动发展是当前全球形势下的保稳措施（何云，2020）[9]。

二、双循环与经济发展

双循环的新发展格局是在我国长期的经济发展模式下提出的，旨在推动我国“十四五”时期的经济高质量发展目标，而需求供给结构的双改革从生产和消费端促进双循环的健康可持续发展，同时供求两端的良性融合为经济高质量发展提供基础（丁守海和徐政，2021）[10]。从供给需求侧改革到双循环再到经济高质量发展，三者层层递进，层层促进。

（一）加强需求侧改革是双循环健康发展的基础

在供给侧改革的大环境下，往往忽略需求侧的改革发展，在市场经济中，需求侧对应价值实现，供给侧对应价值创造，而价值创造的条件是价值实现，价值实现的保障是价值创造。需求侧与供给侧互为条件和前提，二者的改革都至关重要。

供给侧改革一般从生产端为出发点，而需求侧改革一般从拉动消费、投资、出口等扩大需求的端口切入（罗良文和梁圣蓉，2021）[11]。刘哲希和陈彦斌（2018）[12]提到拉动我国经济的投资、消费、储蓄的“三驾马车”中，消费水平低下已成为持续性遏制经济新阶段发展的关键，我国居民消费水平实际上较长时间范围内均处于较为低迷的状态。消费的低迷状态导致我国内循环不通畅，即内需体系有待完善，进一步释放内需潜力、扩大内需，构建完善的内需体系可以有效促进国内大循环的畅通发展（黄群慧，2021）[13]。在如今双循环的发展格局下，需求侧改革要以促进双循环过程的畅通性为改革基础，需求侧的健康发展一定程度会带来供给侧的健康发展，保证供给侧产业链条畅通发展，从而增强国内大循环健康发展（金碚，2021）[14]。在立足于国内需求的基础上，商品和要素在国内市场中的自由流动为产业结构提供了一个良好的正向循环，关注居民消费需求扩大消费力度是国内经济增长的保障，国内需求的扩大又可通过消费进口产品、引进国外技术等形式促进国际循环（张永亮，2020）[15]。

（二）双循环发展格局是实现经济高质量发展的重要支撑

党的十九大报告明确提出，“我国经济已由高速增长阶段转向高质量发展阶段”，经济的高质量发展已成为我国21世纪中叶之前最重要的发展战略之一。而双循环的发展模式作为最新的经济发展模式，同样在为实现我国经济高质量发展作出贡献。

我国经济已进入高质量发展阶段，却又突遇新冠肺炎疫情，世界范围的经济形势如今遭受严重影响，面对国际国内的经济新格局，双循环的新发展格局对中国经济可持续的高质量发展具有重要的战略意义（程恩富和张峰，2021）[16]。新兴的世界“工厂+市场”的双循环发展格局是我国经济高质量发展中必须关注的重要概念，一方面，加快中国与全球化的融入程度，提升中国的工厂地位；另一方面，通过扩大需求逐步形成世界市场，以双循环的视角促进我国经济的高质量发展（刘伟和陈彦斌，2021）[17]。科技创新是我国经济高质量发展的重要驱动，基于双循环的中长期发展格局，全面自主创新将成为我国创新战略的核心（陈劲等，2021）[18]。从交换为主的市场经济到以满足人民需求为主的市场经济是我国经济高速到高质量发展目标的重要转变，满足内需成为高质量发展的关键（金碚，2018）[19]。而双循环战略的落脚点在于利用创新替代进口，从原有的国外大循环转向以技术创新和扩大内需为支撑的国内大循环是我国经济高质量发展的应有之义（傅春和赵晓霞，2021）[20]。国内大循环以国内的需求和市场为主，国内大循环的畅通以可以有效将国内需求潜力转化为经济高质量发展的动力（沈坤荣和赵倩，2020）[21]。

三、双循环与产业结构的优化升级

三次产业升级与国家的经济发展息息相关，完善的产业链形态可以拓宽产业升级空间，地区产业链的资源禀赋为产业结构的优化升级提供突破口。产业升级是我国实现经济高质量发展的必经之路，同时是双循环战略的必备基础。

（一）产业链升级驱动国内大循环发展

一个国家产业链的发展往往关系着其在全球价值链中的地位，我国双循环新发展格局的一大重要目标即满足国内需求，发挥国内优势，充分提升我国在国际循环中的经济地位。产业链改革发展问题实际上是我国供给侧改革的首要问题。

目前，众多实证研究证明我国在全球价值链体系下依然处于中下游水平，我国要继续加强产业创新投入，培育创新链、供应链，以技术带动我国产业链发展，为双循环体系的完善提供实用动能（郭晴，2020）[22]。而在我国价值链整装待发的阶段，又遭遇美国实行单边保护主义、发动贸易战等经济突发事件，再加之新冠肺炎疫情的影响，我国产业链面临断供风险，此种情况下优化产业链升级、防控产业链风险、提高我国产业链安全稳定性是双循环发展的关键因素（樊纲，2020）[23]。双循环新发展格局的实施要求通过强化产业链关键环节、完善创新技术、充分发挥我国完备的产业体系的积极作用等提高我国产业链、供应链的安全稳定性，安全可靠的产业链环境可有效提高我国经济发展质量效益，提升国际竞争力，加速国内大循环的发展（马建堂和赵昌文，2020）[24]。在国内大循环的主体格局下，坚持供给侧结构性改革，充分重塑产业链，提升产业链发展水平，以产业链升级引领要素条件，提高生产率，驱动经济内循环的快速发展（黄炎，2021）[25]。

（二）双循环与产业结构优化升级相互促进

产业结构的优化升级是双循环发展战略中的重要组成部分，产业链的完善实际上是产业结构优化升级的重要一环，产业结构的改革与我国经济增长相辅相生，与双循环战略互相促进、共同进步。

产业结构升级是一个经济体从主要依赖于低技术、低附加值的产业向高技术、高附加值产业主导的演变过程（沈瑗瑗，2020）[26]。关于产业结构与双循环的逻辑关系，目前大多研究以二者相互促进为结论。一方面，双循环促进产业结构优化升级：国内外经济双循环的发展，可促使我国产业向高技术、高附加值发展，促进产业结构的优化升级（刘轶芳和李霞，2020）[27]。双循环战略的提出旨在为我国提供一个产业结构优化升级的基本思路，即以国际视野、范围、市场为基础推动国内供应链调整，更加深入融入国际产业分工，实现国内产业链国际布局优化水平（周诚君，2020）[28]。就制造业而言，以国内循环为主、国内外双循环同时发展的机制有利于产业体系的完善，加快国内制造业支撑结构的形成（马丹等，2021）[29]。另一方面，产业结构优化升级促进双循环发展：产业转移结构的高级化演进及其正面效应有助于产业转移共生体系的形成，加快双循环格局发展（张倩肖和李佳霖，2021）[30]。陈要立（2020）[31]着重于研究双循环下河南省产业结构的优化调整，完善的产业结构与产业升级有利于国内大循环的主体构建，促进国内国际双循环格局发展。

四、总结评述

本书以双循环的概念与内涵为出发点，以一个文献综述的视角对双循环新发展格局与产业升级、经济发展的相互关系进行梳理总结。我国双循环新发展格局是顺应国际以及国内经济形势而为，其以满足内需为出发点，将循环体系原则建设为“以内为主，内外互促”，为有效应对全球紧张的经济局势，提升我国世界经济地位。

双循环是实现经济高质量发展的必经之路。产业链体系与产业结构的优化升级实质上是从供给端出发进行的经济供给侧改革，扩大内需、满足国内居民需求则是从需求端出发的经济策略，充分释放国内消费潜力、增大需求是双循环战略的出发点和落脚点。而双循环的战略的最终目的是为我国实现经济高质量发展，双循环格局强调国内循环的主导力量，同时利用科技创新等技术手段减少对国际产品的依赖性，形成以国内为主，国际为辅的经济循环局势，为进一步实现经济的高质量发展提供必要条件。

双循环与产业升级机制相互促进。产业链体系的改革与完善可以有效畅通国内大循环，提升产业链、供应链等的安全性，促进国内循环的稳定发展，同时提升在全球价值链中的中国地位。而国内三次产业结构的优化升级一方面可以通过产业结构的体系调整为双循环提供一项重要动能，另一方面其也成为双循环战略下的受益者，利用双循环的发展格局，将产业结构的优化升级落到实地。

目前，双循环的新发展格局在国内初步提出，其首要任务是保证双循环战略的健康可持续发展。结合已有研究，可以主要从以下几点进行策略设定：第一，是坚持扩大内需，释放国内消费潜力，为价值创造提供实现动力。第二，要加强自主创新能力，加快科技创新水平向价值链上游的攀登以及核心技术的攻克，实现主要进口产品的国产替代（陈林，2021）[32]。第三，应充分发挥我国自身优势，利用国内资源禀赋实现资源的高效配置，优化资本布局与产业结构。在双循环的大环境下进行产业结构的合理优化升级，为加快实现经济高质量发展提供一定参考思路。

第三节 理论研究

一、双循环战略的概念与要求

双循环战略不仅是在我国经济增长迈入新阶段情况下的内在要求，而且是在面对中美贸易摩擦和新冠肺炎疫情等复杂形势下的重要举措。由第二节的研究现状概括出双循环战略的内涵：双循环战略以国内大循环为主导，该循环始终发挥其主体性作用，以满足国内需求为目标，以有效应对全球新形势为长远目标，有效发挥国际循环的互补作用，国内国际循环相互促进。

基于双循环战略的内涵，构建双循环新发展格局的要求梳理总结如下：

第一，完善内需体系，促进改革创新，畅通国内大循环。我国作为世界名列前茅的经济体之一，具有超大规模的市场优势和较大的内需潜力，但目前我国的内需动力与其他发达国家相比仍然不足，内需市场还可以进一步发展。黄群慧（2021）[33]指出我国内循环要达到畅通的状态就需要抓紧完善内需体系，而要实现该目标则要求从现代化市场体系、现代化产业体系、收入分配体系和消费体系四方面入手。段炳德（2021）[35]提出要畅通国内大循环，一是要从消费侧和供给侧下手，改善消费环境，推进企业提升其生产技术水平和产品质量，即加强人们的消费意愿，促进供给改革；二是重视创新，重视我国信息技术产业在关键核心技术上的掌握能力，以此逐渐降低对国际供应链的依赖；三是加强要素市场改革和供给侧结构性改革。

第二，高水平开放，促进国内国际双循环良好互动。双循环战略以国内大循环为主，同时也十分注重国际循环的运行，内外循环缺一不可。班军（2021）[34]认为要构建双循环新发展格局还需积极参与国际市场，近年来我国对外开放的步伐逐渐加快，在这种形势下要提高与多边合作的积极性，提高我国在一些多边合作机制中的影响与贡献程度。段炳德（2021）[35]提出除了畅通内循环之外，还需要从以下几点来实现高水平开放，推进双循环战略。一是按照人类命运共同体理念的要求，妥善处理与别国的关系；二是通过加大我国内陆区域、服务产业的开放力度，加快“一带一路”倡议的进程等措施推进对外开放新格局的建设；三是统筹对内改革和对外开放。

二、产业链的定义和理论基础

（一）产业链的定义

产业链的思想最早可追溯到西方古典经济学家的一些观点和论断中，并于20世纪90年代之后得到我国众多学者的关注与探讨。随着产业链在我国热度的不断上升，关于产业链的研究也从一开始的农业扩展至能源产业、文化产业以及包含物流服务业等新兴产业的众多产业领域，产业链的基础理论也不断得到完善。

目前对于产业链的定义有众多解释，不同学者基于不同的研究需求和视角给出的解释也不尽相同，大致可以从宏观、中观和微观三个层面来阐述。宏观层面上，产业链被认为是基于产业关联而形成的链条式关联形态，即各产业依据前、后向之间的供需关系、投入与产出关系形成了产业链，前后向产业之间存在着技术经济关联；中观层面上，产业链定义为企业间形成的战略关系链，即在产业群聚的地理范围内，在某个产业中具有较大竞争力优势的企业为产业链核心，提供资源、技术等的相关产业作为纽带，企业集合成为产业链；微观层面上，产业链的定义基于价值链与供应链，产业链是指围绕最终的产品或服务，产业部门之间在从原始资源至最终交易消费品或服务的全过程中形成的动态关系。

上述关于产业链的定义是基于不同的层面提出的，不难发现这些定义间的相同之处，即产业链中包含有众多与经济生产活动相关的企业，也涉及许多不同的相关产业，以提供最终产品和服务为最终目的。本书借鉴刘贵富[36]的观点，产业链的定义从战略联盟的角度出发，定义产业链为：由产业中实力较强的优势企业为链核，上下游企业间以投入产出为纽带，在生产最终产品或服务的整个过程中实现价值，并通过一定的逻辑关系和时空关系形成的链式集合体。需要说明的是，在整个产业链的构成中，企业可以来自同一产业也可以是不同产业，同时整个产业链存在的意义是提供符合人们需求的产品或者服务，其中的所有生产活动也是以此为目标。

（二）产业链的理论基础

我国关于产业链的理论研究除了上述的产业链定义外还集中在产业链类型、形成机制、运行机制和优化整合四个方面。其中产业链的形成机制主要是研究产业链的形成动因及形成过程，运行机制主要研究产业链运行的内在机理，优化整合则是针对产业链寻求整合模式和优化路径以提升产业链的整体竞争力。

产业链的类型基于不同角度出发可以有多种分类方法，典型的有以下几类：（1）以产业链的作用范围为分类标准。将产业链分为全球产业链、全国产业链、区域产业链等，不同类别产业链间的作用范围主要是根据其作用的地理区域大小来判定（刘贵富，2006）[36]；（2）按所属行业进行分类。这种方法是根据产业链的最终生产产品或服务以及所属市场、生产过程所涉及的关键资源、关键技术来划分产业链的类别，例如将产业链分为复合材料产业链、印刷产业链、旅游产业链、农业产业链，等等；（3）将位于链核的企业地位作为分类标准。若产业链中企业间关系表现为核心优势企业占据主导地位，其余中小企业为该优势企业提供配套式的生产服务，则称该产业链为王国式产业链。若产业链中各企业地位处于同一水平上，并无高低之分，则称之为共和式产业链。若产业链具有两条及以上的产业链网，又同时具有王国式和共和式产业链的特征，即存在核心优势企业与其他中小企业的上下属关系，也存在产业链网之间相互依赖的平行关系，则称为联邦式产业链（范晓屏，2005）[37]；（4）根据产品类型进行分类。产业链的最终目标是生产产品或提供服务，对于呈纵向形态的产业链，若位于产业链上游的企业所产产品就是最终为消费者提供的产品，则称该产业链为类型Ⅰ，若上游企业所产产品仅为最终产品的中间产品，则称该产业链为类型Ⅱ，若所产产品既可以作为中间产品也可作为最终产品，则称该产业链为类型Ⅲ（郁义鸿，2005）[38]。此外关于产业链的类型还有从产业链中企业间关系、产业链形成机制、生态属性等角度进行划分的，这里不一一叙述，具体使用何种分类标准需视自身实际研究需求而定。

产业链的形成机制即研究产业链的形成动因及过程，关于形成机制的研究观点主要有：（1）产业链的形成一是由于日趋激烈的市场竞争对产业网络的需求，二是为了及时响应客户的需求以及应对社会压力，三是由于产业链具有能够促进企业间协同合作、降低成本并且便于管理的优势（蒋国俊和蒋新明，2004）[40]；（2）产业链的形成“4+4+4”模型。这种模式认为产业链的形成是为了实现产业价值，产业链四维对接模型作为内模式，四维调控模型作为外模式，最后从这两个四维的角度基于企业间关系得到产业链外在的四种表现模式（吴金明和邵昶，2006）[41]；（3）产业链的形成动因被认为有内在和外在两方面的影响，外部因素包括信息技术和经济全球化发展的大环境因素，也包括企业所具备的区位优势影响，内部因素则指的是各企业为实现价值和利益最大化的目标，形成产业链可以有效降低各企业分摊的风险，并通过协同合作带来更大的经济效益以及其他好处。同时产业链的形成动因还会受历史环境的演变的影响，产业链的形成动因是企业在环境的动态变化中的自适应，以适应环境的变化以及竞争优势的改变（刘贵富，2006）[36]；（4）“3+3+3+3”模式。该模型认为产业链由“龙头”“七寸”“配套”三环节构成，并以此形成相对应的“龙头企业”“核心企业”和“关联企业”，同时针对这三大环节分别有需求拉动机制、创新驱动机制和传导机制，这些机制综合作用导致了产业链的形成，最终以三类创新推动产业链建设（吴金明和黄进良，2007）[39]。

关于产业链运行机制方面的研究稍多，这里仅简要阐述一些主要观点：蒋国俊和蒋明新（2004）[40]提出了产业链的三种稳定机制，包括竞争定价机制、利益调节机制和沟通信任机制；刘贵富（2006）[36]提出了六种运行机制：利益分配机制、竞争谈判机制、信用契约机制、沟通协调机制、风险共担机制和监督激励机制。

产业链的优化整合也是产业链理论体系中不可或缺的一部分，随着贸易全球化以及产业内更加专业化的分工，企业间需要分工合作才能够完成最终产品或服务的全部生产过程，此时如何更好地调整优化产业链就显得尤为重要。产业链的整合模式根据不同产业链的结构特点可分为水平横向、垂直纵向，以及纵、横向混合三种模式（张燕，2016）[42]。此外，还有学者提出战略联盟型、产业集群型整合以及股权并购型整合三种模型（卜庆军和古赞歌等，2006）[43]，芮明杰学者也在其专著中给出了关于产业链知识整合的详细理论，构建了用以研究产业链整合的三维度模型。

综上所述，关于我国产业链理论的研究成果众多，尽管研究的深度有限，一些观点尚未达成共识，但理论框架与逻辑体系也在不断得到完善。在产业链的理论研究中，经济学、管理学、社会学以及生态学等都为产业链提供了理论支持。

三、产业结构优化升级的界定和理论基础

（一）产业结构优化升级的界定

产业结构也称为产业体系，是指各产业部门之间、各产业部门内部之间的构成。研究产业结构其实是研究各种生产要素在各产业部门以及各产业部门内部之间的配置。随着经济的飞速发展和技术的不断进步，产业结

构呈现出有规律的演变轨迹，产业结构便是沿着这种有规律的演变轨迹进行优化升级。目前产业结构优化升级主要是包含产业结构合理化和产业结构高级化两方面内容。

产业结构合理化，是指在已有的经济技术条件上协调产业间的各种关系，并调整生产要素在当下产业结构中的配置，从而提高产业间有机联系的聚合质量。产业结构合理化是针对现有的产业结构，体现在各产业间的协调程度和关联水平。若产业结构越合理，相对应的产业间的协调程度和关联水平越高，反之，若产业结构越不合理，则产业间的协调程度和关联水平也不会太高。

产业结构高级化，是指产业结构从低水平发展转向高水平发展，最终形成高效益的产业结构。产业结构的高级化包含有三方面：一是产业结构重心逐次转移，由第一产业依次转移至第二产业和第三产业；二是要素密集度逐次转移，劳动密集型产业占比减少，资金密集型、技术密集型产业与之相反，所占比重越来越大；三是产品形态依次转移，产业结构的主要占比从初级产品的生产产业转移至中间产品、最终产品的生产产业。对于产业结构高级化的衡量，通常采取所得弹性标准、生产率上升原则和技术、安全、群体原则。当一国产业结构高度化达到一定的标准时，就可以称此时的产业结构是当前时期最合适的状态。

产业结构合理化是针对当前的产业结构进行调整，将资源重新合理配置，实现产业的协调发展，而产业结构高级化则是建立在合理化的基础上。产业结构优化升级就是从合理化和高级化两方面出发。

（二）产业结构优化升级的理论基础

产业结构优化升级的相关理论分别从演变和调整两个角度整理如下：

从演变角度出发，产业结构演变理论有封闭型和开放型两种类型。前者具有代表性的理论主要有：（1）配第①—克拉克定律②。该定律将产业

① 威廉·配第：《政治算术》，马妍译，中国社会科学出版社，2010年版。

② Colin Clark：《The Conditions of Economic Progress》，London：Macmillan&Co. Ltd，1940.

结构的演变与国民收入相对应，揭示了劳动力人数在三次产业中的转移规律，劳动力人数随着经济水平的提高和国民收入的增加，主要占比从第一产业转移至第二、三产业。（2）库兹涅茨理论①。该理论建立在配第—克拉克理论的基础上，不同于配第—克拉克理论中将产业分为第一、第二和第三产业，该理论将产业分为农业、工业和服务业，并指出人均国民收入可以决定产业结构的变化。产业结构中农业就业人数和收入的占比呈下降趋势，工业部门就业人数占比变化不大，收入占比逐渐上升，而服务业部门不论是就业人数还是收入，两者的占比都呈上升趋势；（3）霍夫曼定理②。该定理通过霍夫曼比例（轻工业规模除以重工业规模）将工业化阶段划分成了四段，在这四个阶段中，轻工业规模不断下降，重工业规模越来越大并占据主导地位。后者具有代表性的理论主要有：（1）动态比较费用论。该理论认为比较成本是动态的，当比较成本处于劣势地位时，政府可以通过政策干预等手段扶持和保护具有发展潜力的重点幼稚产业，实现比较劣势与优势的转换，同时还强调贸易结构的合理化应该与产业结构的合理化处于同一水平；（2）雁行产业发展形态说③。该理论是指后进国家可以通过“进口—当地生产—出口”的往复循环来缩短本国工业化进程，使本国产业结构朝着工业化、重工业化和高加工度化发展。后续该理论被扩展至五个阶段；（3）钱纳里工业化阶段理论④。该理论依据人均生产总值将经济演变过程划分成了准工业化阶段、工业化阶段以及后工业化阶段，主导产业在三个阶段中依次从劳动密集型产业转至资本密集型再到技术知识密集型。

从调整理论出发，产业结构调整理论较典型的有：（1）丁伯根经济政策理论。该理论将经济政策分为三种，并认为只有当经济政策的数目与经

---

① 库兹涅茨：《国民收入及其构成》，商务印书馆，1985 年版。

② W. G. Hoffmann：《工业化的阶段和类型》，1931 年。

③ 赤松要：《我国经济发展的综合原理》（THE SYNTHETIC PRINCIPLES OF THE ECONOMIC DEVELOPMENT OF OUR COUNTRY），1932 年。

④ 钱纳里，鲁宾逊，赛尔奎因：《工业化和经济增长的比较研究》，吴奇等译，上海人民出版社，1995 年版。

济目标的数目一致时，经济政策才是均衡有效的。产业结构调整也是经济政策中性质政策的工具之一；（2）二元结构转变理论①。该理论以发展中国家为对象，揭示了劳动力结构在农业和工业两部门间的转变规律。针对发展中国家，将生产结构划分为农业和工业两部门，农业部门生产率低，劳动力往往供过于求，工业部门生产率较高，对劳动力的需求高，此时若农业部门的剩余劳动力愿意转移至工业部门，不仅可以稳定住工业部门的劳动力成本，便于其积累资本，还可以提高农业部门劳动生产率，使农业就业人员的报酬上涨，最终农业、工业两部门的劳动收益相当，劳动力转移趋向稳定；（3）不平衡发展战略。该理论由赫希曼提出，他认为在受到投资资源的限制时，后进国家应该将资本集中投入可以直接带来产出效益的生产活动部门，再将这些生产部门的一部分收益投入基础设施部门，进而促使该部门得到发展。同时还指出，后进国家在确定优先发展的产业时需要根据产业间的相互关系来进行，对产业中关联效应最大的进行优先投资。（4）主导产业扩散理论。该理论由罗斯托提出，他认为无论在经济发展的任何阶段，经济能够持续不断地发展都要归因于主导部门的扩张，而这种扩张又带来了扩散效应，从而推动产业结构优化升级以及经济发展。

（三）双循环下产业结构优化升级的内涵

由第二节的研究现状可知，双循环战略与产业结构优化升级之间存在的辩证关系为：双循环战略推动产业结构的优化升级，产业结构的优化升级是双循环新格局的重要组成部分，能够加快双循环格局发展。这主要体现为：

双循环战略要求产业结构优化升级。双循环战略是以国内大循环为主，内循环也随着我国经济的高质量发展而占据主体地位。国内循环往往涉及多个产业部门，要保证国内循环的良好运行，就需要我国产业间保持协调发展，资源在产业间的配置处于合适的状态，这实际上是产业结构合

---

① Lewis W A：《Economic Development with Unlimited Supply of Labor》，The Manchester School of Economic and Social Studies，1954（5），139－19.

理化。同时畅通国内大循环需要扩大内需，这可以通过促进传统产业技术改进，推动新兴产业发展和产业转移等手段来落实，这些手段实际上是产业结构高级化。

产业结构优化升级在双循环战略中的作用。产业链布局的优化升级有利于推进双循环新格局的构建，我国的工业体系由于其完备性与其他国家相比处于优势地位，发挥其优势，推动产业往高附加值方向发展，加大对高新技术产业等重点产业的投入力度，努力填补我国在产业链供应链的不足，可以应对贸易摩擦和新冠肺炎疫情等突发事件对产业链和供应链的冲击。同时产业转移结构的高级化演进及其正面效应也有助于产业转移共生体系的形成，能够加快双循环格局发展。

第一部分　第一产业结构优化升级

第二章　第一产业发展现状

第一节　总体发展现状分析

第一产业总产值如图 2－1 所示，总体呈上升趋势，增速较快，总产值由 2010 年的 67763 亿元增长到 2019 年的 123968 亿元。从需求上看，随着国民经济的发展，国民需求的日益增长，而且农业是一国之本，在客观上农业总产值有着充足且持续的动力。从供给上看，农业生产技术的进步驱动着农业全要素生产率的提高，在我国人多地少的实际国情下，农业总产值的提高离不开技术的进步。

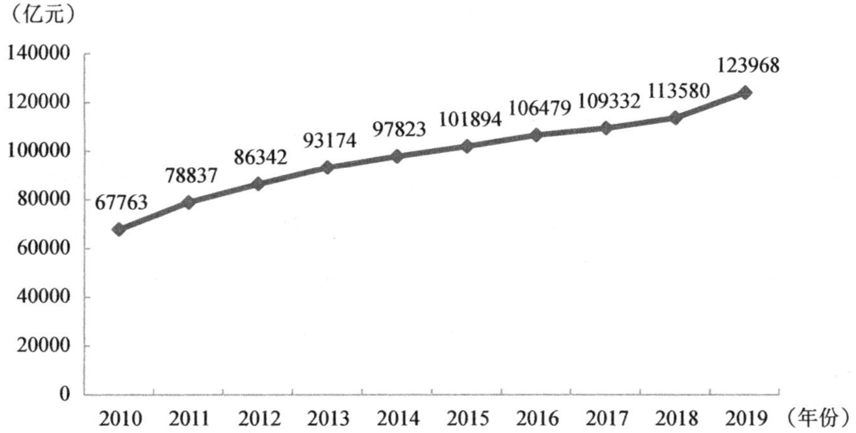

图 2－1　2010—2019 年我国第一产业总产值变化情况

从结构来看，如图 2－2 所示，第一产业中农业产值所占比重最大，一直处于 50%—60%，比重逐年上升，增幅较缓，我国虽然国土面积大，但耕地面积极为有限，再加上人口众多，粮食需求大，粮食安全问题愈发得到重视。牧业次之，由 2010 年的 31.38% 下降到 2019 年的 28.14%，牧业主要提供肉蛋奶等动物性食品或为工业提供原料，与粮食安全问题并不完全挂钩。在经济全球化大发展的现在，牧业一定程度上可以通过其他牧业发达的国家或地区（如阿根廷、巴西等国家）进行补充，因此比重有所下降既有行业本身的原因，也有时代特征的推动。林业和渔业所占比重呈上升状态，但上升幅度整体较小，在 2019 年分别为 4.92% 和 10.7%。

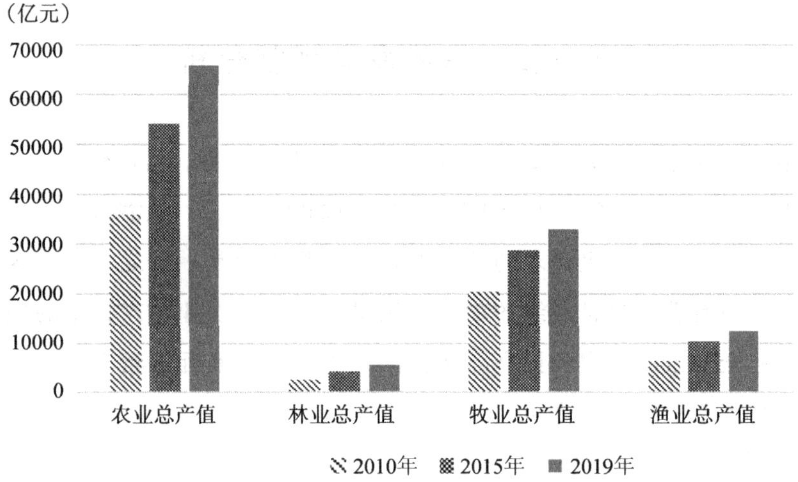

图 2-2　2010—2019 年我国第一产业各行业产值占比

在从业人数方面，从图 2-3 可以看出，从 2010 年至 2019 年，无论是第一产业就业人数还是第一产业人员所占比重，都处于缓慢下降趋势，一方面是农业生产要素效率的提高，劳动力需求下降；另一方面，随着工业和服务业的发展，第二、第三产业从第一产业吸纳了大量的劳动人口，在客观上，一般的劳动力从事第二、第三产业的工作相较于农业生产也能获得更高的收入，进而改善自己的生活水平。

在产业竞争力方面，可以用显示性比较优势指数来衡量我国某个产业在国际市场上的竞争力，如果显示性比较优势指数大于 2.5，则表明该国相应产品在国际上具有极强的竞争力，如果显示性比较优势指数在 1.25—2.5 之间，则表明该国产品具有较强的国际竞争力，如果显示性比较优势指数在0.8—1.25之间，则表明该国产品具有中度的国际竞争力，如果显示性比较优势指数小于0.8，则表明该国相应产品竞争力弱。

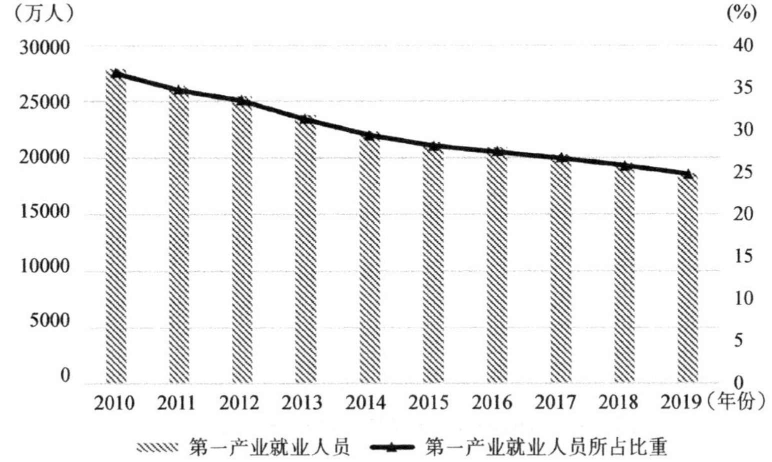

图2-3　2010—2019第一产业从业人数

通过计算我国主要农产品的显示性比较优势指数可以发现，谷物、畜产品、油料作物等农产品不具备国际贸易比较优势，而园艺作物和禽类产品具备出口比较优势。中国谷物农产品一直以来追求的是实现基本自给，口粮不依赖进口，当然也并不以出口为目标，因而谷物农产品并不具备出口比较优势。2019年，稻谷、小麦和玉米三大谷物的自给率达到98.75%，为中国社会稳定发展和防御如新冠肺炎疫情等重大突发公共卫生事件提供了坚实保障。而园艺作物和禽类产品具备较强的国际贸易比较优势，2018年中国园艺作物比较优势指数达到1.94，园艺作物和禽类产品则需要具备足够强的国际竞争力，力求在国际贸易中占重要地位。

第二节　分行业发展现状分析

一、农业发展状况

（一）农业总产值

我国自古以来就是农业大国，农业是我国产业结构的重要组成部分。

2010 年以来，中国农业总产值呈稳步上升趋势，2018—2019 年有较大幅度的增长，2019 年达到 66066.45 亿元，在 2019 年实现 9% 的增长。

图 2－4 2010—2019 年农业总产值的发展情况

由图 2－5 可以看出，2010—2019 年，农业占农林牧渔总产值的比重在 50% 上下波动，农业的重要性和基础地位没有改变，农业总产值占农林牧渔总产值比重自 2010 年以来始终保持在 50% 以上，10 年以来有小幅度提升。相比之下，畜牧业和渔业占第一产业的比例多年来连续增加。

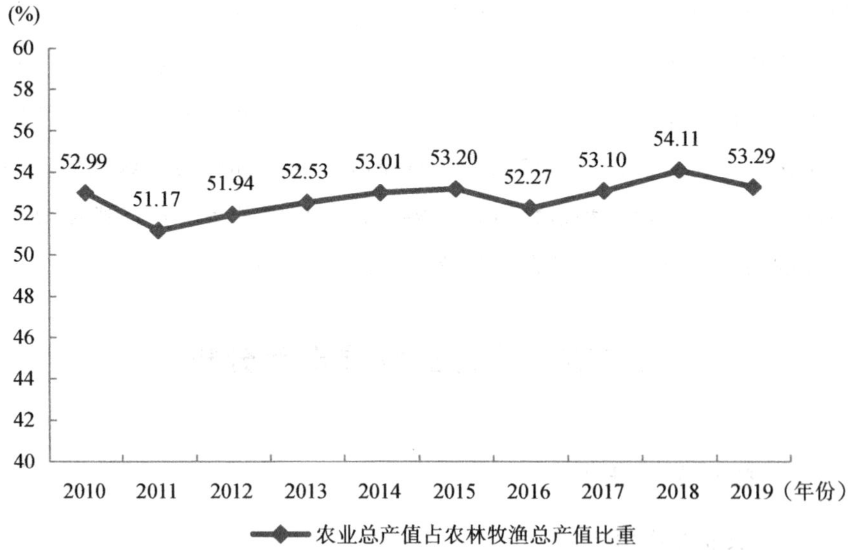

图 2－5 2010—2019 年农业总产值占农林牧渔比重变化趋势

（二）主要农产品生产成本

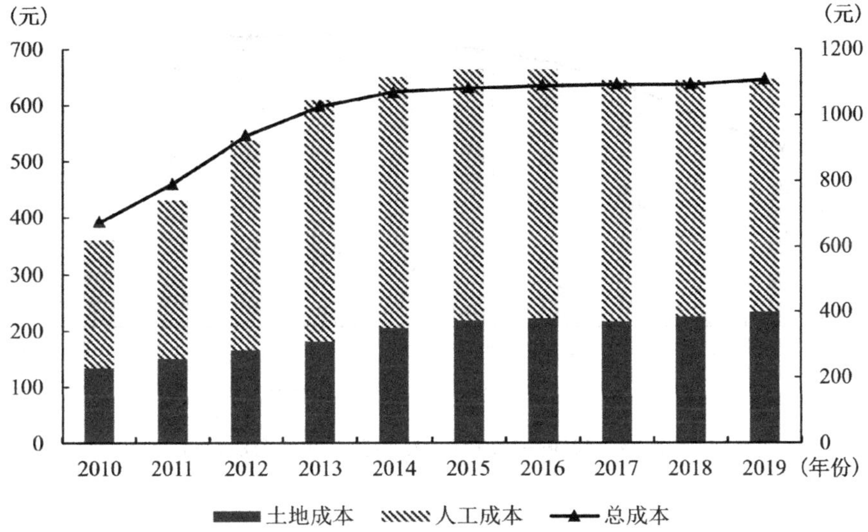

图 2－6 2010—2019 全国三种粮食平均成本构成

中国主要农产品生产成本在 2010 年至 2019 年期间稳步增加，其中人工成本和土地成本是最主要的原因。2010 年至 2019 年，我国稻谷、小麦和玉米每亩人工成本分别实际增长了 1.78 倍、1.91 倍和 1.81 倍，每亩土地成本分别实际增长了 1.71 倍、1.79 倍和 1.76 倍（见图 2－7、图 2－8 和图 2－9）。

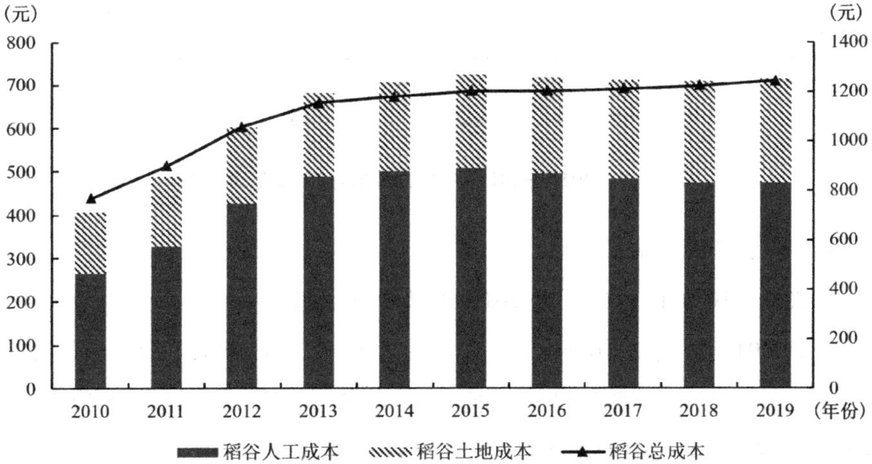

图 2－7 2010—2019 年中国稻谷总成本变动趋势

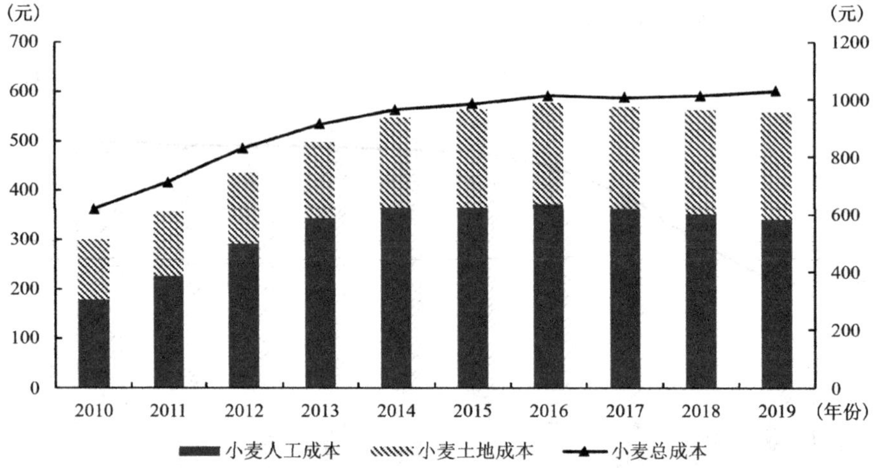

图 2-8　2010—2019 年中国小麦总成本变动趋势

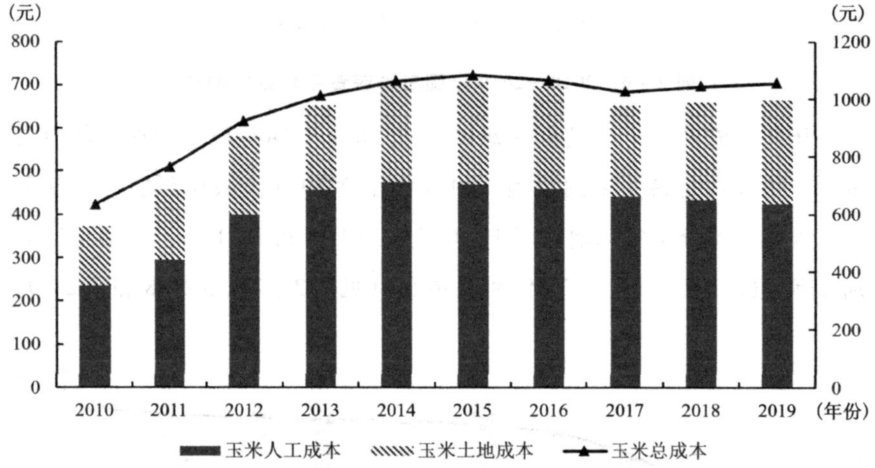

图 2-9　2010—2019 年中国玉米总成本变动趋势

（三）农作物播种面积

从图 2-10 可以看出，自 2010 年以来我国农作物播种面积整体呈上升趋势，从 2010 年到 2016 年播种面积由 1.59 亿公顷增长到 1.67 亿公顷，而 2016—2019 年呈下降趋势。数据显示 2018 年我国农作物总播种面积为 165902.4 千公顷，2019 年我国农作物总播种面积 165930.7 千公顷，比 2018 年末增加 28.3 千公顷，同比增长 0.02%。为满足我国的粮食需求，农作物播种面积在初期处于上升状态是可以预见的，但近年来播种面积有所下降，主要受三方面的影响：第一，受国家政策的引导和支持，各地区各省市抓好粮食生产，深入推进农业供给侧结构性改革，在维持农业生产能力基本不变的情况下，有序稳步推动耕地休耕轮作试点工作，减少低质低效作物种植，扩大大豆、杂粮等优质高效作物种植规模；第二，一些大宗作物如稻谷、小麦，价格持续走低，且伴随着种植成本的提高，农民的种植积极性受到影响，一部分农民会减少作物种植，一部分农民会放弃农业生产流转到其他产业；第三，种植技术的提高。种植技术提高必然会推动单位面积产量的上升，在粮食需求保持稳定的情况下，播种面积的需求量自然会随之下降。

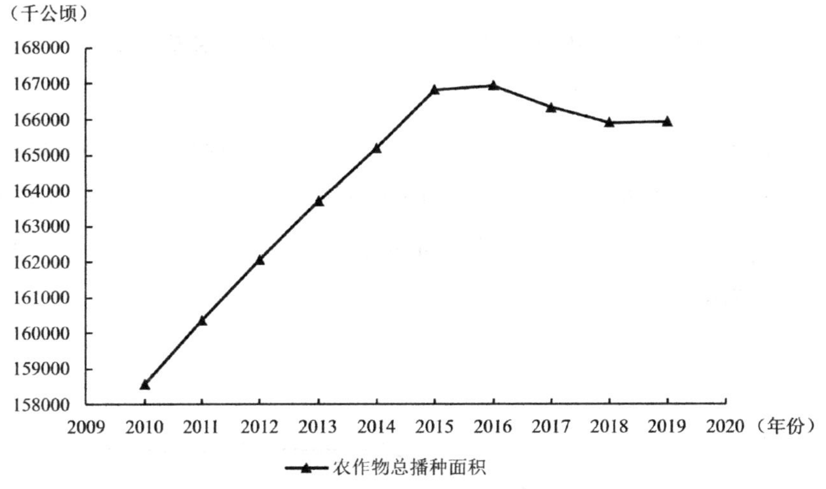

图 2-10　2010—2019 年中国农作物总播种面积变动趋势

中国老百姓自古以来就是“看天吃饭”，所谓“仓里有粮，心里不慌”，经过多年的艰苦奋斗粮食基本实现自给。2010 年全国粮食作物播种面积 111695 千公顷，6 年来播种面积连续增加，到 2016 年播种面积达到峰值，达到 119230 千公顷，此后连续 4 年粮食播种面积小幅下跌（见图 2-11）。2019 年，全国各省各地区积极贯彻党中央精神，着力解决“三农”问题，坚决抓好粮食生产。根据统计数据，2019 年全国粮食播种面积为 116064 千公顷，比 2018 年下降约 0.8%。

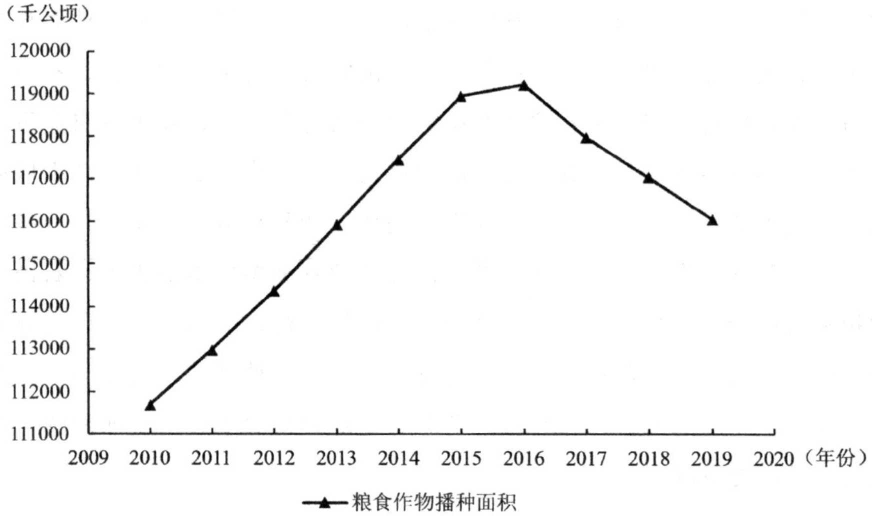

图 2－11　2010—2019 年中国粮食作物播种面积变动趋势

（四）主要农作物产品产量

粮食产量变化如图 2－12 所示，2010 年全国粮食总产量 55911 万吨，此后连续 5 年快速增长，2015 年达到 66060 万吨，2015 年之后基本处于一个比较稳定的状态。2019 年粮食产量粮食总产量 66384 万吨，比 2018 年增加 594 万吨，增长 0.9%。

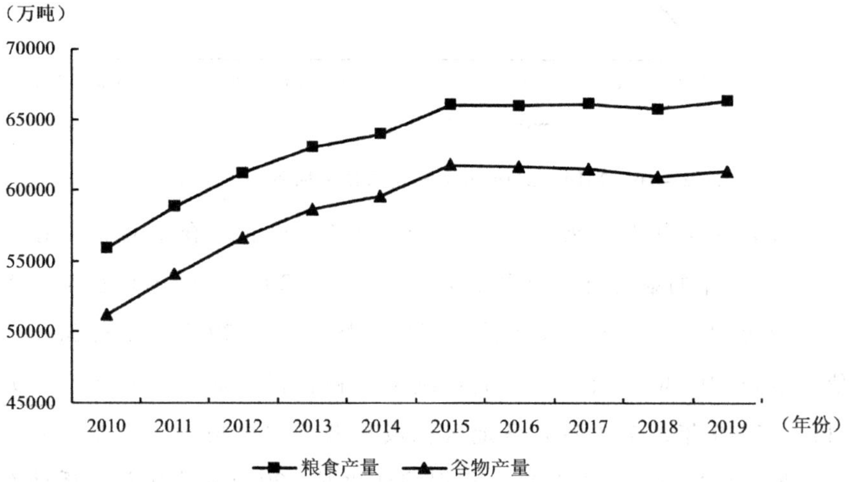

图 2－12　2010—2019 年中国粮食产量及谷物产量变动趋势

2019 年我国谷物产量达到 61370 万吨，比 2018 年提高 366 万吨，增长 0.6 个百分点。其中，稻谷产量为 20961 万吨，较 2018 年降低 251 万吨，下降 1.2 个百分点；小麦和玉米产量分别为 13360 万吨和 26078 万吨，较上年分别增加 216 万吨和 360 万吨，增长 1.6% 和 1.4%；豆类产量达到 2132 万吨，比 2018 年提高 212 万吨，增长 11 个百分点；薯类产量为 2883 万吨，比 2108 年提高 17 万吨，增长幅度较小，为 0.6 个百分点（见图2－12 和图 2－13）。

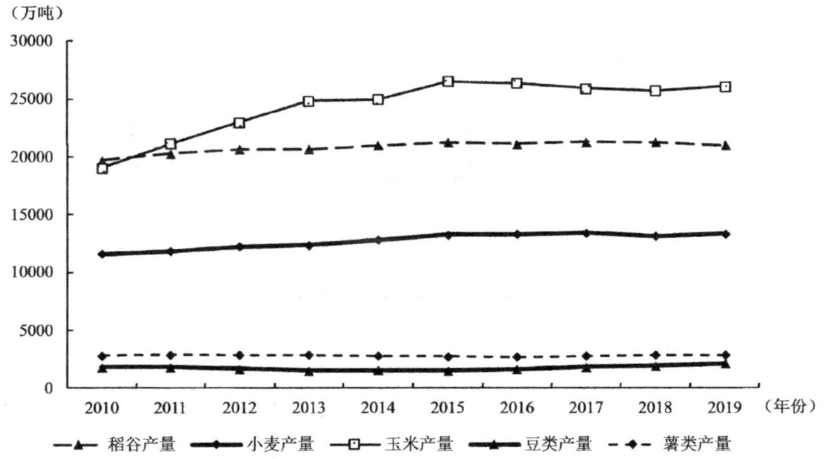

图 2－13　2010—2019 年中国稻谷、小麦、玉米、豆类、薯类产量变动趋势

可以看出，我国的粮食总产量、谷物总产量及主要的农产品产量在经历了 2010—2015 年的快速发展后，从 2015 年起处于一个比较稳定的状态。这表明自 2015 年起，我国的粮食生产开始呈现出饱和状态，基本能够满足自身需求。从主要农作物播种面积也可看出，如图 2－14 所示，这里把主要农作物选取为稻谷、小麦、玉米和豆类四类。前二者为传统粮食作物，后二者经济属性占比较大。稻谷和小麦的播种面积持续走低，分别由 30096.87 千公顷和 24442.27 千公顷降至 29693.52 千公顷和 23727.68 千公顷，主要原因正如前文所述，在市场需求偏向饱和的情况下，农民作为生产者自然会做出相对应的改变。豆类播种面积基本保持不变，一方面受播种总面积限制，另一方面，我国豆类培育种植技术较发达地区而言（如美国）并无优势，扩大面积来提高产量的做法所带来的收益远不如扩大豆类进口其来的收益高。而玉米播种面积呈现出先增后减的情况，主要还是这类作物经济属性比重大，容易受到价格波动的影响。

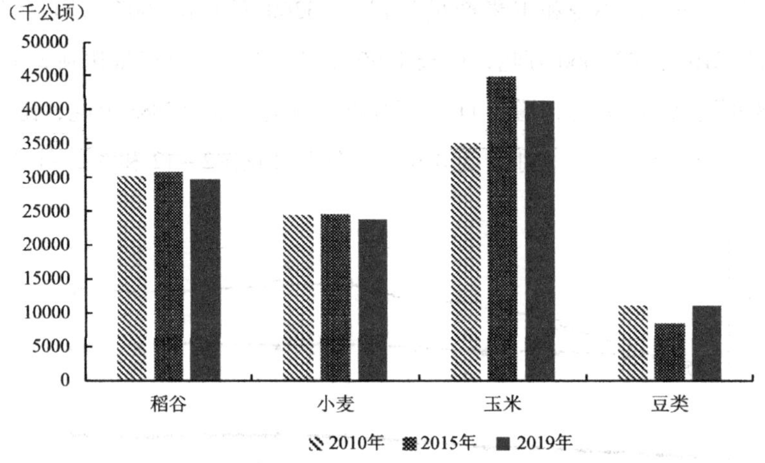

图 2－14　主要农作物播种面积结构变化

（五）主要农产品进出口

一直以来农产品进出口贸易在我国对外贸易中就占有重要地位，2010—2019 年以来，我国农产品出口额占外贸出口总额的比重稳定在 6%—7% 的水平上。2019 年我国农产品出口出现下降，新冠肺炎疫情发生以来，我国农产品出口受到明显影响，2020 年 1 月到 6 月农产品出口下降比例约为 4%。

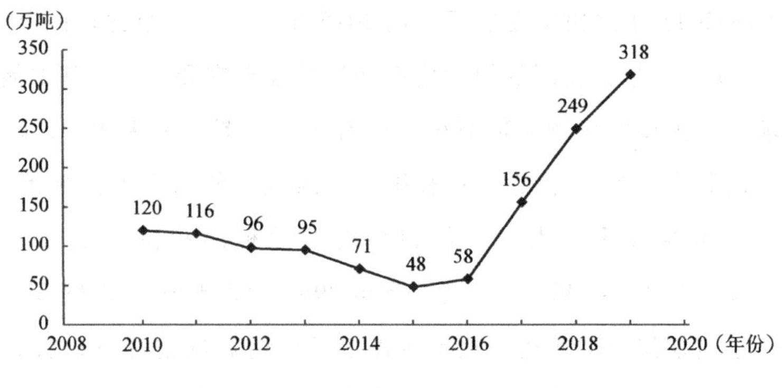

图 2－15　2010—2019 年中国主要农产品出口数量变动趋势

2010 年以来我国主要农产品进口数量持续增长，其中大豆进口数量增长幅度大，我国是人口大国，对食用油的需求较大，导致大豆一直依赖进口。从图 2－16 中明显看到小麦、稻谷和大米的进口数量近年来也不断增加，具体来看 2019 年小麦进口量达到 349 万吨，比 2018 年增长 12.6%。随着我国居民消费水平的不断提高，对优质农产品需求持续增加与国内优质农产品供给不足的矛盾，需要通过进口来解决。

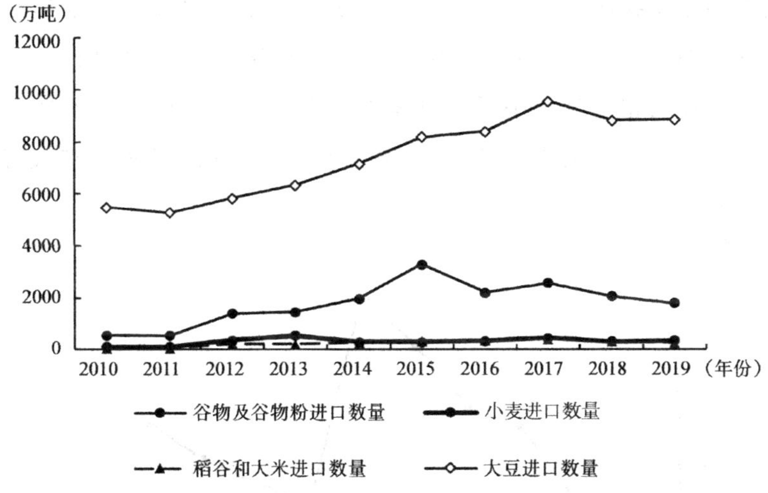

图 2－16　2010—2019 年中国主要农产品进口数量变动趋势

此外，自 2004 年开始我国农产品贸易逆差开始显现，我国农业越来越依赖进口，这是亟待解决的重大问题。2015—2019 年中国农产品贸易逆差不断攀升，整体呈上升趋势，到 2019 年贸易逆差达到 712.8 亿美元，同比增长 24.2%。受新冠肺炎疫情影响，仅 2020 年上半年我国农产品贸易逆差就达到 456 亿美元，同比增长 31.1 个百分点。总的来说，我国农产品贸易逆差增长幅度加大。

（六）农业机械化及生产效率提升情况

农业机械化水平参考两个指标，分别为农业机械总动力和主要农业机械年末拥有量。农业机械总动力如图 2－17 所示，2010—2015 年呈上升状态，由 9.28 亿千瓦增长到 11.17 亿千瓦，在 2016 年下降至 9.72 亿千瓦后又开始缓慢增长。农业机械总动力越高，在一定程度上可以代表农业的机械化水平，但是这并没有考虑到单位生产率，受环保政策和农业生产结构改革的影响，农业机械的使用在近年来开始受到限制和发生改变，高污染、高能耗、低效率的农业机械逐渐被弃用。关于农业生产结构改革带来的影响，则考虑主要农业机械年末拥有量指标。联合收割机数量逐年上升，在2018年达到206万台，一定程度上表明农业的规模化生产水平越来越高，农业机械的使用效率越来越高。而小型拖拉机数量远高于大中型拖拉机数量，主要还是受我国耕地类型影响，除了东北地区以外，耕地较为分散，呈碎片化状态，二者数量变化呈相反状态，也表明二者在应用于农业生产时有一定程度的相互替代关系。总体来说大中型拖拉机数量还是上升的，侧面反映出以往碎片化的生产模式在慢慢地被机械化大规模生产代替。

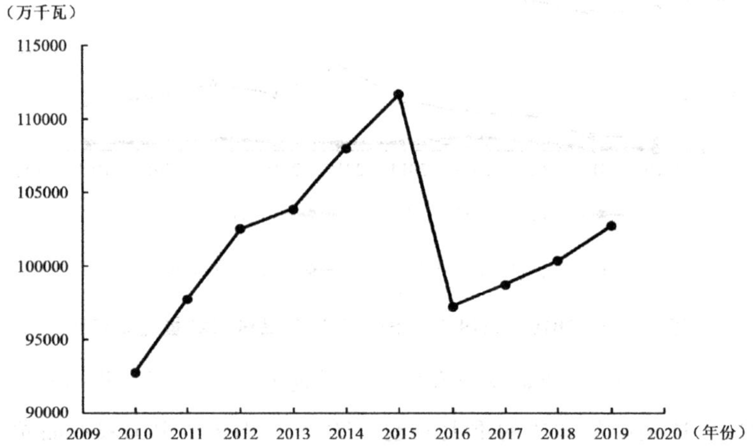

图2－17　2010—2019年中国农业机械总动力

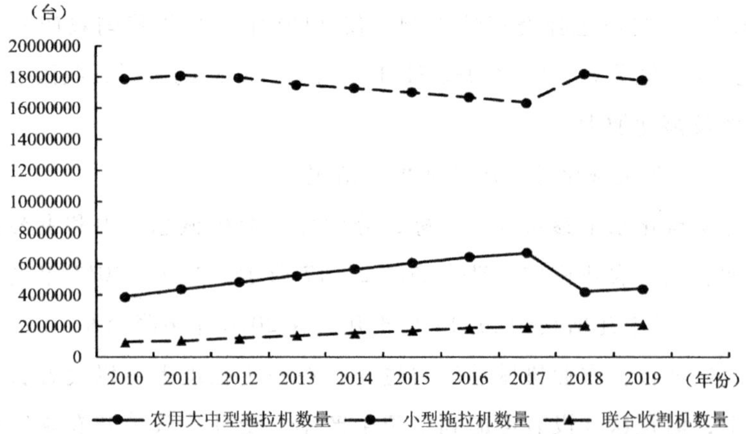

图2－18　2010—2019年中国主要农业机械年末拥有量

根据国家统计局数据，有效灌溉面积近 10 年呈稳步上升趋势（见图 2－19）。2014 年 5 月，国务院促水利工程建设，全国积极响应号召，大幅度提高水利工程的质量，促进有效灌溉面积的不断提高，近年来耕地已经逐步达到饱和状态，因此，近几年来有效灌溉面积是缓慢增长的状态。农民种地极其重要的一点就是灌溉，满足了农作物的基本需求才能促进粮食产量的进一步提高，因此，有效灌溉面积只增不减。

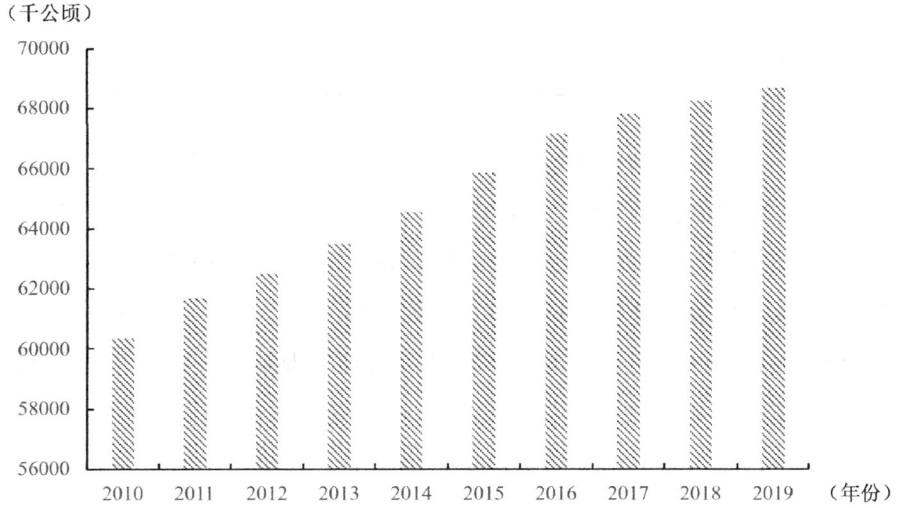

图 2－19　2010—2019 年中国有效灌溉面积

图 2－20 展示的是近 10 年数据，分析近 10 年的数据可知，农用化肥施用折纯量在近 10 年内呈倒“U”形。一方面，化肥的施用会带来产量的上升；另一方面，也会带来环境污染，因此施用化肥有利有弊，使用量的上升可以说明农民为了促进产量的上升作出的努力，化肥使用量的下降却恰恰说明了技术的进步，只有科技的发展才能在不增加化肥施用量的情况下带来产量的增加，机械化程度的加深，让农民在有限的施用化肥的情况下带来产量的飞跃，在 2016 年国家倡导减少化肥等药物的使用下，农民更多地依赖动物肥料来进行生产，这不仅促进了产量的增长，同时也带来了环境的向好发展。

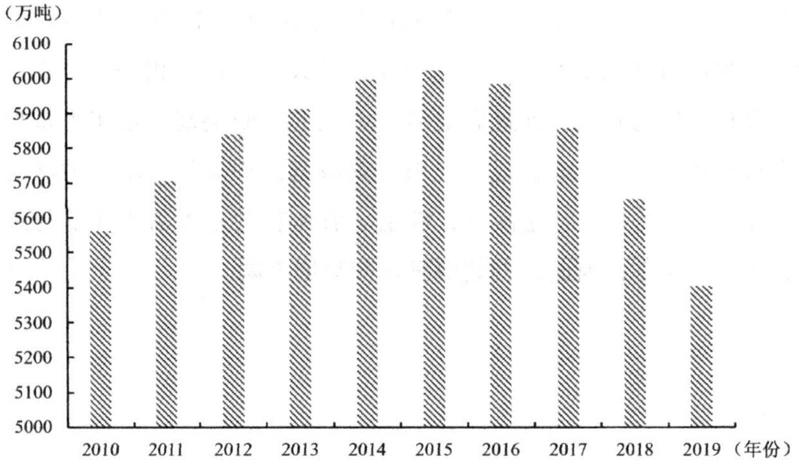

图 2－20　2010—2019 年中国农用化肥施用折纯量

图 2－21 显示的是 2010—2018 年这 9 年内，农用塑料薄膜使用量呈倒“U”形，使用量于 2016 年达到最大值。我国的农业近 10 年内发展迅速，以前农村耕种时经常使用塑料薄膜，例如塑料大棚，基本全部使用塑料制品，但是其降解速度慢，丢弃的塑料进入大自然带来二次危害，“白色污染”也是起源这里。随着科技的发展和对环境的重视，以及 2016 年出台了一系列的政策，塑料薄膜使用量呈下降趋势，取而代之的是一些可以快速降解的新材料。

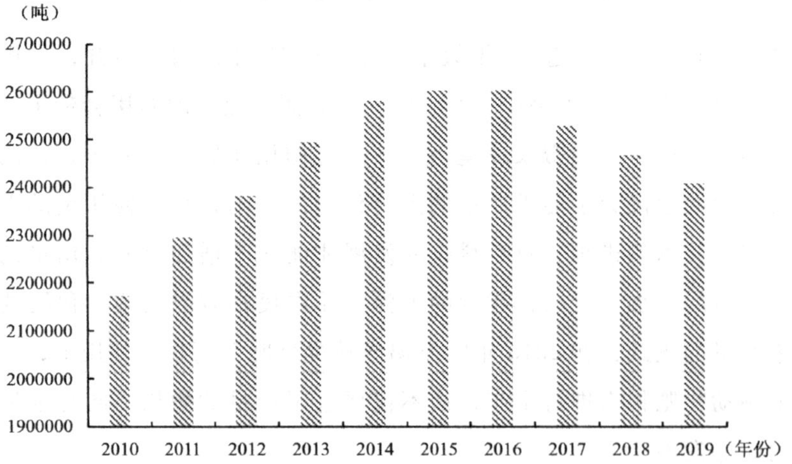

图 2－21　2010—2019 年中国农用塑料薄膜使用量

由图 2－22（2019 年数据部分缺失）可以看出，从 2010 年至 2018 年，各主要农产品单位面积产量都呈现逐年提高的趋势，这说明了在 2010—2018 年这 9 年间，我国的农业生产效率不断提升，这也是农业机械化、现代化和科技水平提高的结果。

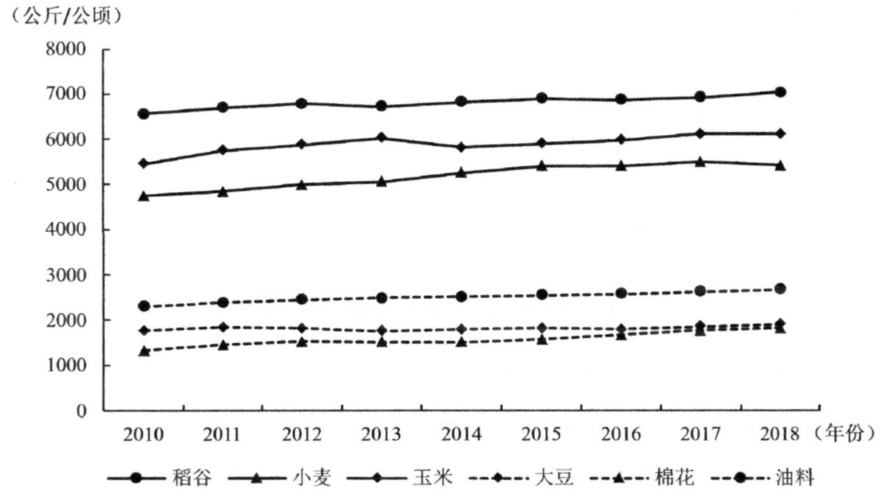

图 2－22　2010—2019 年中国主要农产品单位面积产量

二、林业发展状况

（一）总体发展水平

我国是世界上木材及木制品的生产大国、消费大国，但我国人均占有和可供消费森林（木材）资源却很少。1998 年以来，国家开始实施天然林保护工程，对国内森林采取逐年减伐措施。目前，我国木材产量基本在 8500 万立方米左右徘徊，林业总产值稳步提升，产业结构不断完善。

从 2010 年到 2019 年这 10 年间，我国的林业总产值逐步上升，从 2010 年的 2575.03 亿元逐步增长到 2019 年的 5775.71 亿元（见图 2－23），但增长速度总体呈下降趋势，2019 年的林业总产值比 2018 年增长了 6.32%，增速进一步放缓。

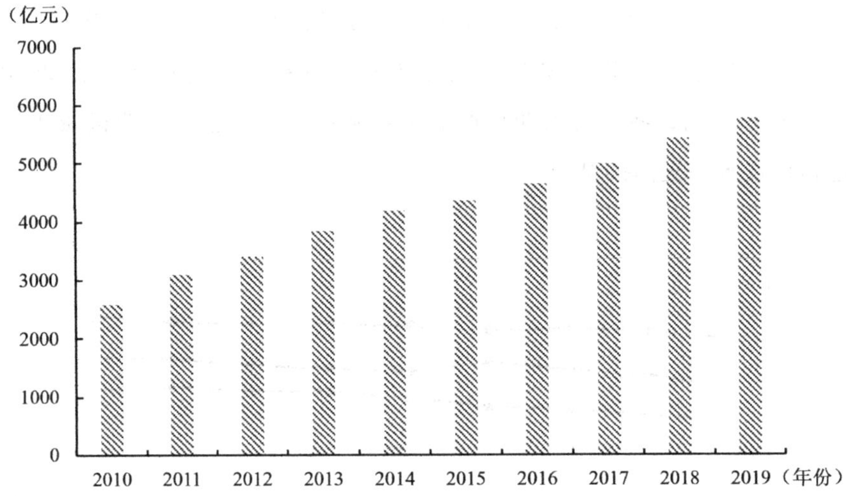

图 2－23　2010—2019 年中国林业产业总产值

从木材产量来看，如图 2－24 所示，我国木材总产量从 2010 年到 2019 年总体是上升的，从 2010 年的 8090 万立方米增长到 2019 年的 10046 万立方米，其中在 2015 年略有下降，为 7200 万立方米，由于国家逐步加强环境保护力度以及一线城市木材使用量的减少，我国目前的木材总产量增速有所放缓。

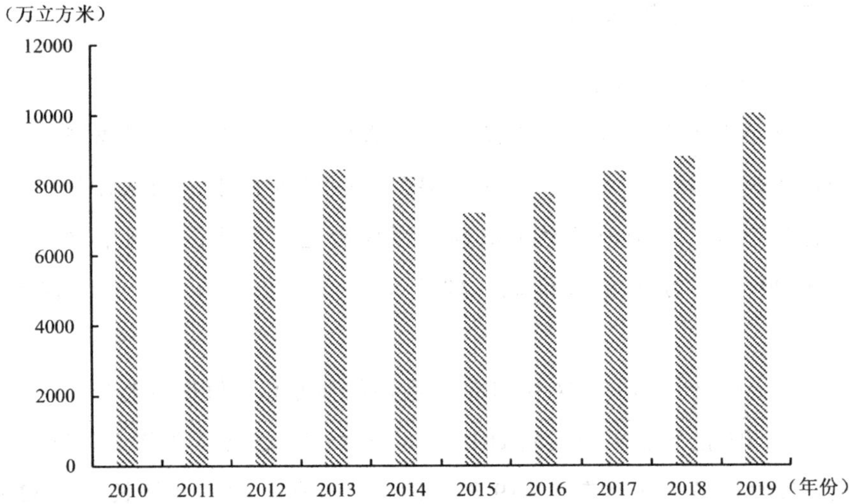

图 2－24　2010—2019 年中国木材产量

（二）产业结构

超过万亿元的林业支柱产业分别是经济林产品种植与采集业、木材加工及木竹制品制造业和以森林旅游为主的林业旅游与休闲服务业、木材加工及木竹制品制造业和森林旅游为主的林业旅游与休闲服务业，产值分别达到 14492 亿元、12816 亿元和 13044 亿元，森林旅游产值首次超过木材加工。

近年来，随机我国经济发展，国民生活水平不断提高，林业与旅游业融合形成的森林旅游发展迅速，林业旅游与休闲服务业产值增速达 15.38%，全年林业旅游与休闲的人数达到 36.6 亿人次，比 2017 年增加 5.6 亿人次。林业产业的产业结构不断优化，林业第三产业占林业的比重进一步提高（见表 2－1）。

表 2－1　　2018 年林业三次产业产值和增速情况

指标	产值（单位：亿元）	同比增长	所占比重
第一产业	24581	5.21%	32.23%
第二产业	34996	3.07%	45.88%
第三产业	16696	19.69%	21.89%

从整体上看，我国的林业产业结构还需要进一步进行优化，在发展林业经济的同时要注重对生态环境的保护，同时，要提升林业产业素质，不断增强林业产业发展的内生动力，推动林业产业快速发展。

三、牧业发展状况

（一）牧业总体发展现状

由表 2－2 可以看出，从 2010 年至 2019 年 10 年间，我国畜牧业总产值处于持续上升阶段，牧业总产值从 2010 年的 20461 亿元上涨到 2019 年的 33064 亿元，在 2018—2019 年，牧业总产值实现了较快速的增长，从 2018 年的 28697 亿元增长到 2019 年的 33064 亿元，增长率为 15.22%。

表 2-2　2010—2019 年我国牧业总产值　单位：亿元

指标＼年份	2019	2018	2017	2016	2015	2014	2013	2012	2011	2010
牧业总产值	33064	28697	29361	30461	28649	27963	27572	26491	25194	20461

（二）主要产业发展现状

1. 禽养殖现状

上游祖代鸡存栏量高位，白羽鸡供给宽松。2018 年开始白羽肉鸡养殖景气度持续提升，在高产品价格的刺激下，2019 年、2020 年行业连续扩张产能，据中国禽业协会数据显示，2020 年 10 月底祖代鸡总存栏量为 158.15 万套，相比 2018 年同期增长 29.68%。经过两年的持续扩张，上游环节供给充裕，预计未来短时间内禽链供需结构较难改变，供给仍旧偏松。

上游养殖利润大幅下降，毛鸡价格受猪价支撑。2020 年下半年，上游供给相对宽松，下游毛鸡价格随猪价进入下行通道，导致鸡苗价格下跌，父母代养殖利润连续为负，但行业产能收缩幅度不大。

行业景气度下行期间，全产业链一体化企业优势明显。行业景气度较低的年份，上游鸡苗销售企业容易出现亏损，2017 年益生股份、民和股份分别亏损 3.10 亿元、2.91 亿元，下游鸡肉及肉制品加工企业仙坛股份、圣农发展及凤祥股份均保持盈利。相比上游鸡苗产品大幅波动，下游鸡肉及肉制品价格相对稳定，公司盈利稳定性强，各养殖企业均开始布局对接消费端的肉制品加工环节，一体化延伸成为白羽肉鸡养殖企业发展大趋势。

2. 饲料现状

猪料整体触底反弹，能繁母猪存栏量稳步恢复。2019 年开始，国内非洲猪瘟疫情呈现常态化、散点化爆发态势，养殖行业对疫情的控制逐步趋稳，2019 年 10 月开始能繁母猪环比转正，经历连续 1 年的环比增长，2020 年 10 月能繁母猪存栏量为 2822 万头，同比增长 46.67%，基本接近疫情前水平。

饲料产量开始回升。据中国饲料工业协会数据显示，2018 年及 2019 年饲料总产量水平较低，同比连续为负。2020 年下半年开始，月度饲料总产量同比开始转正，1—10 月饲料总产量累计为 2.07 亿吨，同比增长 10.40%。饲料行业走出非洲猪瘟带来的负面影响，开始受益于生猪产能持续提升带来的需求增长。

前期，母猪料改善幅度较大，后期育肥料放量将拉动猪料大幅改善。2020 年 2 月开始母猪料产量同比由负转正，10 月母猪料产量达 168 万吨，同比增长 91.70%。能繁母猪产能恢复情况良好，对应后期仔猪出栏量增长，育肥料需求有望爆发式增长。

3. 生猪养殖现状

猪周期运行机制为发散型蛛网模型。生猪生产周期较长，从补栏后备母猪到商品猪出栏需约 14 个月时间，因此当期猪价通过影响养殖户预期及生产决策从而决定下一期的生猪出栏量，而当期需求由当期猪价决定，猪周期由此而生。

需求弹性方面，猪肉与其他动物蛋白由于营养成分的差异并非线性替代，同时我国为传统的生猪消费大国，猪肉需求较为刚性，以 2019 年为例，猪肉在我国肉类产量中占比约为 55%（见图 2－25），因而生猪需求价格弹性较低；供给弹性方面，我国仍处于生猪养殖规模化初期，散养户进入退出成本较低、生产经营缺乏预测和规划，当价格信号波动时易集聚性补栏或淘汰，使得供给弹性较大，决定了当生猪市场非均衡时实际价格和实际产量上下波动的幅度会越来越大，偏离均衡点越来越远，即发散型蛛网模型。

由于 2019 年的非洲猪瘟疫，全国生猪存栏下滑幅度超过 40%。但是由于人们对生猪的需求仍旧居高不下，生猪供需矛盾使得猪肉的价格屡创历史新高，全国生猪均价一度超过 40 元/千克。2020 年 9 月，伴随着前期的扩张产能，价格开始有所下降，供需矛盾也有所缓解。截至 2020 年 10 月 26 日，全国生猪均价已下降到 28.85 元/千克，虽然与 2019 年的猪价比有一定差距，但仍然保持着较高的水平。在畜牧业市场和中国政府政策的

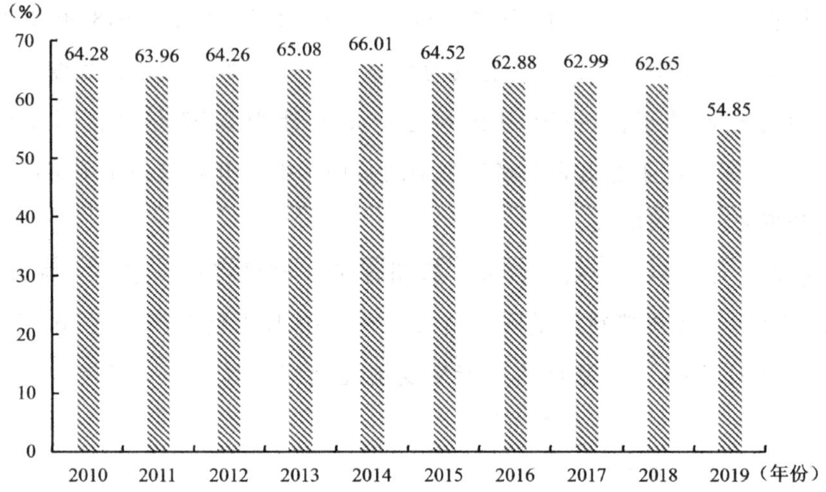

图 2-25　2010—2019 年中国猪肉产量在肉类产量中的占比

大力支持下，生猪产能恢复速度较快。

根据农业农村部数据，全国能繁母猪存栏于 2019 年 10 月实现首次环比转正，2020 年 6 月实现首次同比正增长，2020 年 9 月全国能繁母猪存栏达到 3822 万头，已经恢复到 2017 年年末的 86%，产能恢复速度非常快。可以判断，随着生猪产能的快速释放，养殖后周期板块利润有望逐季向好。

疫情反复，非洲猪瘟为长期扰动因素。分省份来看，受冲击最早的东北于 2019 年第二季度企稳，南方恢复时点普遍在 2019 年第四季度至 2020 年第一季度。但养殖密度降低后环境中的病毒浓度仍然较高，此前部分地区资源、生物安全程度不够造成病死猪及粪便未能严格进行无害化处理，非洲猪瘟病毒可在自然环境中长期存活，进而造成土壤和地表水带毒污染，一旦遭遇强降雨又会加速肆虐，同时部分猪场采用的是地表下仅 20—50 米深水，非瘟病毒也较易扩散，如 2019 年冬季的东北、2020 年 6—8 月南方省份疫情均出现反复，可见在生猪养殖这个落后而又分散的万亿市场中，散养户乃至大多数规模场在管理、防疫等各方面难言具备明显的学习和经验曲线效应，从防控“非瘟”的重要前提——猪舍等硬件设施来看，与 2019 年相比当前行业内完成改造升级的产能仍然占比较低，因此在安全有效的疫苗问世前，非洲猪瘟将长期成为产能恢复的不确定性因素。

（三）进出口情况

表2-3清楚地反映了2000—2019年，中国大陆地区畜牧业产品进出口贸易总额的汇总和贸易逆差的统计数据。从整体上看，我国畜产品的进口量和出口量都呈现稳定的递增趋势。贸易差由顺差转变为逆差，同时也保持逐年增长的状态，即进口量与出口量之间的差值逐年增大。根据数据变化趋势，我国畜牧业在国际贸易上的发展大致可以分为三个阶段。首先在2000年之前，我国畜产品处于贸易顺差状态，出口量大于进口量，但是贸易总量偏小，在国际市场上处于非常弱势的地位。随后在2001年，中国正式加入世界贸易组织，打开国门开始进行经济转型。因此，2001—2008年为发展的第二阶段。虽然对外开放政策刺激了经济的发展，但是由于战略部署和结构调整需要足够的时间去探索和适应，所以该阶段的增长速度偏慢，贸易总量依旧偏小。同时，贸易差转变为逆差，这说明我国外汇增多，缓解了人民币增值的压力。最后，从2009年开始进入高速发展的第三阶段，相比于出口额的增长速度，进口额的增速更快，且呈现出逐年递增的趋势。因此贸易逆差逐渐增大，整体上属于外向型经济发展模式。到2019年年底，我国畜牧业产品进口总额为303.63亿美元，约为2000年年底进口总额的12倍；出口总额为61.1亿美元，约为2000年年底出口总额的2.4倍；贸易逆差已达242.53亿美元。由此可见，我国畜牧业产品在外贸发展基本上遵循“稳出口、扩进口、减顺差”的政策。

表2-3　2000—2019年中国畜产品进出口额汇总　单位：亿美元

年份	进口额	出口额	贸易逆差额
2019	303.63	61.1	242.53
2018	229.13	65.42	163.71
2017	207.13	62.83	144.3
2016	194.39	56.26	138.13

续表

年份	进口额	出口额	贸易逆差额
2015	168.87	58.51	110.36
2014	197.37	68.15	129.22
2013	186.49	64.62	121.87
2012	142.39	63.83	78.56
2011	128.95	59.63	69.32
2010	92.24	47.27	44.97
2009	63.18	39.39	23.79
2008	74.93	44.51	30.42
2007	62.61	40.48	22.13
2006	43.74	37.21	6.53
2005	40.69	36.06	4.63
2004	38.99	31.91	7.08
2003	32.52	27.18	5.34
2002	27.93	25.8	2.13
2001	26.99	26.74	0.25
2000	25.40	25.96	-0.56

我国国际贸易进出口总量保持相对稳定的增长，整体上保持贸易顺差的状态。畜牧业产品虽然保持良好的增长，但是在我国进出口总额中的占比依旧很小，仅占1%左右。此外，畜产品进出口占比的变化趋势完全不同（见图2-26）。畜牧业产品出口在中国出口总量中的占比呈现逐年下降的趋势，由2000年的1.04%下降至2019年的0.24%。进口占比的变化呈现出"U"形趋势，在第二阶段出现明显下降，在第三阶段又出现上升状态。这说明从2009年开始，更多国际市场上的国家关注到了拥有庞大内需要求的中国市场，并尝试进入该市场。但是同时，我国畜牧业产品的发展水平明显落后于我国贸易出口整体发展水平，在国内产业链中处于弱势地位。

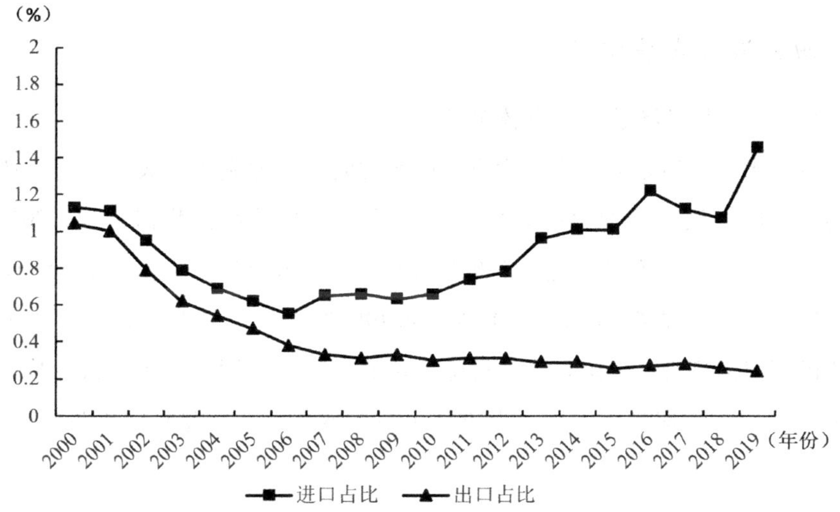

图 2-26 2000—2019 年中国畜产品进出口额占进出口总额的比重趋势图

为了更加直观地观察我国畜牧业在国际贸易中的参与度，引入两个新指标——畜产品出口总额占国内畜产品总产值比重、畜产品进口总额占国内畜产品总消费比重。表 2-4 数据显示，我国畜牧业产品的总产值和总消费保持着稳定增长的趋势。可以观察到，出口占总产值比重和进口占总消费比重在 2013—2017 年的波动并不明显，前者保持在 1.3% 上下，后者保持在 4% 上下。从整体上看，两个比重数值均偏小，这说明我国畜牧业的国际市场还没有被彻底打开，大部分畜产品在国内完成自产自销，没有流入国际市场。

表 2-4 中国畜产品进出口额占产值和消费的比重 单位：亿美元

年份	畜产品出口总额	畜产品总产值	出口占总产值比重	畜产品进口总额	畜产品总消费	进口占总消费比重
2013	64.62	4244.18	1.52%	186.49	4373.35	4.26%
2014	68.15	4321.79	1.58%	197.37	4458.95	4.43%
2015	58.51	4444.78	1.32%	168.87	4564.1	3.70%
2016	56.26	4731.79	1.19%	194.39	4877.9	3.99%
2017	62.83	4832.24	1.30%	207.13	4983.22	4.16%

四、渔业发展状况

（一）渔业经济总产值整体分析

我国水产养殖之前一直作为第一产业的附加产业到当前成为了第一产业结构中发展最快的产业之一。根据国家统计局相关数据我们可知，2012—2018年，水产品总产量（包含养殖量和捕捞量）由5483万吨增长到6457万吨，但增速持续放缓，由2013年增速4.40%减少到了0.19%，主要原因在于我国环保治理力度逐渐增大，拆除超过养殖容量的网箱设备所致。尽管我国水产品产量增速趋于平缓，但整体上我国水产养殖总量稳居世界首位。

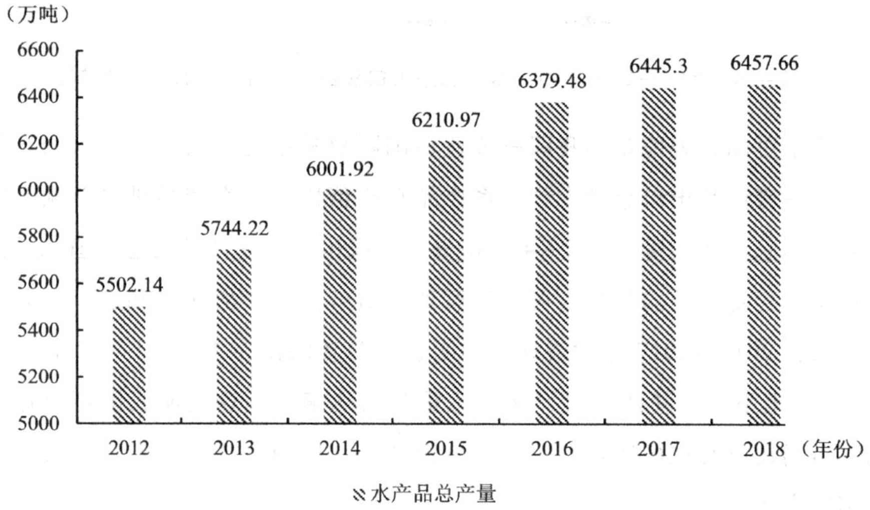

图2-27　2012—2018年水产品总产量情况

从图2-28中我们发现，渔业经济总产值逐年增长，但是总产值增长率大致呈现下降趋势。经济总产值增长速度从2011年的16%下降到2018的4%，但是图2-29中，我们发现渔业工业建筑产值、渔业流通和服务业产值所占的比重在不断增加，因此我们可以推断，渔业经济总产值增长率下降可能是由近年国家强调高速发展向高质发展，渔业经济结构转型等多种因素导致，同时，增长速度下降较为明显，这也说明渔业在经济结构转型的过程中是任重而道远。

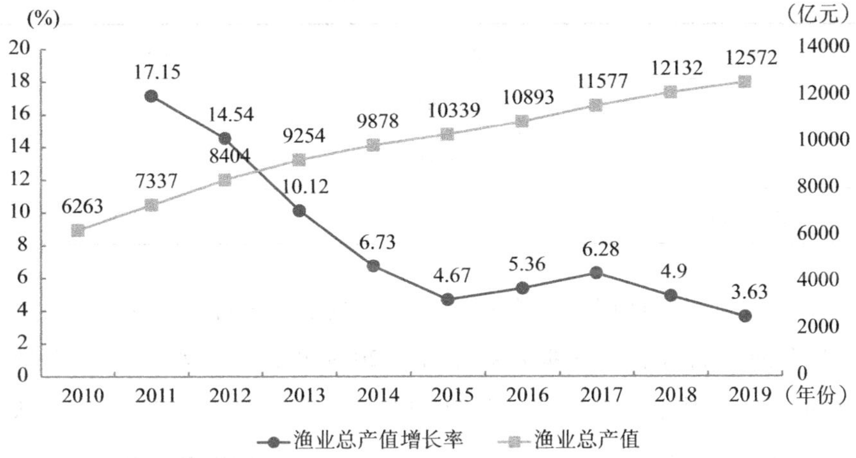

图 2－28　渔业经济总产值与增长率

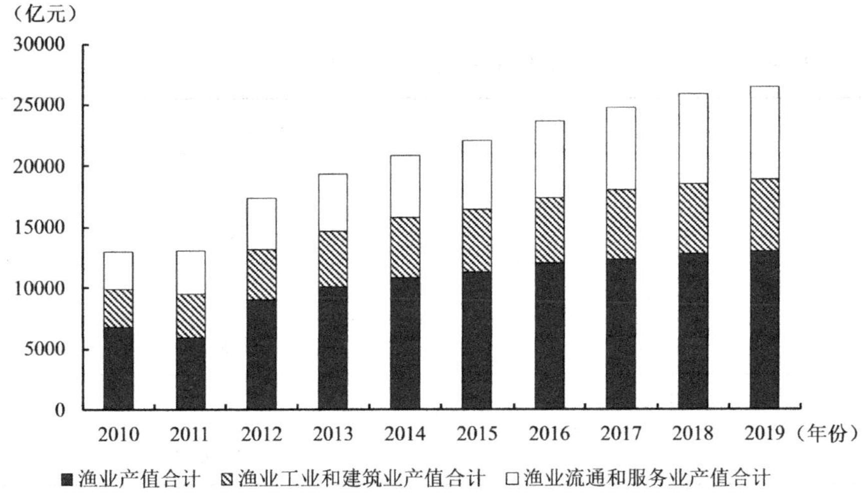

图 2－29　渔业产值发展情况

（二）渔业养殖面积与结构

在水产养殖方面，如表 2－5 所示，2019 年，全国水产养殖面积为 7108 千公顷，其中海水养殖与淡水养殖分别占 1992 千公顷与 5116 千公顷，在增速方面，三者都呈现下降趋势。

表 2-5　　2019 年渔业养殖面积结构

指标	面积（千公顷）	增速（%）
海水养殖	1992	-2.50
淡水养殖	5116	-2.50
总养殖面积	7108	-0.58

从水产品产量结构来看，我国水产品产量主要来自水产养殖，占有七成，其余的来自捕捞。根据数据显示，2019 年，全国水产品总产量为 6480.36 万吨，其中水产养殖占比 77.29%，捕捞产量占比 22.71%。从水产品养殖产量来看，鱼类占养殖产业绝大部分，在 2019 年中鱼类占养殖产量的一半，其次是贝类和甲壳类，分别为 1457.94 万吨与 567.44 万吨，最后是藻类。

表 2-6　　2019 年主要水产品产量

指标	养殖产量（万吨）
鱼类	2708.6
甲壳类	567.44
贝类	1457.94
藻类	254.39
其他	90.71
全国总计	5079.07

（三）渔业人均年收入

由图 2-30 和图 2-31 可知，渔业从业人员的年收入增长率自 2011 年开始一直高于国民人均可支配收入增长率，但 2010—2019 年，渔业从业人员的收入与国民人均年可支配收入的差距越来越大。

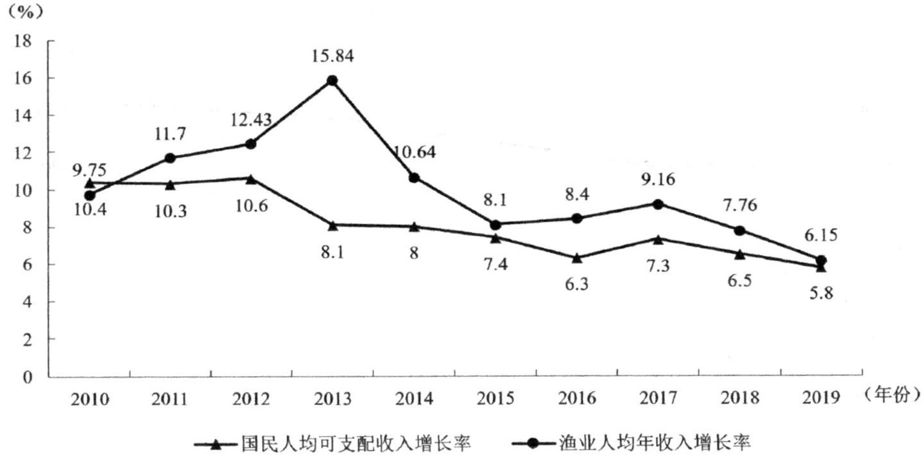

图 2－30　渔业从业人员人均年收入增长率

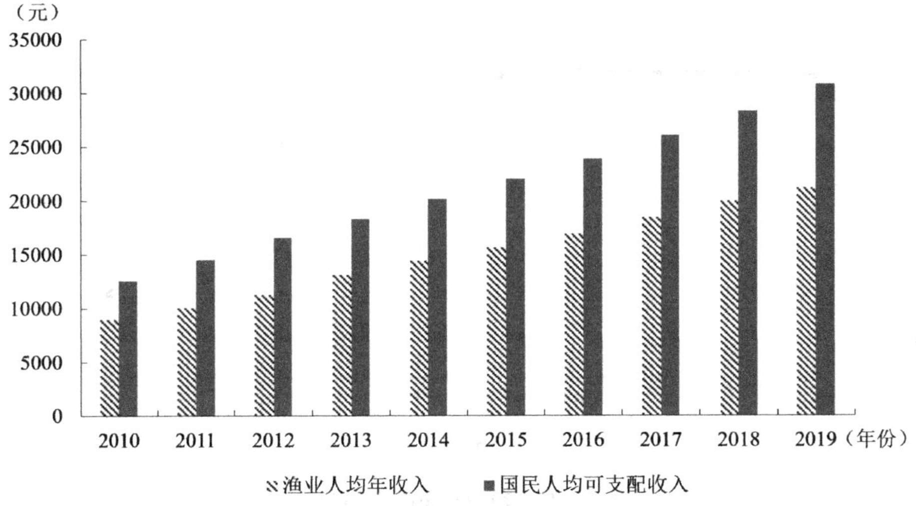

图 2－31　国民收入与渔业收入

（四）渔船与养殖

从图 2－32 和图 2－33 中可知，近十年中国的渔业养殖面积呈现出先增后减的趋势，养殖产量则始终保持增长。渔船的数量在近十年呈现出递减的趋势，并且也在 2017 年加快了缩减的速度。

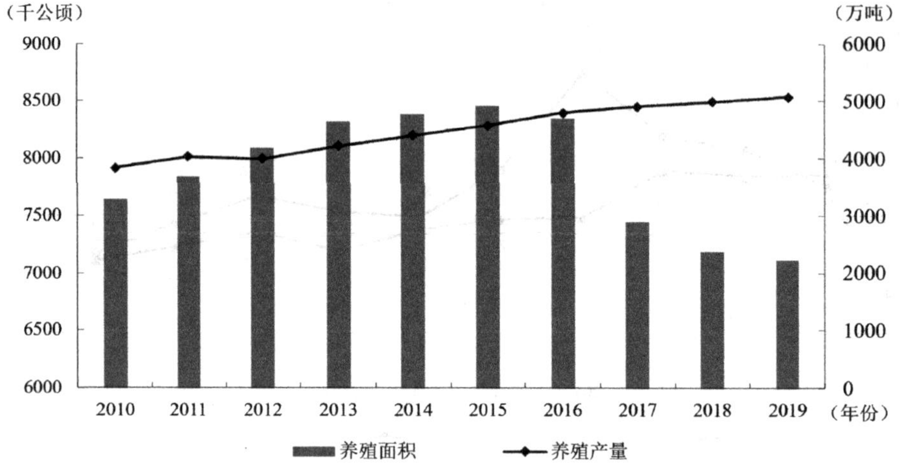

图 2-32　2010—2019 年渔业养殖面积和养殖产量

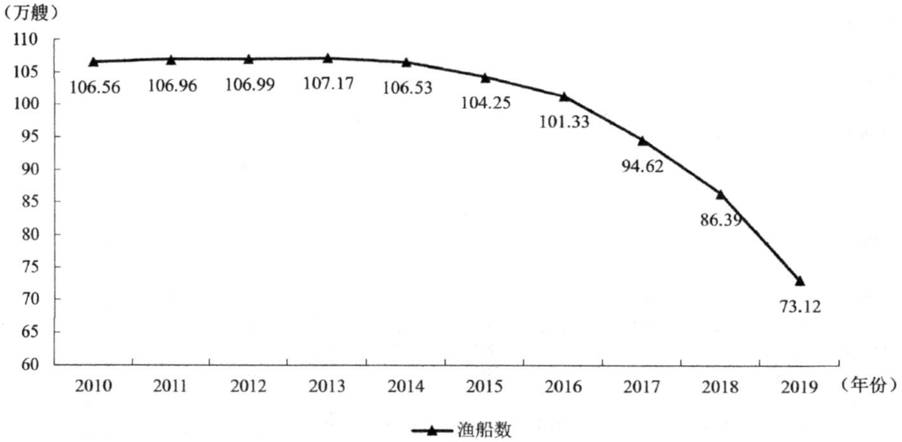

图 2-33　2010—2019 年渔船数

（五）灾害对于渔业的影响

由图 2-34 和图 2-35 可知，渔业灾害受灾养殖面积、损失产量与损失经济总体上都有下降的趋势，但是，在 2011 年、2013 年和 2016 年渔业养殖受灾情况都有所上升，其中 2011 年和 2016 年最为严重，增幅较大。

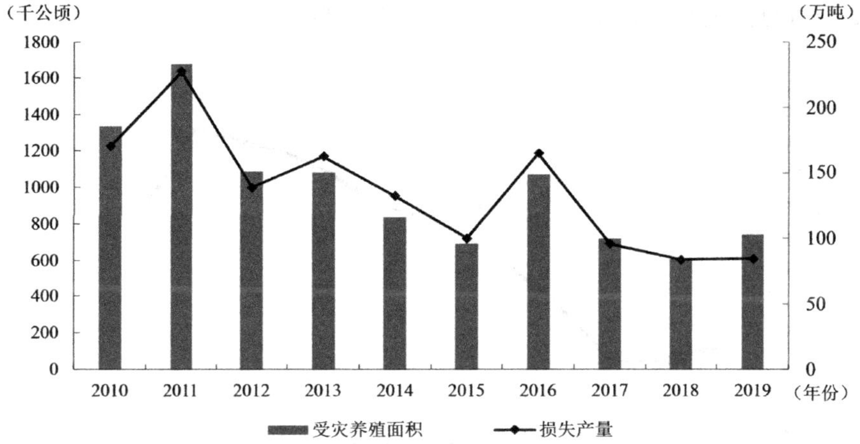

图 2－34 受灾养殖面积与损失产量

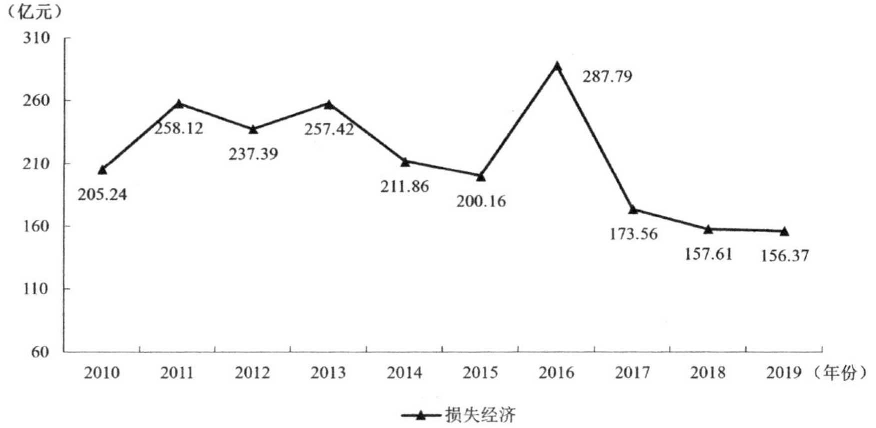

图 2－35 受灾损失经济

（六）渔业在第一产业中的总体地位

渔业在整个第一产业中的经济地位可以通过渔业总产值在整个第一产业中的占比来衡量，如图 2－36 所示。我们可以发现近十年来，渔业总产值在第一产业中的比重逐渐上升，在 2018 年达到近十年来的最高值 22.7%，说明渔业发展对我国第一产业的发展作出的贡献值近年来逐渐增加，相对于其他产业的占比来看，渔业的重要地位越来越不可忽视。此外，我们发现 2019 年渔业总产值在整个第一产业产值中的占比下降了约

1.5 个百分点的微小幅度，为近十年的比例首降。

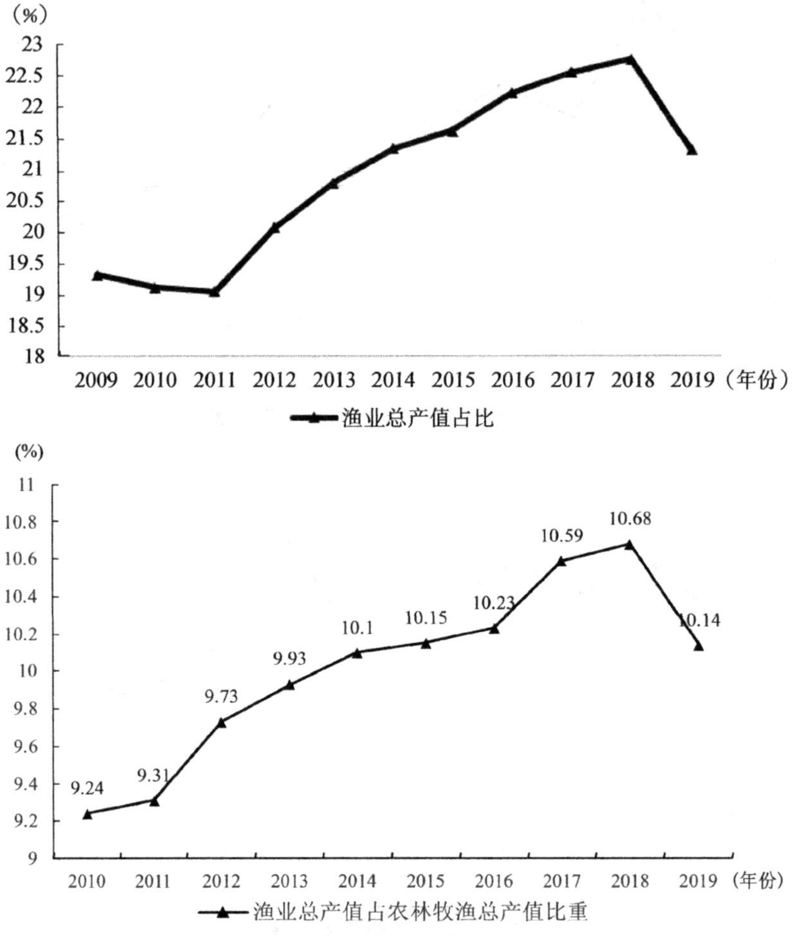

图 2－36　渔业总产值占第一产业总产值比重

（七）渔业进出口分析

从图 2－37 我们可知，中国水产品进口总量大致呈上升趋势，特别是近三年，中国水产品进口总数上升较大，中国水产品出口数量虽有上升，但是幅度较小。因此，中国在水产品进出口总数上呈现出贸易逆差，近两年的逆差度在不断增大，说明我国对于水产品的消费量在不断地增加。从水产品进出口总额来看，大致都呈现出上升的趋势，但是，水产品进口总额的增长速度更快，在2019年与出口总额快持平，这些数据说明，中国水产品在进出口总额上处于贸易顺差，虽然出口数量呈逆差，但是中国水产品出口的质量更高，因此，贸易总额呈现顺差的趋势。

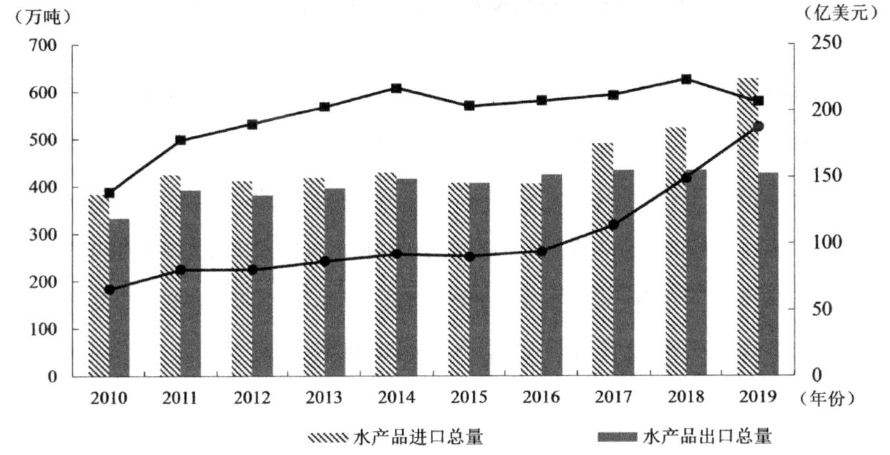

图2－37 水产品进出口总量

综合我国渔业产品的进出口数据及其变化特征可知，近十年来我国渔业产品的出口数量的增长率长期低于进口增长率水平，且出口总额的增长率也逐渐放缓，这一现象特征在2016年以来尤为凸显。水产品的出口额位居大宗产品的出口首位，且这一现象逐年增强。渔业水产品的对外出口为我国的出口创汇作出了较大的贡献，然而伴随着国际竞争的日益激烈，我国的出口发展也出现了一定的问题，我国渔业产业的进出口贸易额长期以来出于顺差状态，2014年更是达到了125.12亿美元。但近年来，这一差距正逐年缩小，2019年顺差额不足20亿美元，表明我国长期依赖于水产品出口的渔业经济发展方式逐渐式微，刺激内需增长越来越成为我国渔业发展的主要路径。与此同时，贸易数量的顺差为我们理解渔业产业的转型发展提供了一定的理解。我国水产品的出口数量长期低于进口数量，且水产品的出口量的增长速度显著低于进口增长速率，贸易数量的逆差值近年来逐渐扩大（2019年逆差值199.73万吨），这一现象一方面是出于我国拥有庞大的水产品消费市场，另一方面也是由于国际市场的水产品市场激烈，且我国的出口市场和产品种类相对单一、国际技术性贸易壁垒等原因。渔业出口数量和出口额的增速放缓为我们传达了重要的产业结构变革的信号。

第三节 新冠肺炎疫情对重点行业的影响

从2019年12月开始，以武汉市为中心扩散流感及相关疾病，事件开始时发现病毒性肺炎病例若干例，均诊断为病毒性肺炎，之后病情在全国开始蔓延。世界卫生组织正式将造成此次肺炎疫情的新型冠状病毒命名为“2019新型冠状病毒”，并宣布该疫情是国际关注的突发公共卫生事件。中国是率先重视起来的国家，国家卫健委随后将新型冠状病毒感染的肺炎纳入乙类传染病，按甲类管理，对其予以足够的重视。

新冠肺炎疫情对种植业的影响主要体现在耽误农时和生产资料匮乏。春天是农业生产的十分重要时节，一般要求3月份之前完成第一次播种，假设疫情持续到3月还未结束的话，这将会对北方的春小麦和南方的早稻带来无法播种或播种量不足的后果。老话说“人误地一时，地误人一年”，假如耽误了农时，不仅可能造成严重的减产，最严重可能会带来颗粒无收。有专家分析，一旦南方早期水稻因疫情影响受到推迟，该地区水稻产量可能会减产至少5%。南方水稻减产的同时，疫情给北方的农作物的生长也带来影响，冬小麦最佳的管理时期是在每年的二三月份，此时正是施肥、浇水和喷洒农药的好时机，对于大型机械化生产的农户来说，急需农药、化肥和机器设备的燃料。但是多地进行交通管制，封锁道路，导致农资店不能如期开门营业，致使农资供应链的断裂，出现“货品不能发、车辆不能跑”的局面。生产资料的短缺难以开展后续的农业生产活动，给种植业带来了极其不利影响，农作物的播种直接关乎群众利益，习近平总书记对全国的农业生产活动作出重要的批示，强调了在严格落实分区分级进行差异化疫情防控的同时，在基层领导的指挥下抢抓春耕时机，确保不误农时，进而保障丰收。同时加大生产力度，稳住粮食播种面积及产量，各生产主区极力发挥优势，各地市保持自己率，共同承担国家粮食安全的责任。各地农业部门紧跟中央指示，采取积极的应对措施，有望在一定程度上减轻减产的负面影响。除此之外，新冠肺炎疫情对畜牧业和水产渔业也带来了供给和需求两方面的影响。

一、疫情期间农业产值月度变化

近几年我国农业生产气候条件良好，整体有利于粮食生产，加之粮食库存储备充裕，粮食供需宽松。但受到突发新冠肺炎疫情影响，2020 年上半年我国粮食价格出现两次较大波动。

第一次粮食价格大幅波动发生疫情最初期。2020 年春节前后，新冠肺炎疫情暴发，疫情防控采取的封锁措施导致我国农产品流通割裂，市场开始担忧后期大米、面粉供应问题。而疫情防控工作的不断强化，加重了市场对粮食供给问题的担忧，居民恐慌心态蔓延。这种恐慌情绪在自媒体对相关信息过度解读之下不断加强，春节后国内局部地区出现居民抢购大米、面粉的情况，部分地区的超市、商店货架上大米短时间被抢购一空，使我国大米、面粉价格明显上涨。但我国粮食库存储备充裕，且大米、面粉加工所需时间短，恐慌性抢购行为发生后，我国政府积极出台保障粮油及生产物资供应的政策，各省粮食部门积极协调解决企业的复工复产问题，超市、商店货架大米加快补库，有效保障市场供应，粮食抢购现象基本结束，价格出现回落。

第二次粮食价格波动发生在 2020 年 3 月底至 4 月中旬。3 月份新冠肺炎疫情在全球扩散，各国的确诊病例快速增加，引发许多国家对粮食安全问题的担忧。为了应对疫情冲击，3 月末多个国家开始限制粮食、谷物出口。我国一些自媒体开始放大多个国家限制粮食出口的政策，再度引发国内市场对粮食供应问题的担忧情绪，局部地区因出现一定程度的抢购大米、面粉情况，大米、面粉价格再次出现大幅上涨。

2020 年下半年粮食价格整体平稳偏强运行，其中小麦存在一定上涨空间。但也需要注意，国外新冠肺炎疫情仍在持续发酵，国内新冠肺炎疫情暴发风险犹在，虽然我国粮食供应充裕，但也需防止新冠肺炎疫情带来的不确定风险。

二、疫情对农业细分产业的具体影响

(一) 对粮食的影响

1. 对水稻的影响

春天是农业生产的重要时节，2020 年 3 月的疫情对南方的早稻和东北地区的粳稻播种产生了较大的影响。春播的耽误会出现“人误地一时，地误人一年”的现象，甚至有可能会造成水稻减产。根据中国农业科学院水稻所专家估计，如果 2020 年南方地区水稻春播期受到疫情影响而推迟，2020 年该地区水稻的产量至少会减产 5%。从国家统计局数据可以反映出疫情对水稻生产的持续影响，水稻价格在疫情后的一年中持续上涨。

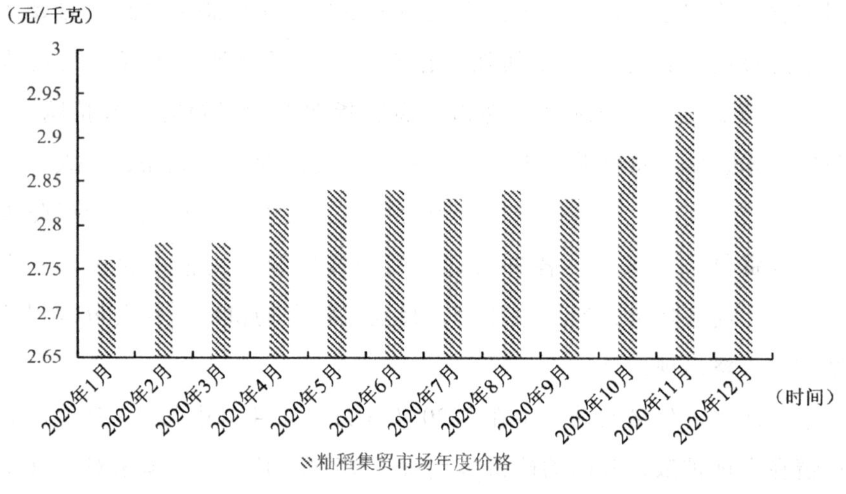

图 2-38 疫情期间水稻价格走势

2. 对小麦的影响

疫情还会对以种植冬小麦为主的大田粮食作物产生较大的影响，每年的二、三月是冬小麦田间管理的重要农事时期，需要施肥、喷洒农药和田间浇水，急需化肥、农药和柴油等农资。但多地严格的交通管制或封锁，导致农资经营门店难以供货和农资物流链条断裂，出现冬小麦急需的农资“货不能发、车不能跑、人不能用”的不利局面，农业生产资料短缺，粮食主产区现存的生产资料难以支撑后续的农业生产活动，给2020年的粮食生产带来了不利的影响。由国家统计局数据可以看出，小麦价格在春耕之后呈现出波动上涨的趋势。

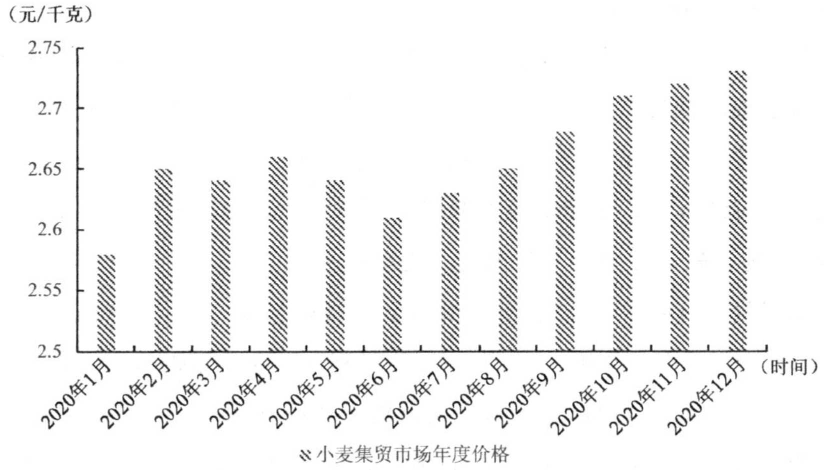

图2-39　疫情期间小麦价格走势

3. 对玉米的影响

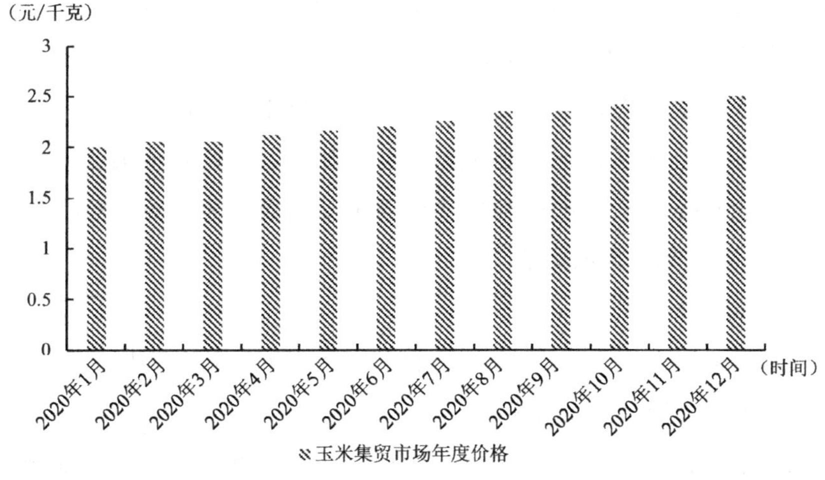

图2-40　疫情期间玉米价格走势

根据国家统计局数据，2020年上半年玉米价格走势大致可分为三个阶段：

第一阶段（1月至2月中旬）：突发新冠肺炎疫情导致玉米购销受阻，

玉米价格强势上涨。春节前后，新冠肺炎疫情暴发，针对疫情防控所做的封锁措施导致我国玉米基层粮源外运受阻，市场流通量急剧减少，玉米价格全面强势上涨。2月中上旬全国玉米价格持续在1990元/吨附近震荡，较春节前高出40元/吨左右。

第二阶段（2月中旬至3月）：疫情防控形势转好，玉米购销逐步恢复，基层粮源释放，区域行情分化。2月中下旬以来，随着新冠肺炎疫情防控形势转好，在保供稳价政策持续加码之下，玉米市场购销趋于活跃，基层粮源持续释放，玉米供应偏紧形势缓解。3月全国玉米均价最低跌至1967元/吨，较2月中旬下跌30元/吨左右。

第三阶段（4月以后）：玉米价格全面强势上涨。4月初全国玉米均价为2000元/吨，6月全国玉米均价达到2188元/吨。与此相比，进口美玉米价格优势突出。但全球新冠肺炎疫情仍在持续发酵，中美关系反复不定，为国产玉米提供了议价空间。短期内获利，长期内寻求规模化生产、提高科技生产的普及率，才能真正提高国产玉米相对于进口玉米的竞争力。

国产玉米的价格波动与高价持续，使玉米的下游深加工企业利润不断被压缩。就淀粉这一下游产业而言，2020年上半年玉米淀粉高成本和低需求矛盾突出。玉米价格上涨增加下游淀粉企业成本压力，企业通过提高淀粉售价转嫁成本压力，但由于新冠肺炎疫情拖累下游淀粉类产品（如啤酒、零食等）消费需求，淀粉高价跟进一般，上半年3—6月玉米淀粉加工呈现连续亏损，部分企业被迫停产或限产，降低玉米工业消费需求。

（二）对蔬菜水果的影响

1. 对蔬菜的影响

疫情对蔬菜水果等鲜活产品造成区域性、阶段性的冲击，具体而言，蔬菜果业的供需受多方面的影响。

在供给端，由于政府颁布的居家隔离、交通阻断等疫情防控措施，导致蔬菜及果业相应的配套人员与运输时效延长。一方面，政府的防疫政策使返工人员流量同比减少，人手短缺及调度困难，蔬菜瓜果来不及采摘，导致蔬菜及果业价格上涨；另一方面，交通管制导致许多地区疫情监测点无法正常通行，蔬菜无法及时运输，相应的配运压力增大，运送费用增长导致蔬菜及果业价格上涨。在需求端，正值新春佳节，各家各户都会增加对新鲜瓜果蔬菜的需求。

我国农业农村部重点监测的28种蔬菜在2019年10月、11月、12月与2020年1月、2月、3月和4月的平均价格分别为3.79元/千克、3.92元/千克、4.56元/千克、5.17元/千克、5.69元/千克、4.94元/千克和4.41元/千克。从蔬菜平均价格图可以看出，蔬菜的平均价格在2019年10月至2020年2月呈上涨趋势，自2020年3月起我国蔬菜平均价格开始逐步下降，最终趋于平稳，这也符合实际预期，因为疫情冲击具有滞后性，大约在一个月后价格走到高位。根据2019年4月到2020年3月湖北省蔬菜价格数据，湖北省在疫情严重的2020年2月，蔬菜价格处于高位，2020年3月蔬菜价格开始小幅下降，随着疫情的有效控制，国务院及各个有关部门开始寻求相应的解决方案，如开辟专门的蔬菜物流通道，每个社区增加劳动力人手送货上门等措施，使整体的费用有所下降，再加上3、4月份其他品种蔬菜衔接上市，供货量增加，蔬菜供求关系相对宽松，价格最终趋于平稳。从疫情前后对比可以看出，疫情对蔬菜行业及果业冲击较大。

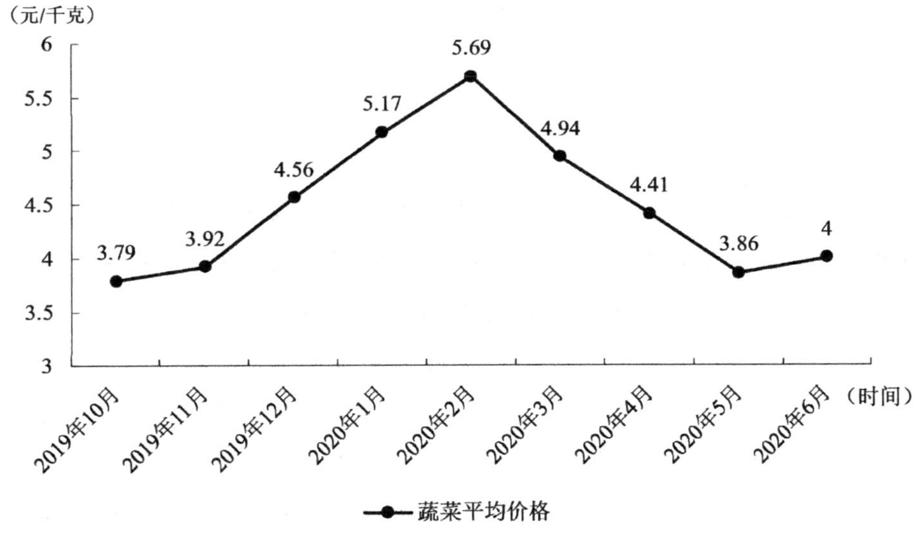

图2-41　疫情期间蔬菜价格走势

2. 对水果的影响

以苹果为例，在新冠肺炎疫情冲击之下，消费疲弱，2020 年上半年我国苹果价格整体弱势运行。根据国家统计局数据，可以将疫情期间苹果价格走势分为三个阶段。

第一阶段（2020 年 1 月至 2 月中旬）：新冠肺炎疫情暴发初期，疫情防控所采取的封锁措施降低苹果消费，苹果价格持续下滑。截至 1 月底，全国苹果冷库库存量为 900 万吨，显著高于 2018 年同期 747 万吨。1 月底产区苹果收购均价 4.1 元/千克，2 月中旬产区苹果收购均价 3.7 元/千克。

第二阶段（2020 年 2 月中旬至 4 月）：政策出台，疫情防控形势转好。疫情冲击之下居民消费降级，低价苹果迎合水果消费需求现状，苹果出库速度加快，苹果价格反弹。截至 4 月底，全国苹果冷库库存量为 516.8 万吨，显著高于 2018 年同期的 321 万吨。4 月底产区苹果收购均价达到 4.77 元/千克。

第三阶段（2020 年 5 月以后）：时令水果上市，苹果消费需求弱化，价格下降。时令水果桃、西瓜、荔枝等基本丰产，叠加疫情冲击，水果消费需求下滑超预期，截至 6 月中旬，全国苹果冷库库存量为 345.16 万吨，显著高于 2018 年同期的 201 万吨。苹果产区收购均价下降至 4.53 元/千克。

三、疫情对畜牧业的影响

此次突如其来的新冠肺炎疫情叠加非洲瘟疫给我国经济运行造成了巨大的压力，特别是对畜牧业的生产与畜牧产品的消费带来了前所未有的冲击。从供给和需求两侧分析疫情对畜牧业的影响如下：

供给侧出现的问题主要在于：第一，生产资料供应链断档。自新冠肺炎疫情暴发以来，各地响应中央的号召采取了史上最严的“封城封村封路设卡”，集贸市场关停和跨区域交通管制等措施，运输物资道路受损，导致牲畜所需的日常饲料，疫苗，过冬设备等生产资料不能按时供应，部分养殖场面临着饲料存量不足和过冬设备老化，使部分养殖场的生产不能正常运行，大量的生畜禽面临着死亡的威胁与传播瘟疫的风险。第二，畜牧产品交易关闭。由于新冠肺炎疫情的源头直指生畜活禽，国家对此非常重视，采取了停止对野生动物的养殖、关闭屠宰场、暂停活禽交易等防疫措施，导致肉蛋奶产销区短期供需失调脱节，大量牲畜成品不能及时出栏，如表2-7所示，我国大型生猪养殖企业在2020年1—2月，温氏企业、牧原股份、正邦科技、大北农、唐人神生猪出栏同比下降，使得产区内生猪滞销积压，错过了最佳的上市时机，不仅降低了这些生畜禽的使用价值和口味，还增加了物资库存成本，企业流动资金周转困难。畜禽养密度超负荷运行，也增加了养殖场发生瘟疫的风险。

表2-7　2020年1—2月我国主要生猪企业生猪出栏量和生猪出栏同比涨幅

生猪企业名称	生猪出栏量（万头）	生猪出栏同比涨幅（%）
温氏股份	140.06	-64.57
牧原股份	139.50	-31.15
正邦科技	64.24	-42.76
新希望	55.29	17.79
大北农	15.08	-54.45
傲农生物	11.48	12.34
唐人神	6.61	-63.60
金新农	4.53	0.00

需求侧出现的问题主要在于终端消费整体下降。原本春节假期的销售旺季，受疫情影响，交通阻断与人员居家隔离，宾馆旅店、餐饮店等平时活跃的流动场所全部关门，乡镇集市取消，城乡市场禁止活禽交易，造成畜禽产品流通端和消费端双重影响。人员流动和聚会大幅度减少，对肉蛋奶的需求减少，春节突然成为消费淡季，使畜禽产品正常销售错过了最佳的“黄金期”，导致消费难。

我国生猪价格受供求关系的影响，呈现出周期性波动的显著特点。按照“谷—谷”的周期划分法将生猪价格的波动共划分为 3 个周期”①。根据统计资料可知，由于受到了非洲瘟疫叠加新冠肺炎疫情的双重影响，2019 年 1 月后的价格走势并不与 2012 年 7 月到 2015 年 1 月的相同，价格指数直线攀升，而至 2020 年 2 月达到 39 元/千克高位后，生猪价格每月呈现下降趋势。即便如此，生猪价格仍旧高于历史的平均价格，给居民消费造成了极大的压力。在生猪存栏方面，截至 2020 年 11 月 10 日，农业农村部通过对全国 400 个定点县的监测，3 月份生猪存栏相比 2019 年 3 月份增长 11%，环比增长 1.7%，2020 年第一季度中国国内生猪存栏 32120 万头，比 2019 年第四季度末增长 3.5%。

四、疫情对水产渔业的影响

2020 年开年的新冠疫情给水产养殖业、市场流动、加工消费带来了全方位的影响。具体包括：

（一）生产面临困难，总体保持平稳

疫情初期，水产品养殖出现了产品滞销压塘、育苗物资运输不畅、生产延迟等问题，影响了水产品的正常运行秩序并造成了养殖户经营困难。从水产养殖成本来看，道路阻断导致的运输不畅、人员流动受限、供需不兼容，防疫措施带来了生产资料成本与养殖成本的上升。据大宗淡水鱼产业技术体系经济信息采集与监控数据显示，2020 年一季度监测养殖户的每亩生产成本同比增长 26.6%。同时也要看到，疫情暴发时期处在养殖业的淡季，大规模的鱼苗投入工作还未真正开始，南方还未进入水产品生长的高峰期，水产品的养殖与流通受到疫情影响的程度与范围较为有限。疫情发生后，各地全力出台各种优惠补贴政策保障交通畅通和物资供应，加速推进复工复产，渔业相关部门根据疫情变化相应调整养殖计划，以此次危机为机遇，总结不足优化养殖结构，推广绿色养殖方式，为稳定渔业生产

---

① 按照”谷—谷”的周期划分法将生猪价格的波动共划分为 3 个周期：2010 年 1 月到 2012 年 7 月为第一个价格周期；2012 年 7 月到 2015 年 1 月为第二个价格周期；2015 年 1 月到 2019 年 1 月为第三个价格周期。

奠定了坚实的基础。随着我国疫情防控形势的好转，水产业基本的运行秩序得以稳定，我国水产业养殖活动的基本面没有受到根本影响。

（二）交易量少价升，逐步趋于稳定

在疫情初期，产销衔接不畅、供需动态不平衡，由于国家颁布的各项防控措施，供给端不给力满足不了大众消费，导致在2020年2月份水产品价格的直线攀升，随着疫情的好转，防控形势及措施的松缓，产销转接逐步恢复，超过了居民的需求，价格逐渐趋于平稳。根据中国农业信息网的数据显示，2020年1—6月水产品加权平均价格为22元/千克，较2019年上涨5个百分点，成交量为71.1万吨，成交量较2019年下降大约8个百分点，疫情对水产品市场的影响主要体现在前4个月，2020年1—4月，水产品的日成交量同比减少大约9个、24个、21个、6个百分点，成交量在5月份回归正常水平，2020年5、6月份成交量同比增长大约0.3个、0.6个百分点。在月度价格方面，2020年1—4月价格处于上涨趋势，其中在疫情影响最为集中的2月份价格处于高位，达到24.33元/千克，随后回落到正常水平，但价格整体高于2019年同期水平。

（三）消费萎缩低迷，呈现新特征

疫情对水产品的消费产生了很大的冲击。水产品在餐饮业中占据很重要的比重，尤其在春节档如此重要的时期，但餐饮消费断崖式下滑，依赖餐饮消费这一重要渠道的水产品成为了重灾区，例如以大排档等餐饮为主渠道的小龙虾消费需求萎缩，价格较2019年同期下降近22元/千克。在疫情的冲击下人们被迫减少了出行，且由于水产品的鲜活属性，购买、处理都比较麻烦，所以家庭消费中人们更倾向于冷冻保质期长的食品，水产品在居家消费中的地位下滑，在2020年2月，大宗淡水鱼产业体系对30个试验站开展的快速调查显示30个试验站均反映了大宗淡水鱼的消费减少，改变了家庭消费的固有比例，等疫情防控形势的好转，又进入了水产品消费的淡季，则水产品消费的恢复还需要很长一段时间。同时，水产品消费领域还呈现一些新变化。在非常时期，外出聚餐和外卖送餐受限，居家做饭成为了很对家庭的不二选择，水产品消费在家庭日常生活中占据主要地位，人们对高端食材的需求下降，对精细加工的冷冻食品的需求上涨，并且选购食材的手段也呈现“线上转线下”趋势，极大发展了美团优选、盒马鲜生、天天果园等生鲜电商平台，网购生鲜的接受度明显上升，例如，在疫情影响最为集中的2月份，平台发货量同比增长接近2倍，极大刺激了新型电商平台的发展。

（四）出口规模下降，非关税贸易壁垒增加

由疫情前后水产品出口情况表2－8，表2－9，表2－10对比分析可知，总体来看，受疫情影响我国水产品的出口数量和出口额都有明显下降。水产品出口产品结构变化较小，但除去小部分种类产品的出口数额有所增加，其余各类产品的出口数额都明显减少。我国水产品在全球各地区的市场也呈现萎缩趋势。结合各项指标分析来看，由于疫情在全球范围内的影响，我国水产品出口规模总体有所下降。其中的原因主要可以从需求侧和供给侧两方面来考虑，从需求侧来看，由于疫情产生使全球经济都不同程度上受到了影响，导致人们的收入下降，从而使得需求萎靡。从供给侧来看，我国出于共同抗疫的需要，各行各业停工停产，导致劳动力短缺，从而使得供给也不足。因此，由于需求和供给的共同减少导致了我国水产品出口规模下降。

表2－8　2019年与2020年1—11月我国水产品出口总体情况

项目	2019年1—11月	2020年1—11月	同比变化（%）
水产品出口数量（万吨）	344.84	286.80	－16.83
水产品出口金融（亿美元）	166.97	137.58	－17.60

表2－9　2020年1—11月水产品出口产品结构
（按HS编码前四位统计）

出口品种	出口数量（万吨）	同比变化（%）	出口金额（亿美元）	同比变化（%）
活鱼（0301）	6.90	－2.72	4.64	－9.90
鲜、冷鱼（0302）	2.06	14.50	1.24	10.44
冻鱼（0303）	74.68	－25.87	19.58	－21.30

续表

出口品种	出口数量（万吨）	同比变化（%）	出口金额（亿美元）	同比变化（%）
鲜、冷冻鱼片（0304）	53.50	-24.71	26.52	-23.54
干、盐腌、熏鱼（0305）	5.18	-25.73	3.16	-9.17
甲壳动物（0306）	8.22	-5.06	5.82	-22.26
软体动物（0307）	32.52	-20.59	18.76	-19.86
制作或保藏的鱼（1604）	67.08	1.76	27.80	-7.77
制作或保藏的甲壳动物（1605）	24.54	-16.75	23.98	-20.55

表 2-10　　2020 年 1—11 月我国水产品出口地区

出口地区	出口量（万吨）	同比变化（%）	占总出口量的比重（%）	出口额（亿美元）	同比变化（%）	占总出口额的比重（%）
合计	286.80	-16.83	—	137.58	-17.60	—
日本	49.50	-5.98	17.3	28.24	-13.33	20.5
东盟	41.96	-21.56	14.6	23.08	-4.84	16.8
欧盟	34.84	-21.78	12.1	15.22	-23.40	11.1
美国	29.87	-8.81	10.4	14.78	-18.95	10.7
韩国	33.18	-17.84	11.6	11.44	-17.59	8.3
中国香港	12.78	-6.03	4.5	10.98	-16.57	8.0
中国台湾	8.58	-14.23	3.0	10.02	-23.04	7.3

与此同时，水产品的出口运输风险也因为疫情有所增加。截至 2020 年 12 月，新冠肺炎疫情在全球范围内仍然形势严峻，英国、法国、黎巴嫩等一些国家甚至出现了变异的新型冠状病毒感染情况。作为我国水产品主要出口市场的欧盟、日本、韩国等地区也不同程度地受到了影响，各国都进入防控疫情的紧急状态。对于水产品出口来说，毫无疑问出口运输风险也在不断增加。各国出于防控疫情的目的，减少了一部分的海运、空运路线，导致我国水产品出口的运输能力下降，运输的时间成本增加，而水产品本身不耐长时间运输，从而使得水产品在运输过程中变质腐败的风险增加。另外，我国主要水产品出口地之一的日本从 2020 年 12 月 28 日起采取

入境限制措施，这一举措将使我国部分水产品出口订单被取消，在运输途中的货物都可能面临被退回的风险。总体来看，由于疫情波及全球加上水产品本身的特殊性，都使得出口运输风险增加。

除此之外，以英国为首等多地出现了变异新冠病毒，全球各国都处于防控疫情的紧急戒备状态，不少国家因此采取了不同程度的封闭政策。作为我国水产品主要出口市场之一的东欧地区大部分国家开始调整进口政策，此外，另一主要出口市场日本也在 2020 年 12 月宣布采取限制入境措施。各国进口政策的不断调整无形之中使得我国水产品出口的非关税贸易壁垒增加。同时，由于变异新冠病毒传染性比普通新冠病毒传染性高出大约 70%，为了防止新冠疫情愈演愈烈，各个国家都采取了更加严格的贸易检疫标准，加大了进口产品检测力度。为了应对这一情况，我国水产品生产加工需要投入更多资金和人力成本以达到出口地区的贸易检疫标准。由此可见，新冠肺炎疫情使得各国贸易政策不断调整以及进口产品检测标准提高，无形中导致了我国水产品出口的非关税贸易壁垒增加。

第三章　产业链发展现状

第一节　第一产业链环节描述及存在问题

产业链是产业经济学中的一个概念，是各个产业部门之间基于一定的技术经济关联，并依据特定的逻辑关系和时空布局关系客观形成的链条式关联关系形态。宏观上看，国民经济是由众多的产业链所构成，第一产业产业链是其中的一类，这一类产业链将第一产业作为其中的构成环节和要素。第一产业产业链是指与第一产业初级产品生产密切相关的具有关联关系的产业群所组成的网络结构，包括为第一产业生产做准备的科研、农资等前期产业部门，农作物种植、畜禽饲养等中间产业部门，以第一产业产品为原料的加工业、储存、运输、售后等后期产业部门。

一、上游环节

产业链的上游环节指的是生产环节，相应的第一产业产业链的上游环节就是第一产业相关产品的生产、种植环节。一直以来第一产业产品的产量、价格随着天气的波动较大，价跌、滞销时相关从业人员增产不增收，生产积极性不足导致产品产量下降；而物以稀为贵，供给减少又导致价格大涨，因而相关从业人员开始大规模的生产。这种“周期病”主要是由生产的盲目性导致的。产品从生产到收获的周期一般较长，产品的供给无法根据市场价格的变化做灵活调整；相关从业人员生产专业化水平低，几乎是凭多年的生产经验及直觉进行生产，并不懂得分析市场；全国各地生产比较分散，规模较小，无法产生规模效益。

二、中游环节

产业链的中游环节指的是产品的流通和储存环节。我国第一产业经营的重点问题已经不在于生产领域，而是在流通领域，产品流通不畅、供需脱节是2020年经济社会热点问题。产品在生产者手里价格非常低，通过中间一个又一个环节的流通，最终端到消费者餐桌上的产品价格昂贵，消费者直呼“吃不起”。这种现象广泛存在的根本原因在于我国第一产业产品的流通体系尚不完善，存在诸多问题。

第一，流通比较分散、组织化程度不高。传统的第一产业产品流通体系分散主要体现在两个方面，一方面存在大量无组织的分散流通及自产自销，另一方面全国大部分第一产业从业人员没有加入正式的合作组织，流通主体实力较弱无法获得平等的话语权。第二，产品流通链条较长，且链条与链条之间存在衔接问题，容易脱节。产品从生产到消费往往要经过多个中间环节，成本层层叠加，导致终端价格过高，同时也导致生产供给和消费需求脱节。第三，流通布局与生产布局不适配的情况广泛存在。产品流通缺乏系统的规划，流通节点存在不合理、不恰当的问题，难以形成迅速、高效率的产品流通体系。

新冠肺炎疫情期间，第一产业产业链物流和信息流不畅，最为突出的是产品供给与运输链条的脱节，如我国蔬菜产量充足，但因为交通、信息、物流不畅等原因导致供应紧张。因而我国必须致力于构建畅通、高效的产品流通体系，完善第一产业产业链，如减少中间流通环节、大力培育有实力的流通主体、倡导第一产业从业人员加入正式合作组织解决流通分散的问题等。

三、下游环节

第一产业产业链的下游环节更多的是品牌和品质方面。由于难以预测海外疫情防控走势，不少产品出口经营者选择将目标市场由外需转内需，以获得持续经营的可能。这为我国的第一产业提供了一次很好的重新审视内需的机会。内需的供求不匹配关键因素在于，国内第一产业产品供给端低端较多，而在消费升级的大环境下，品牌、高质量、绿色有机的产品将成为消费者的首选。因此，产品品牌化、有机化是我国第一产业转型的必经之路。

首先，生产者应当注重绿色无公害品牌产品的认定。将产品生产流程、生产技术、质量控制纳入安全生产标准控制范围。完善绿色产品生产加工体系后，在面向消费者时强调自己的有机、健康，从而提升产品的质量感知，进而形成品牌化。

其次，完善相关产品的下游销售平台。包括电商平台、社区团购、购物市场等在内的下游分销平台应当进一步完善。作为产品的最终销售点，下游销售平台是将相关产品展示给消费者的最后一步，因此应当在产品包装、摆放、陈列，以及环境设计、人员推销上进行规划与改进，将产品销售终端进行高端化、品牌化设计。

再次，与新媒体“大 V”进行合作，寻求明星、网红的推广。在互联网时代，产品的品牌效应也可以借力明星的推广，加之明星也需要公益项目的加持，会形成双赢的效果。除此之外，可以结合政府帮扶政策，助力相关产品的线上营销。

最后，应当从源头做起，形成产品的差异化生产，覆盖消费者需求。例如，减少对普通毛桃的种植，增加对水蜜桃等高端水果的种植，将目标消费群体覆盖到高消费群体。同时，可以从公共关系的角度，使消费者对于产品的消费进行多样化选择，如宣传食用糙米、五谷饭是健康的饮食习惯，从而增加疫情之类意外风险来临时消费者对于粮食需求的弹性，降低风险。

四、第一产业产业链存在的其他问题

（一）产业链狭窄且较短

我国第一产业以提供初级产品为主要任务，广大农村基本上只是以种植和养殖为主，而很少有地方形成直接以其为原材料的加工产业群。第一产业生产是产业链中的中间环节，是被孤立地留在农村的一个环节，为第一产业生产做准备的科研等前期产业部门和以相应产品为原料的加工业、储存、运输、销售等后期产业部门基本上集中在城镇。这就造成了两方面的问题，首先是农村中仅有第一产业产业链的1/3个环节，广大从业人员不能广泛参与其他两个环节，况且存在加工流通企业一次性买断初级产品的现象，这为从业人员持续增收制造了障碍。其次是产业链的三个环节衔接松散，不利于第一产业新技术和新品种的迅速推广，也不利于产品附加值的增加和价值的迅速实现。并且，相关产品无法适应市场日益多元化、高质化的需求，其特色产业链短缺，品牌产业链不够长，对产业链影响最大的产品加工业，其精加工、深加工程度不足，没有充分实现产品附加值（薛风雷，2010）[44]。

（二）产业链脆弱

第一产业产业链的脆弱性主要表现在两个方面，一方面是由于体制原因导致的地方保护主义盛行，地方保护主义的盛行会导致产业链的人为割裂。所谓体制，简单来讲就是利益的分配和再分配所形成的基本格局，表现在相关领域就是按照行业和行政区域划分产业链，这种划分方式导致第一产业要素市场被行业和不同部门依据各自的利益最大化诉求分割，导致产品的流通受阻。另一方面是我国整体较低的产业链信息化程度，按照产业链的相关理论，产业链的深化必然伴随着产业信息链的深化，但是由于我国长期存在的城乡二元化的产业结构和第一产业反哺工业的产业政策，导致第一产业产业信息链长期得不到重视，加之机会主义和诚信问题，增加了第一产业产业链各交易环节的交易成本（唐琴琴，2012）[45]。

（三）产业链组织衔接程度低

按照相关交易理论，交易成本主要取决于交易双方的合作程度，即双方合作的诚意和合作的效率。按照竞争市场的相关理论，第一产业产品市场是典型的完全竞争市场，而完全竞争生产的交易成本最低，但是由于我国人口众多，人均土地资源分配严重不均，导致我国第一产业相关产品市场生产的分散性，在此条件下，产生高昂的市场交易成本，高昂的市场交易成本加上竞争性的产品市场下第一产业生产者几乎是以成本价将产品批发给零售商和批发商，这更加降低了我国第一产业产业链的组织衔接程度（唐琴琴，2012）[45]。

（四）第一产业产业链的可持续发展能力较差

由于我国第一产业产业链各环节衔接不够紧密，信息交流不充分，往往造成前一环节的产品与后一环节的需要不相适应，即一方面产能过剩，而另一方面需求得不到满足。例如，在科研、农资等前期产业环节中，可持续发展技术水平不高，甚至存在杀鸡取卵的倾向，例如除草剂、塑料薄膜等为农业生产带来短期效益的同时造成土壤板结、明显酸化养分减少之类的危害。就各环节内部而言，前产业环节主要表现为重复建设现象严重，而分工和专业化程度不高。在中期产业环节内，由于生产者较分散无法实行规模化生产，因此，其中既存在着对科技的观望保守态度，又对市场存在着很大的盲目性。在第三个产业环节中，产品加工业则表现为技术和效益水平较低，比如说一些农产品加工后的废料本能够再做成饲料产生增值，但由于技术有限，就只能充作廉价的肥料。

第二节　第一产业产业链优化路径

一、产业链的延伸

产品深加工是第一产业产业链横向延伸的重要途径，考察国际国内相关产品市场可发现初级产品市场已无进步发展的空间。特别是我国加入WTO后，无论是打入竞争日益激烈的国际市场还是发展国内市场，都必须大力发展第一产业产品深加工业。许多相关产品，尤其菜、果、瓜、鱼、虾等，大多以鲜活形式上市，这些产品含水量高、营养丰富、极易腐烂、储运要求严格。因此，不解决产品产后的保鲜加工问题就难以解决鲜活产品的异地销售和非产季供应问题，难以使第一产业产品成为最终商品进入市场，更难进入国际大流通市场。我国是农副产品生产和消费大国，主要相关产品如粮食、油料、水果、肉类、蛋类、水产品等产量已居世界第一位。但长期以来，农副产品供应的结构性过剩问题仍比较突出，农副产品加工转化工业发展滞后，与发达国家相比，存在很大差距。发达国家产品加工业产值是第一产业产值的3倍以上，而我国还不足80%。因加工转化程度低、综合利用较落后造成了我国农副产品资源的极大浪费，综合效益较差。针对上述问题，我国第一产业产品深加工业可考虑以下几个方面（谷永芬和吴倩，2011）[46]：

（一）引进先进技术，增强自主创新能力

一种观点认为产品深加工就是对普通产品的加工没有什么科技含量。然而这种观念恰恰是造成我国第一产业产品市场竞争力不强的一个重要原因。随着生活水平的提高，人们越来越关注食品的内在品质和安全、色、香、味等。简单的产品加工已不能满足人们的需要，我们应注重高起点、高技术含量的研究，可以引进发达国家的先进技术，同时消化吸收真正转变为自己的技术，逐步走向自主创新之路。

（二）加强试验基地建设，大力发展科学技术研究

目前我国第一产业相关产品加工业大都重生产加工轻科研开发，大多数企业对科研投入平均不到销售额的1%。我们应重视试验基地建设，对基础性具有前瞻性科研价值的项目进行试验研究，加强对技术人员进行培训，适度增加科研经费投入，以此确保产品质量的提高，并逐步形成一个完整的、有科研创新能力的科学研究队伍。

（三）重视产品加工专用品种选育

以往我国注重产量忽视第一产业产品加工专用品种的选育，导致加工专用品种少且单调，同时加工原料的品质不高制约了产品质量，过分将投资集中在生产销售环节，对专用品种的选育工作没有给予足够重视，导致产业链前后脱节、供求矛盾突出，产业化的“短板”凸显。因此，政府应有计划地引导第一产业从业人员将用于直接销售的产品和专供产品深加工的原料分开专门种植。产品加工企业要下工夫从源头做起从技术上指导生

产专为加工用的产品原料，并做好深加工专用品种的选育工作。

“十二五”时期，第一产业相关产品加工业将以推进结构调整为主线，以优势、特色产业带为依托，以发展产地加工为重点，以拓宽第一产业从业人员就业增收渠道、改善农村民生、促进相关产品增值为立足点，积极转变发展方式，加强技术创新，加快改造升级；因地制宜、合理布局引导产品加工向优势产区聚集明确重点、强化带动，引导产品初加工、精深加工同步推进。

发展农副产品深加工，延长第一产业产业链，把产品的生产、加工、销售连接起来，做到贸工农一体，可以将相关产品加工、销售所带来的增值利润向第一产业回流，增加第一产业积累，增强自我发展能力，从总体上提高第一产业综合效益和比较利益。产品加工业一头连着市场和消费者，另一头连着原料生产和第一产业从业人员，市场信息的及时反馈，便于从业者了解国内外市场，生产适销对路的产品。而且有贸易部门和加工工业作依托的现代第一产业，在龙头企业牵引下，有计划地发展生产，不致因商品流通遇阻而影响下一生产经营周期。

二、产业链的整合

第一产业产业链整合是产业链环之间的连接、合作与协调，它根据社会资源状况和市场需求状况的变化，在产业链环之间合理配置生产要素，协调各产业链环之间的比例关系，产生出协同效应和聚合质量。产业链的整合有许多内容：从产业链形态要素来看，有物流的整合、信息流整合和价值流整合，以及经营主体的整合等。从产业链的时空分布来看，有宏观视域内的产业链整合、区域内的产业链整合和跨区域的产业链整合等。

虽然从全国整体来看，各类第一产业相关产品特别是大宗产品已有比较完整的基于经济技术联系而形成产业链，但由于这些链环分属多个不同领域（第一产业工业和商贸），布局于不同经济区域，导致各链环之间的联系并不紧密。现实中第一产业从业人员生产的产品被初加工企业一次性买断，生产者主体实际并未进入产业链中，不能分享产业链的整体价值；

第一产业中按照自身经济目的和生产能力生产的原料产品年际间变化巨大，不能和加工工业需求相对接；由于地方保护主义和“自益行为跨地区的产业链环往往联系疏松，甚至产业链被人为割断，因此应以产业链中微观主体之间的合作机制和伙伴关系为基础加强产业链环之间的衔接与合作（赵绪福，2006）[47]。

三、产业链的提升

第一产业产业链的提升是指产业链整体素质的提高，即各环节向高技术化、高知识化、高资本密集化和高附加价值化的转变。这是产业链优化中的一个重要方面，对于提高产业链的整体竞争力至关重要。实际上，这一优化内容就是指各个链环的知识含量技术水平资本密集程度和附加价值水平的不断提高。

在第一产业产业链的提升过程中技术水平的提高尤为重要。我国的第一产业产业链中各个环节的技术层次不平衡。一方面，各环节之间的技术水平存在较大差异。特别在产中部门，生产方式仍以传统技术为主，种畜改良较为缓慢，技术进步贡献率较低，不能适应后续加工部门的需求，影响了产业链资源转换效率。另一方面，各环节与现代化要求相比还需要不断提升。即使在技术程度相对较高的产品加工部门我国总体技术装备水平与世界先进国家相比也有较大的差距。因此，需要依靠科技进步和生产社会化程度的提高，全面提升产业链作为资源转换器的效能和效率（赵绪福，2006）[47]。

第四章　产业双循环的优化路径

一、通过政策激励加强第一产业从业人员与相关企业的纵向协作

随着工业化和城镇化进程的不断推进，大量第一产业生产力向城镇流动，许多人早就摆脱了之前的传统生产方式，而是流向企业从事其他生产活动。由于这种情况的普遍性，第一产业生产日趋机械化以减少人工需求并提高效率，从业人员一般以一户为单位进行生产活动，并与合作社或者相关企业合作，将生产出的相关产品集中供应给对应的企业，由企业进行统一的销售，进而产生了新的生产链。

在这一过程中，由于第一产业从业人员从事低层次生产活动，相比合作企业话语权较低，一旦企业在较小违约成本前提下单方面拒绝合作，某些权利得不到保障。也就是说，在实际的产品交易市场中，昂贵的交易成本和信息的不对称性会损失市场的效率，进一步阻碍第一产业的发展。如果可以通过某些途径降低交易风险，或许可以更好促进第一产业从业人员和相关企业的纵向协作。

针对以上问题，可以考虑政府牵头，通过某些政策激励的手段促进第一产业从业人员与企业的合作，消除双方之间的信息不对称，减小合作的不确定性。例如，当地政府出台相关的规定，对与第一产业从业人员合作的企业加以实质性鼓励（如税收优惠、低价补贴等），又或者对第一产业的生产进行集中化管理，同时帮助第一产业从业人员和相关企业进行双向匹配，建立稳定的长期合作关系，即可稳定维系此种产品销售链条的存续。

政策激励除了针对国内第一产业相关产品生产与销售这一闭环外，针对出口企业，也会产生积极的作用。如果对某些特殊产品的出口进行税收抵减甚至免税，将会激励某些出口企业针对性地加大这些产品的销售。如果政府给予出口优惠或出台其他的政策，将会进一步提高我国第一产业相关产品出口额度，充分发挥比较优势以获得贸易福利，造福本国的同时也能增加合伙伙伴国人民的福利（韩兰华、潘荣根和汪桥，2020）[48]。

二、推动第一产业数字化、智能化

传统第一产业存在诸多缺陷。首先是生产的规模较小，机械化程度低，从业人员只能从事简单的生产获得基础性的产品，这显然是罔顾生产效率的。其次是产品市场不集中导致利润不可观，由于第一产业从业人员较为分散，往往交易市场也并非如此集中，在市场之间的奔波使得产品损耗较大，且浪费了大量的人力物力资源。

为了对传统第一产业生产的缺陷进行针对性的改善，我们应当利用时代技术，大力推动第一产业数字化、智能化，即在第一产业应用大数据或其他高科技手段，达到对传统第一产业产业链升级的目的，并最终真正做到从基础产业入手，推动经济发展。同样，在第一产业出口方面，可以利用进出口数据对产品产量进行粗略的估计，根据出口市场风向标来选择生产计划，可以提前做好资源的分配，以同时达到效率和利润的最优化。

第一产业智能化促进第一产业产业链发展的方式多种多样，其作用机理主要体现在挖掘和提升产品价值、开拓新市场渠道与激活市场要素、节约成本与拓宽盈利模式、创造新福利四个方面。为了更好地发挥智能化的优势，我们要从这四个方面着手进行第一产业产业链的升级，如针对产品进行改良创新、努力开拓销售市场、针对产品运输过程进行更新换代等。如果能够运用好大数据，利用现代科技对第一产业产品行业进行不断改革，可能会收到意想不到的结果（孙梦，2020）[49]。

三、"互联网+"第一产业产业链融合发展

"互联网+"与第一产业相结合，第一点是要利用好电商平台的优势。

国内现阶段电子商务正蓬勃发展，第一产业发展可以利用好这一优势，结合物联网技术和电商平台和生鲜保存技术将产品销往全国，而不再拘泥于在生产种植地销售。例如，最近大火的“丹阳99草莓”，即利用了“互联网+”的便车，利用社交平台的流量进行产品推广，并将客源引流在各大电商平台上，将当地著名产品销往全球各地。无独有偶，北京平谷的大桃也借此东风，在当地开展“农家乐”项目，结合服务业、餐饮业等其他产业协同发展；不仅如此，平谷区将先进的技术如云计算、物联网和移动终端等应用于大桃的生产销售循环中去，为地区特产提供了强劲的技术支持，市场也被拓展得十分广阔（倪冰莉，2020）[50]。

第二部分　第二产业结构优化升级

第五章　第二产业发展现状

在如今的形势下，我国内外环境正发生深刻复杂的变化。工业和建筑业供应链格局加速调整，竞争空前激烈，创新能力较低等一系列问题会制约我国第二产业的高质量发展。2019 年，第二产业的国内生产总值为 386165.3 亿元，占国内生产总值的 39.0%，其中，工业生产总值占国内生产总值的 32.0%，建筑业生产总值占国内生产总值的 7.2%。2011—2019 年的第二产业的生产总值平均增长速度为 9.6%，相较于 1979—2019 年的平均增长速度为 10.6%，降低了 1 个百分点，反映出第二产业占国民经济的重要程度稳定不减。本书通过从工业和建筑业进行数据指标分析，进而来分析第二产业的发展现状。

第一节　总体发展现状分析

一、产业结构的高度化有待提升

从产业结构高度化的结构来看，我国第二产业的附加值和应用的高技术已经在不断上升，但还有很多可以提升的空间。产业组织所能带来的规模效益还没有到达顶峰，第二产业的产业链还可以往更高层次的发展，加工深度还可以提升。

二、产业创新能力不高，资源利用率低

第二产业中的工业一般是原材料加工和一般的加工制造，高加工工业

数量占比不多，我国煤炭、钢铁、石油等方面的加工有很大提升空间。不过我国在风能、水能和光伏发电这些清洁能源的能源利用率提高 95% 以上，在世界上处于领先地位。最近提出的“中国制造 2025”，重点发展我国工业制造业，促进产业的智能化改造升级，从而提升制造能力和国际上的竞争能力。

我国粗放的生产方式也导致了另一个问题，就是资源的利用率低。这不仅会带来大量资源的浪费，还会给环境带来巨大的危害。随着供给侧结构性改革的推进，我国资源的利用率也在逐步提升。随着科技的进步和双循环的推动，未来还有巨大的提升空间。

三、多行业的集中度不断提升

恰当的行业集中度可以促进行业的高效发展。煤炭行业通过供给侧结构性改革和合并重组提升了行业的集中度。钢铁行业的两大巨头宝钢和武钢的合并提高了产业集中度，2019 年前十家企业的市场占比达到 36.1%。我国水泥行业的行业经过了两次变革后相对较高，2018 年前十家的占比达到了 56%。总体来看，我国工业制造业的产业集中度总体是上升状态。

建筑业的发展带动了相关的行业生产能力的提升和迅速发展。但是，有一部分细分行业的监管有待提升，仍然存在着不规范的问题。如防水建材业，虽然它存在着上述的问题，有小部分生产劣质产品、扰乱市场的企业，但规模收入和利润仍保持着 10% 和 20% 的增长，如果能将行业进一步规范，会有更大的盈利空间。房地产行业一直以来都是建筑业的重要组成部分，2015—2018 年，房地产十强的市场占有率从 16.8% 提升到了 28.3%，与此同时，价格上涨、行业门槛上升，没有太多资质的企业拿地难度上升。也正因为如此，具有品牌的楼盘增多，物业水平得以提升，从而能为住户提供更为高质量的服务，进一步刺激需求。

四、第二产业吸纳就业的能力下降

我国的第二产业长久以来都承担着解决社会就业的作用，长期以来促进经济的平稳健康发展。根据《第四次全国经济普查公报》的数据，第二产业的从业人员较 2013 年年末下降了 10.4%。这说明我国第二产业在不断更新技术设备，实现机器对人的替代，让生产制造更加智能化和自动化。侧面也反映出，减少的 2005 万人去了第三产业发展。服务业的日益壮大可以吸纳更多的劳动力，大量的人从第二产业去往了第三产业，是产业结构提升的表现。

五、中美贸易战使出口受阻

出口对我国的第二产业也很重要。历时两年的中美贸易战中，美国对我国的商品强征关税和一些限制条件，并对我国的企业百般阻挠，对我国的出口造成了很大的负面影响。其他一部分国家也跟随美国，削减中国的订单，使我国一些小型的企业受到了极大的影响。

随着我国科技实力的增强，我国的出口产品的结构质量在逐年上升，高科技产品有了更多的占比，其中出口的机电产品占比提升到 59.3%，集成电路出口的增速达到 14.8%，计算机增速达到 10.7%。受到疫情的影响，2020 年我国医疗器械出口增速达到了 44.5%，与 2019 年的 21.46% 相比有了非常大的突破。一方面，这说明了我国在全球供应链的位置逐渐变为中上游，我国综合竞争力得到了提升。另一方面，这也反映了国外对我国技术产品的信任。

六、疫情影响相对较小

第二产业相对于第三产业有一定的特殊性，一般在年底会提前休息，等到过完年再重新开工，由此可得每年的第一季度都是第二产业的淡季。并且第二产业可以通过赶工、扩大生产来增加产量，在受到疫情停工停产的影响后，还可以增加产量以维持去年的水平。总体来看，2020 年第一季度我国制造业的产能利用率因疫情冲击大幅降低至 67.2%。随着第二、第三季度的恢复和发展，其利用率已经恢复到往年同期的水平。

第二节 分行业现状分析

一、工业发展状况

（一）制造业

工业是第二产业的重要组成部分，工业中所包含的制造业则更为直接地体现出一个国家的生产力水平。制造业是发达国家和发展中国家的重要区分因素之一，它在几乎所有发达国家的国民经济中都占据着相当重要份额，“一带一路”为其所覆盖地区的制造业实现高质量发展提供了巨大的机遇。为加快实现“三个转变”的步伐，推进创新战略与新型工业化进程，“一带一路”与中国制造业的衔接与融合发展是重中之重。根据国家信息中心“一带一路”大数据中心披露的数据，中国制造业在近七年来与“一带一路”倡议融合发展的经济效益是显著的。总体上，制造业在中国对外直接投资的占比从 2013 年的 6.4% 飞跃至 2018 年的 14.5%，其中装备制造业的对外直接投资额达到了 72.7 亿美元，占据制造业对外总投资额的 38.6%。

（二）采矿业

改革开放以来，我国经济快速腾飞。作为经济发展的支撑行业，第二产业中的采矿业为其他行业的发展提供了大量的原材料，其中有色金属矿、稀土矿等产业更是在近几年的发展中占据重要地位，部分高科技产业，如芯片、计算机的制造，部分国防军工产业，如卫星、核潜艇的制造，这些高精尖产业的发展都不可或缺有色金属和稀土矿。2019 年 5 月 14 日习近平总书记在江西赣州实地考察相关稀土企业，并就推动行业绿色可持续发展作出重要指示；中美贸易摩擦期间我国更是限制了稀土矿的出口量。可见采矿业不止为我国国民经济发展提供基础能源物资，更为重要的是提供了一种重要战略资源储备。

1. 绝对指标

采矿业近三年的主要绝对指标展示如表 5 -1、表 5 -2、表 5 -3 所示，将采矿业细分为五个行业，由于后两位的开采辅助活动和其他采矿业数值较小，此处进行省略。如表 5-1 所示，就采矿业的企业单位数而言，在近三年基本稳定，2018 年较 2017 年有小幅上升，但 2019 年较 2018 年又有一定的下降，其变化数维持在 1000 家企业的水平上下；就资产总额而言，其绝对额在逐年增加，于 2019 年达到峰值；而负债总额变化差异不大，2017 年与 2018 年的数值基本接近，在 2019 年有小幅增加。

表 5-1　　三年规模以上采矿业主要指标 1　　单位：亿元

	企业单位数（个）			资产总计			负债合计		
	2017 年	2018 年	2019 年	2017 年	2018 年	2019 年	2017 年	2018 年	2019 年
采矿业	11046	11214	10203	93681	96065	97469	56638	56526	57631
其中：									
煤炭开采和洗选业	4435	4505	4253	53417	55089	52651	36170	36170	34324
石油和天然气开采业	124	123	119	19086	19348	22568	8905	8048	10415
黑色金属矿采选业	1523	1528	1163	8981	9922	9375	5369	6024	5743
有色金属采选业	1457	1456	1230	6110	5785	5694	3206	3252	3194
非金属矿采选业	3305	3395	3173	3504	3346	4160	1698	1701	2115

表 5-2　　三年规模以上采矿业主要指标 2　　单位：亿元

	营业收入			营业成本			利润总额		
	2017 年	2018 年	2019 年	2017 年	2018 年	2019 年	2017 年	2018 年	2019 年
采矿业	4744	45695	43076	35812	32865	30577	4209	5246	5379
其中：									
煤炭开采和洗选业	24870	2464	21990	17722	17545	15322	2952	2888	2837
石油和天然气开采业	7560	8710	8695	5647	5296	540	326	1627	163
黑色金属矿采选业	4064	3374	3614	341	2792	2853	159	72	235
有色金属矿采选业	510	3729	2752	4094	2843	1999	533	419	320
非金属矿采选业	4239	3413	355	340	267	2682	330	268	34

表 5 - 3　　2020 年 1—10 月规模以上采矿业主要指标　　单位：亿元

	营业收入		营业成本		利润总额	
	绝对额	同比增长（%）	绝对额	同比增长（%）	绝对额	同比增长（%）
采矿业	30894.5	-10.0	22871.3	-5.5	3072.3	-34.5
其中：						
煤炭开采和洗选业	15934.8	-10.7	11307.1	-8.5	1772.0	-27.7
石油和天然气开采业	5401.1	-20.9	3988.5	-3.5	474.3	-68.5
黑色金属矿采选业	3151.2	8.2	2484.9	8.0	303.3	46.4
有色金属矿采选业	2094.3	-5.2	1500.5	-7.2	281.3	9.3
非金属矿采选业	2753.6	-1.7	2098.1	-2.4	27.8	-1.5

在利润表指标方面，采矿业的营业收入近三年来逐年下降，且降低幅度较大，每年减少了将近 2000 亿元，这说明采矿业近年来的创收成为问题，可能与当前的政策鼓励资源依赖型企业进行转型跨越式发展有关。就营业成本而言，其近三年的绝对值也在逐年下降，其降低数值的幅度基本与营业收入一致，这说明很可能是采矿业的下游行业即需求方出现了需求减少倾向，从而导致了营业收入和营业成本的双重降低。从利润总额这一指标来看，采矿业近三年来的利润呈逐年上升趋势，从 2017 年到 2018 年，利润增加了将近 1000 亿元，而 2019 年较 2018 年也有小幅提高，结合前面两个指标来看，说明了营业成本的下降幅度超过了营业收入，从而导致了增加的利润总额，这说明近年来我国采矿业在营业成本降低方面取得了较显著的成果。

2. 相对指标

（1）采矿业产业内产值结构高度。

产业内产值结构高度这一指标以细分行业产值与矿业总产值的比值来衡量，体现了各细分行业为采矿业这一行业所带来的产值比重。如表 5 - 4 所示，在采矿业的五大细分行业中，煤炭开采和洗选业的占比最大，近三年最高达到了 53.94%，基本上是整个采矿业产值的一半，且这个数值近三年来没有较大的变化，说明当前采矿业对煤炭资源的依赖仍旧很强，而由于煤炭是不可再生资源，且不断的挖掘也会对地表的居民产生安全威胁，因此煤炭企业的转型跨越发展势在必行。居于第二位的是石油和天然气开采业，其产值占比在逐年上升中，由2017年的15.93%提高到了2019年的20.19%，这两类自然资源是极为重要的能源动力，且我国的人均储量并不算很丰富，其产值的上升可能体现了我国企业对石油和天然气的进口依赖在逐渐下降。黑色金属矿采选业、有色金属矿采选业和非金属矿采选业的产值比重基本相近，近三年的变化幅度也并不剧烈。

表5-4　近三年采矿业产业内产值结构高度

	营业收入（亿元）			产值结构（%）		
	2017年	2018年	2019年	2017年	2018年	2019年
煤炭开采和洗选业	24870.64	24645.8	21990.09	0.5242	0.5394	0.5105
石油和天然气开采业	7560.07	8710.9	8695.22	0.1593	0.1906	0.2019
黑色金属矿采选业	4064.44	3374.4	3614.78	0.0857	0.0738	0.0839
有色金属矿采选业	5104.15	3729.1	2752.43	0.1076	0.0816	0.0639
非金属矿采选业	4239.89	3413.3	3556.63	0.0894	0.0747	0.0826
采矿业	47443.43	45695.3	43076.18	1	1	1

（2）采矿业产业内劳动力结构高度。

产业内劳动力结构高度这一指标以细分行业R&D人员数占当年矿业从业人员比重来衡量，用于体现行业研发人员投入的多少。如表5-5所示，五大细分行业中，石油和天然气开采业的劳动力结构高度最高，大约为4%—5%，但近年来呈下降趋势，而煤炭开采和洗选业以及有色金属矿采选业则基本一致，为2%—3%，其余两个行业的劳动力结构高度最低，基本为1%上下，后四个行业的劳动力结构高度则呈微弱的上升趋势。从百分比的数值来看，整个采矿业的劳动力结构高度都不算很高，这说明我国采矿业在创新方面还有待加强，但仅以劳动力人数来衡量创新程度是有一些缺陷的，所以进行了下一项计算。

表 5-5　近三年采矿业产业内劳动力结构高度

	R&D 人员（人）			总从业人员（万人）			劳动力结构高度（%）		
	2016 年	2017 年	2018 年	2016 年	2017 年	2018 年	2016 年	2017 年	2018 年
煤炭开采和洗选业	73352	75474	60023	397.11	346.57	320.9	0.0185	0.0218	0.0187
石油和天然气开采业	34209	32638	22015	70.50	67.15	64.7	0.0485	0.0486	0.0340
黑色金属矿采选业	4663	3253	4283	47.14	35.77	33.4	0.0099	0.0091	0.0128
有色金属矿采选业	8390	8450	8990	44.45	39.61	33.6	0.0189	0.0213	0.0268
非金属矿采选业	5237	5034	5574	53.12	38.56	32.4	0.0099	0.0131	0.0172

（3）采矿业的产业内技术结构。

产业内技术结构这一指标以细分行业的企业总 R&D 经费内部支出占营业收入的比重来衡量，用于体现采矿业研发资金投入多少。如表 5-6 所示，在五大细分行业中，石油和天然气开采的技术结构最高，大约为 1%，近三年来基本稳定，稍有波动。有色金属矿采选业的技术结构逐年上升。由 2017 年的 0.44% 上升到了 2019 年的 0.85%。煤炭开采和洗选业的技术结构基本维持在 0.6% 的水平，近三年基本没有变化。而黑色金属和非金属矿采选业的技术结构最低，在 0.2% 到 0.4% 之间波动。

总体来看，各细分行业的技术结构都并不高，研发经费内部支出占营收入的比重大部分甚至达不到 1%，虽然采矿业基本是资源依赖型企业，但对任何一个行业来说，创新都是不可或缺的创收动力，因为资源是有限的，只有不断开发新的能源、找到新的能源或找到新的解决方法才能实现可持续发展。

表 5-6　近三年采矿业产业内技术结构

	R&D 经费内部支出(万元)			营业收入（亿元）			技术结构（%）		
	2016 年	2017 年	2018 年	2016 年	2017 年	2018 年	2016 年	2017 年	2018 年
煤炭开采和洗选业	1320744	1489056	1464527	22328	24870	24645	0.0059	0.0060	0.0059
石油和天然气开采业	638939	572560	892631	6469	7560	8710	0.0099	0.0076	0.0102
黑色金属矿采选业	103687	72514	120432	6085	4064	3374	0.0017	0.0018	0.0036
有色金属矿采选业	270861	311921	317254	6174	5104	3729	0.0044	0.0061	0.0085
非金属矿采选业	111477	118732	148071	5435	4239	3413	0.0021	0.0028	0.0043

（4）经济效益指标。

以下是采矿业的一些相关财务指标，如表 5－7 所示，营业收入利润率于 2018 年达到峰值，为 12.14%，2020 年的数值更低，这是可以预见的，大部分是由于疫情的影响。每百元营业收入中的成本在 2018 年最低，为 70.61 元，并逐年上升，在 2020 年前十个月达到了 74.03 元。每百元营业收入中的费用、每百元资产实现的营业收入、人均营业收入、资产负债率和产成品存货周转天数等则基本保持不变。应收账款平均回收期则逐年上升，由 2017 年的 32.4 天上升到 2020 年前 10 个月的 45.2 天，说明企业的收款政策可能出现了问题，需要及时进行调整，以防坏账的频繁出现。宽松的信用政策虽然可以在一定程度上为企业带来营业收入的增加，但如果这种增加只是账面上数字的增加，而没有真正从应收账款变成银行存款，那么这笔收入可能存在一定的风险。

表 5－7　　规模以上采矿业企业经济效益指标

	营业收入利润率（%）	每百元营业收入中的成本（元）	每百元营业收入中的费用（元）	每百元资产实现的营业收入（元）	人均营业收入（万）	资产负债率（%）	产成品存货周转天数（天）	应收账款平均回收期（天）
2017 年	9.10	76.55	10.98	53.1	88.1	59.9	13.5	32.4
2018 年	12.14	70.61	12.18	46.1	84.6	58.8	14.4	35.7
2019 年	11.43	72.84	11.78	47.1	97.5	59.1	12.2	41.5
2020 年（1—10 月）	9.94	74.03	12.70	37.8	85.5	59.4	14.2	45.2

3. 国内各省份采矿业主要产量概况

为了进一步体现采矿业在全国各省份的产值水平，本部分选取了采矿业最重要的三种产品产量的分布情况进行描述，并以图表的方式展示了这三类产品产量国内前五位省份的分布情况。

如图 5－1 所示，原煤产量第一的省份是内蒙古，第二是山西，第三是陕西，第四是新疆，第五则是贵州，前四个省份均位于北方，且原煤产量在逐年上升，第五位贵州位于南方，其原煤产量在逐年下降，且产量只是位于第一位的内蒙古的 12% 左右，说明我国原煤分布并不均衡。近三年来五个省份原煤产量的高低次序并没有发生变化。

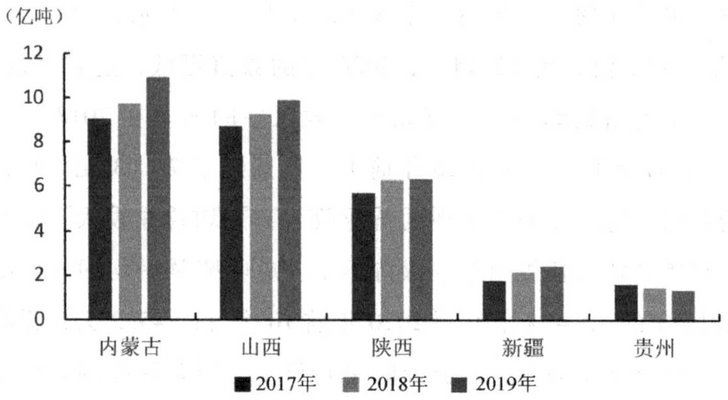

图 5-1　原煤产量国内前五位分布情况

焦炭也是采矿业的重要产品之一，由图 5-2 可知，焦炭产量最高的省份是山西省，第二是河北，第三是山东，第四是陕西，第五是内蒙古。这五个省份的焦炭产量都在逐年上升，从数值来看，山西省的焦炭产量是第二位的河北省的 2 倍之多，除位于第一位的山西省之外，其余四个省份的焦炭产量基本一致，相对平均。从地理位置来看，这五个焦炭生产大省均位于华北地区，但这几个省份的经济都不是很发达，可见依靠煤炭等传统能源创造的财富并不多。

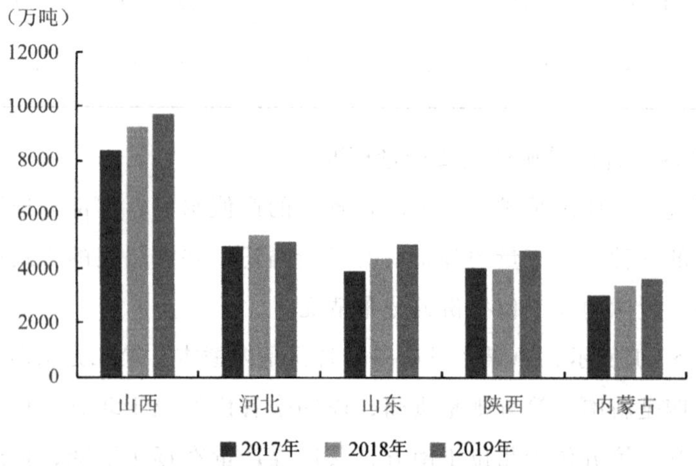

图 5-2　焦炭产量国内前五位分布情况

天然气是重要的能源之一，由图 5 - 3 可知，2019 年我国天然气产量第一的省份是陕西省，第二是四川省，第三是新疆维吾尔自治区，第四是广东省，第五是山西省，位于第六位的是青海省。这里之所以列出了第六位，是由于在 2017 年和 2018 年天然气产量的第五位是青海省，而在 2019 年山西省超越了青海省成为了第五位，但二者相差并不大。位于前三位的省份之间天然气产量的相差也不大，基本上均为第四位的三、四倍之多，而第四位的天然气产量又是第五位的两倍多，因此，天然气集中分布在前三个省份。

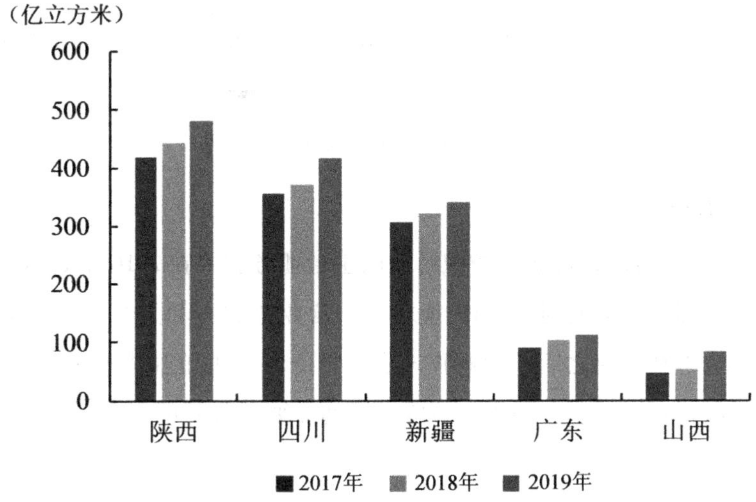

图 5 - 3 天然气产量国内前五位分布情况

（三）纺织业

1. 行业主要经济指标分析

（1）亏损面分析。

如图 5 - 4 所示，在 2015—2019 年，我国规模以上纺织行业的企业户数逐年减少，而亏损企业数量逐步增多，因此我国纺织行业亏损率自 2017 年以后逐年增加，并在 2019 年到达 17% 左右。这一方面说明纺织行业的亏损面增大，企业盈利更加困难；另一方面也意味着随着供给侧改革的深入推进，纺织行业内的竞争更激烈。

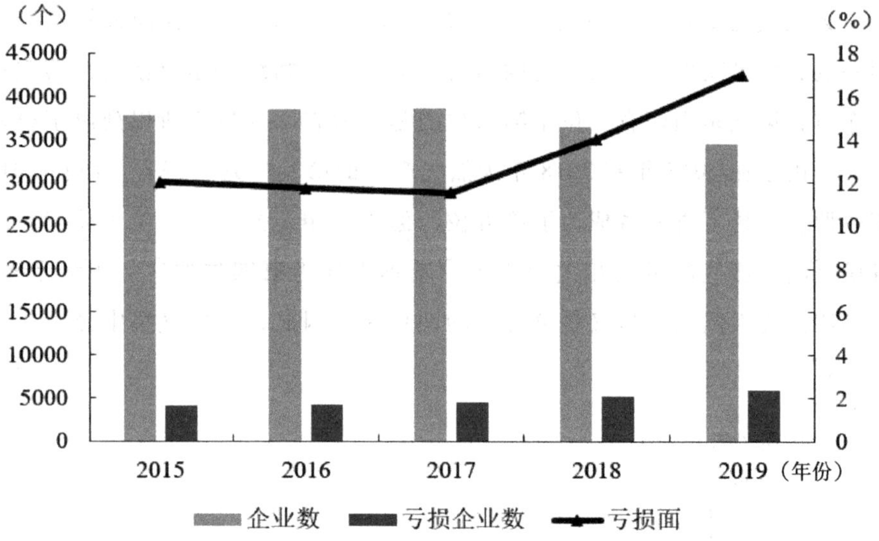

图 5－4　纺织行业亏损面

（2）营收情况分析。

如图 5－5 所示，近五年纺织行业的主营业务收入在 2016 年到达最高点，此后逐年下降。与此同时，2017 年之后主营业务成本和主要费用不断下降。在压缩了成本和费用之后，营业收入依然降低，说明随着技术进步和生产力提升，纺织行业的盈利空间不断下降，迫切需要寻找新的盈利增长点。

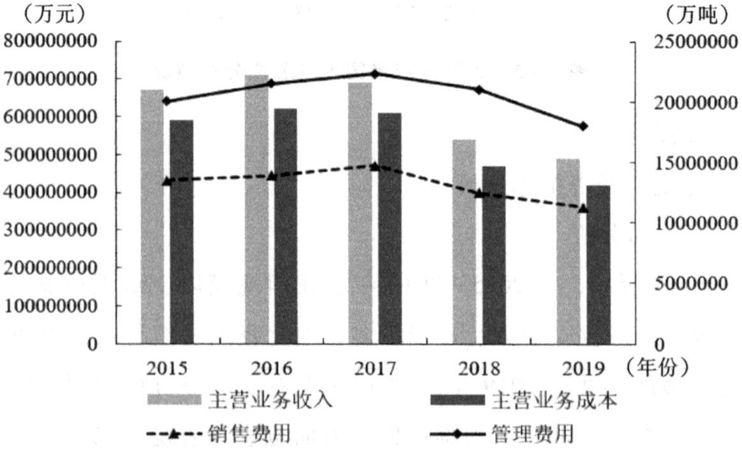

图 5－5　行业营收情况

2. 地区工业产量分布情况

(1) 主要产品工业产量汇总。

从图5－6、图5－7中可见，根据产量多少来判断，纺织行业的主要产品有布、印染布、纱、毛机织物、亚麻布和绒线等。总体上看，除了亚麻布产量有较明显的增加，近年来主要产品的产量均有所下降，但是在下降之后均稳定在了一定水平。这可能是由于近年廉价劳动力的优势流失，而海外市场低迷导致出口受阻等原因。

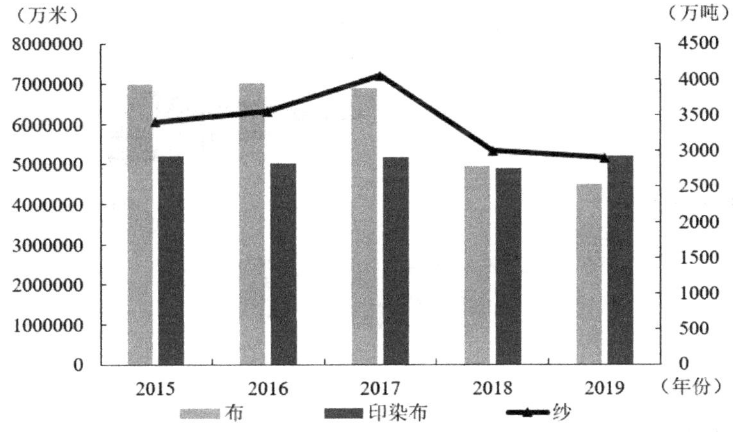

图5－6　主要产品产量汇总1

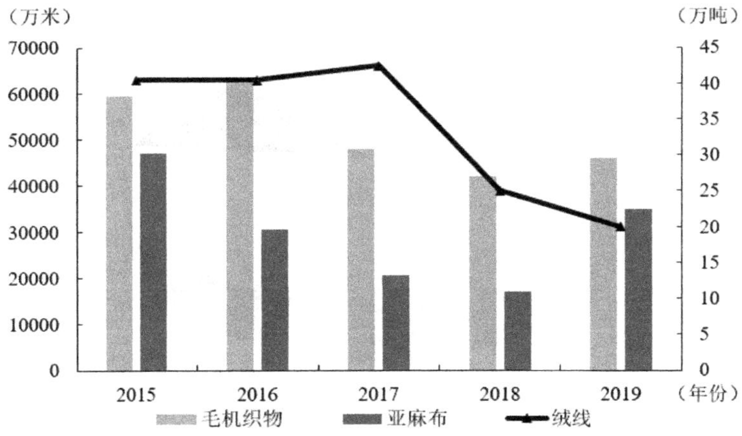

图5－7　主要产品产量汇总2

（2）主要产品产量的地区分布（以 2019 年为例）。

从 2019 年纺织行业主要产品的生产地区分布情况来看，纱主要来自福建、江苏、山东等地，布主要来自福建、浙江、江苏等地，印染布主要来自浙江、江苏、福建等地，服装生产主要来源于福建、广东、浙江等地。总的来看，纺织行业的主要生产基地分布于福建、江苏、浙江等东南沿海地区，而这些地区主要有大量廉价劳动力和方便出口的优势。

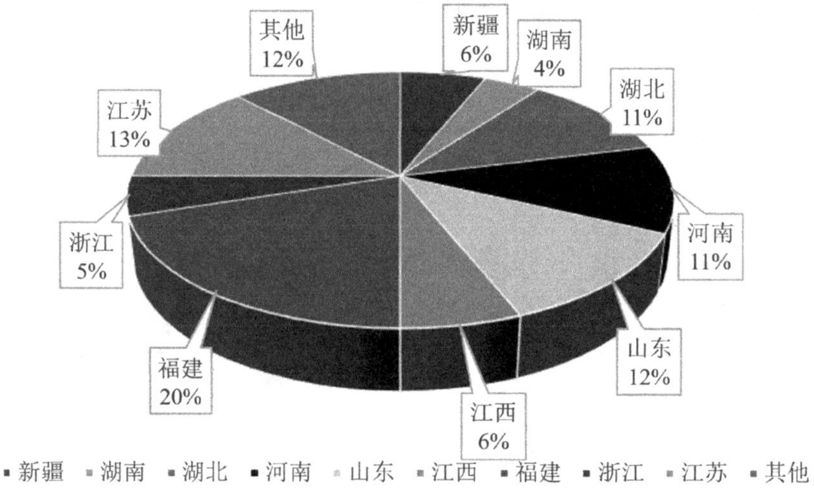

图 5－8　纱的产量地区分布

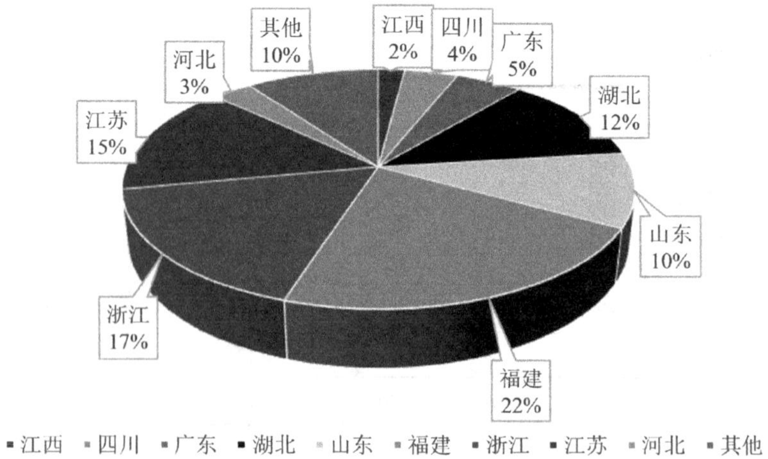

图 5－9　布的产量地区分布

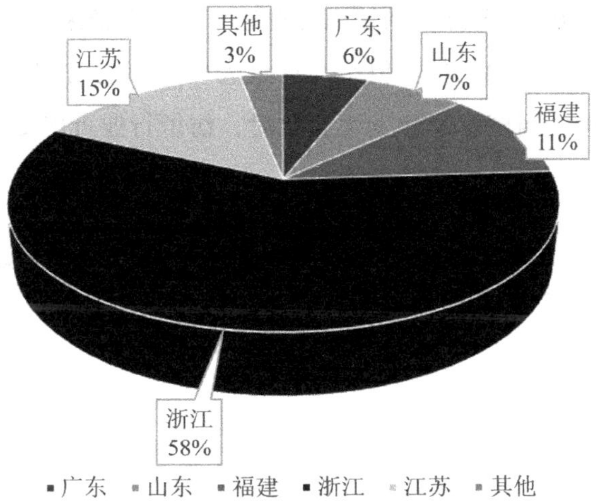

图 5－10　印染布的产量地区分布

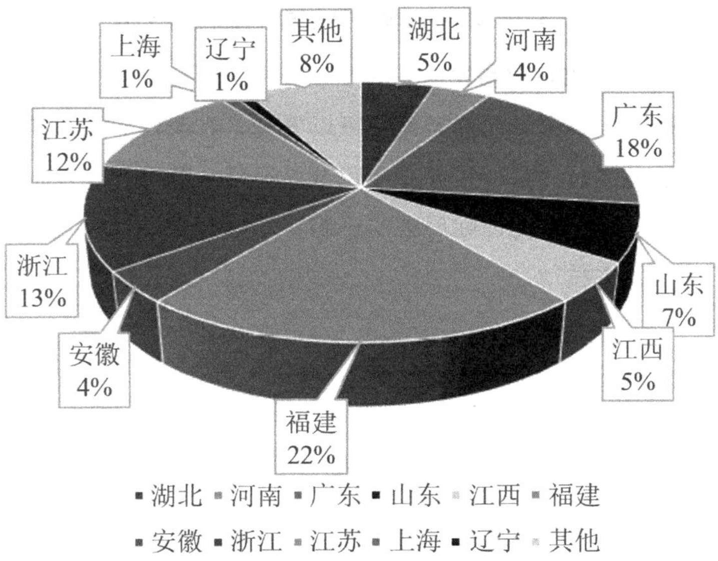

图 5－11　服装的产量地区分布

3. 纺织品服装进出口贸易

（1）2018—2019 年纺织品月度进出口走势。

我国纺织行业一直处于贸易顺差的地位，出口量远高于进口量。从月度数据的趋势图来看，进口量比较平稳，而出口量的峰值一般出现在 8 月左右，谷值集中在2—3月。从纺织行业进出口的差值来看，我国纺织品的对外贸易处于较有利的地位。但是，这也表明我国的纺织行业对于国际市场有较大的依赖，当国际形势发生变化时，纺织行业可能受到较大影响。

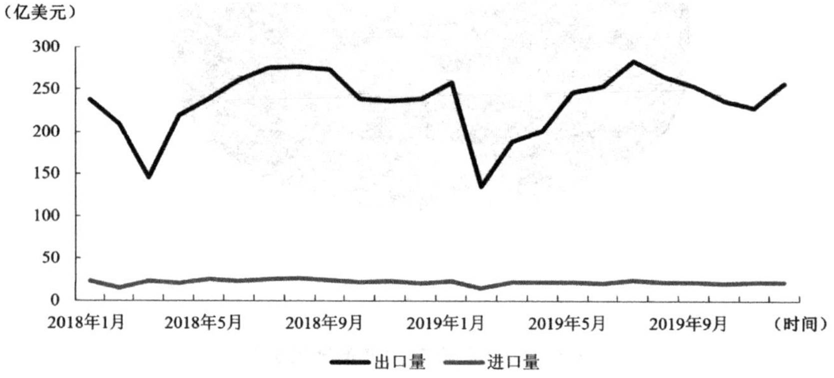

图5-12 2018—2019年纺织品分月度进出口量

（2）纺织品进出口贸易比重。

从纺织品进出口贸易比的图表中可以看到，在我国总出口连年增长的情况下，纺织品出口数量却在近三年锐减。另外，我国纺织品的进口比也有缓慢的下降。这说明受国际形势的影响，纺织行业的出口现状堪忧，需要通过扩大内需来拉动。

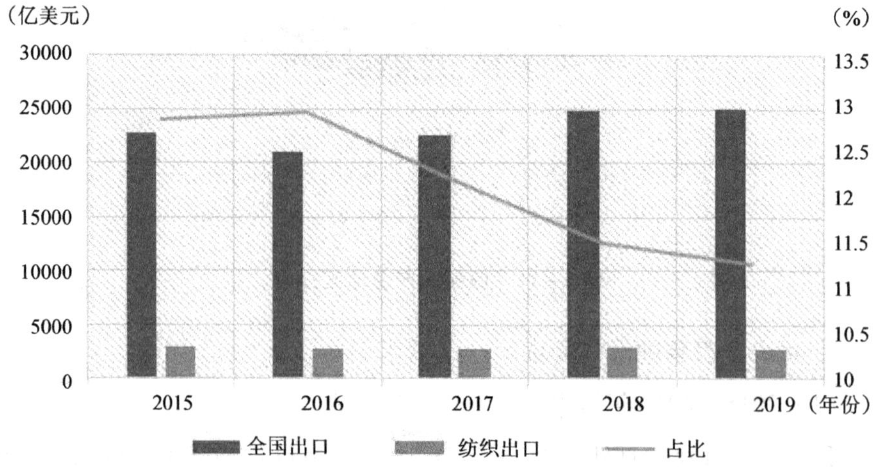

图5-13 2015—2019年纺织品出口贸易比重

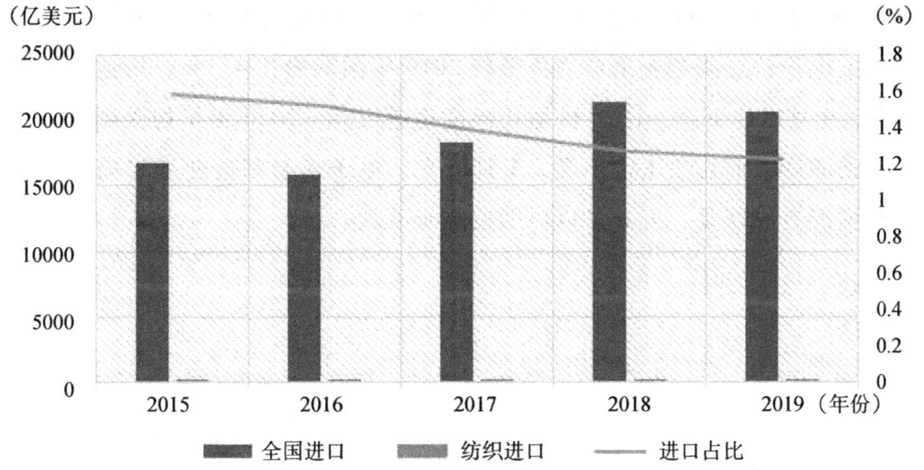

图 5－14　2015—2019 年纺织品进口贸易比重

（四）电子信息制造业

电子信息制造业是我国经济战略性的支柱产业。得益于全球范围内产业分工与智能终端飞速进步，我国电子信息制造业蓬勃发展。近年来，全球经济贸易形势日趋复杂，地缘政治风险升高，去全球化冲击严重。从国际市场来看，中美贸易摩擦对全球电子信息产业布局产生深刻影响。在内外双重压力下，多方因素叠加使我国电子信息制造业发展面临重重阻碍。但是，机遇与挑战并存，新一代信息技术正推动电子信息制造业产业链升级，当前我国电子信息制造业进入发展转型时期。

1. 行业基本发展情况

从全行业整体发展情况来看，如图 5－15 所示，2015—2019 年我国电子信息制造业整体运行保持良好的发展态势，发展速度先增快后放缓。工业增加值增速各年份均明显高于平均值，其中 2017 年和 2018 年显著高于工业平均增加值增长率。可见，在我国工业行业整体呈下行趋势的背景下，电子信息制造业仍保持较快的规模上升态势。

2020 年 1—10 月，电子信息制造业行业增加值和产业出口增速总体均保持增长趋势，但是各月份增速存在明显差异。如图 5－16 所示，2020 年规模以上电子信息制造业增加值同比增长 6.9%，与 2019 年相比略有下降。10 月份同比增长幅度有明显下降，低于上年同期 3.2%。2020 年度规模以上电子信息制造业出口交货值较 2019 年同期增长 4.3%，增速有明显提升。9 月增速下降，10 月份增长幅度迅速反弹。2020 年年初受到新冠肺炎疫情的影响而无法正常运营，3 月以来，电子信息制造业增加值与产业出口情况有序恢复，但 6 月以后增速逐步下跌。

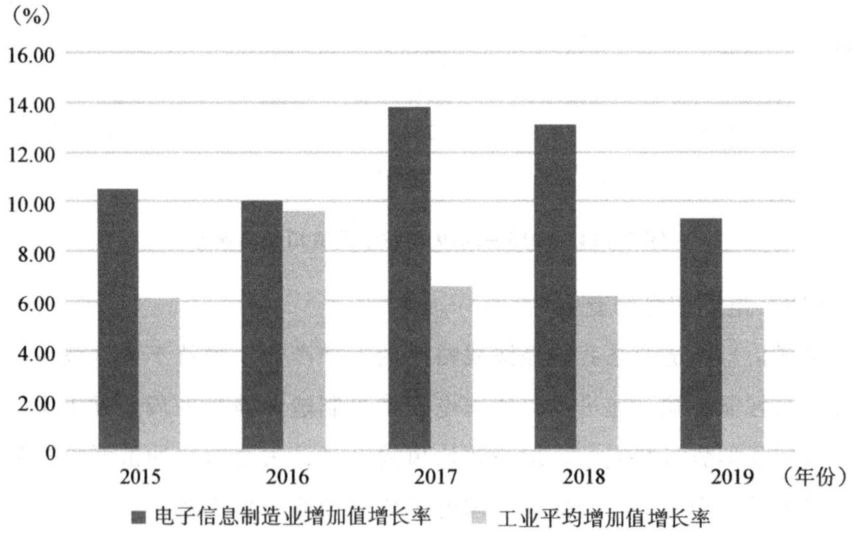

图 5-15　2015—2019 年电子信息制造业增加值增速与全国工业对比

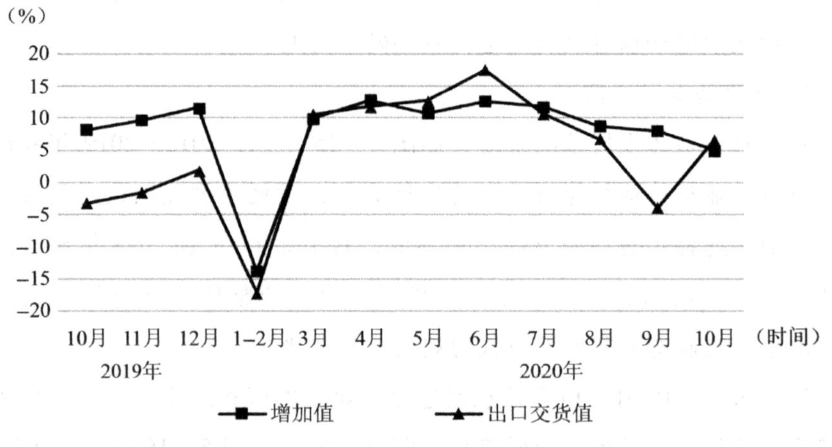

图 5-16　中国电子信息制造业发展增速

电子信息制造业在投资增速方面显著高于行业平均值。如图 5－17 所示，2020 年 1—10 月，固定资产投资同比增长 12%，与 2019 年相比下滑 1.6 个百分点。并且在疫情逐渐缓解后，投资增速有明显加快趋势。其中，电子元器件制造业以及通信设备制造业贡献超过 50%，投资增长 7.5%。

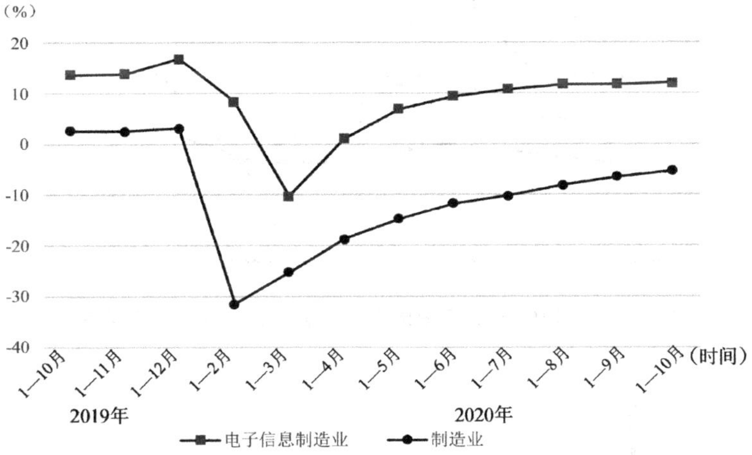

图 5－17　电子信息制造业投资增速

我国电子信息制造业着力于创新技术，以电子器件制造业为例，2018 年我国对于最先进的 12 英寸集成电路生产线投资超过 4400 亿元，是全行业强调技术升级驱动发展的一个缩影。

2. 行业运营发展情况

从行业营运情况来看，从图 5－18 可以看出，近五年以来，电子信息制造业整体经营情况良好。营业收入和利润总额增长速度在 2017 年突增后回落，2020 年营收增速又有明显的回暖趋势。2020 年，我国电子信息制造业盈利能力显著增加，行业效益状况良好。电子信息制造业的营业收入利润率稳中有降，2018 年以来呈现缓慢下跌的趋势。

影响效益的首要原因是产业处于转型升级时期，传统消费电子市场需求饱和，新产品尚未形成广泛稳定的需求市场，不能弥补传统产品的下滑；其次，由于上游电子元器件及电子专用材料等原材料的价格上涨，抬升全行业成本，因此效益下降。从图 5－19 可以看到，电子信息制造业在规模以上企业的营业收入排名榜首，达到 111872.9 亿元，占工业全行业规模以上企业营业收入的 10.48%。电子信息制造业在我国工业经济中具有较高的贡献。

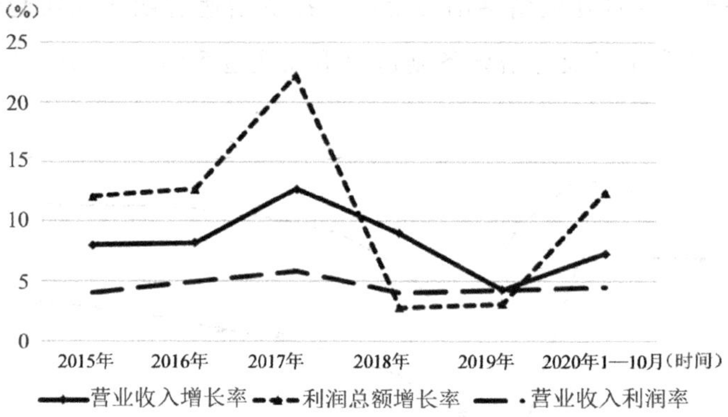

图 5-18　2015 年以来中国电子信息制造业盈利能力增速

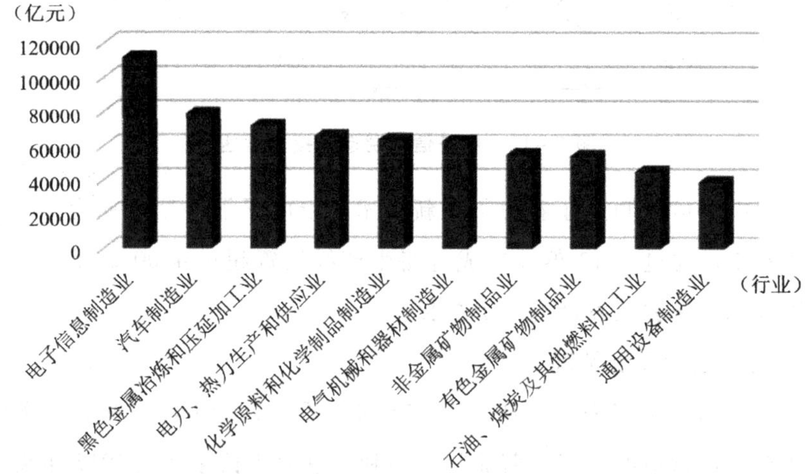

图 5-19　2019 年工业行业规模以上企业营业收入排名

2020 年 1—10 月，电子信息制造业发展速度呈现稳步提高态势。规模以上电子信息制造业实现营业收入保持小幅度平稳增长，利润总额高于上年同期 6.6 个百分点，增速大幅上升。从各个月份情况来看，如图 5-20 所示，除了 1 月和 2 月受突发疫情影响，前两个季度电子信息制造业产业销售收入和利润总额加速回升，到第三季度营业收入保持平稳，而利润总额增速放缓。

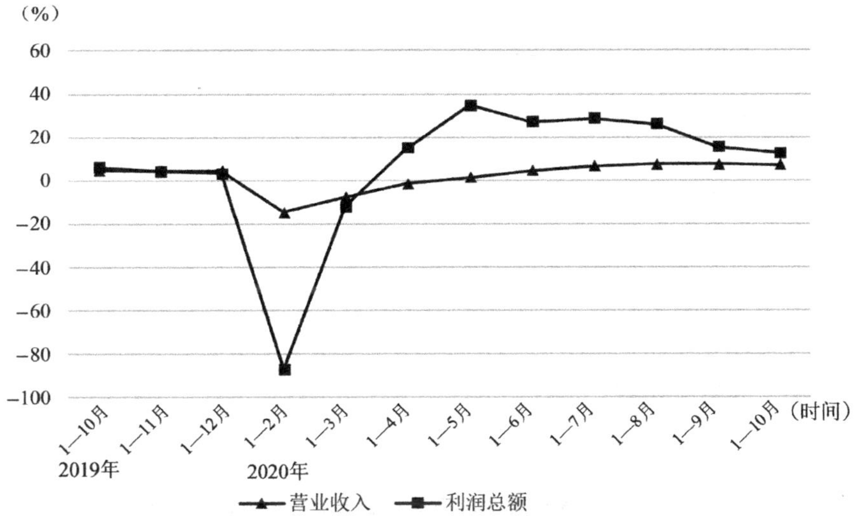

图 5-20　电子信息制造业业绩增速

3. 主要细分行业情况

从细分类别来看，如图 5-21 所示，电子元器件类占比达到 30% 以上，是电子信息制造业主营业务收入主要部分，其次为通信设备制造业和计算机制造业。而从图 5-22 可以看出，到 2018 年，通信设备制造业营收达 4500 亿元，在全行业中规模遥遥领先。

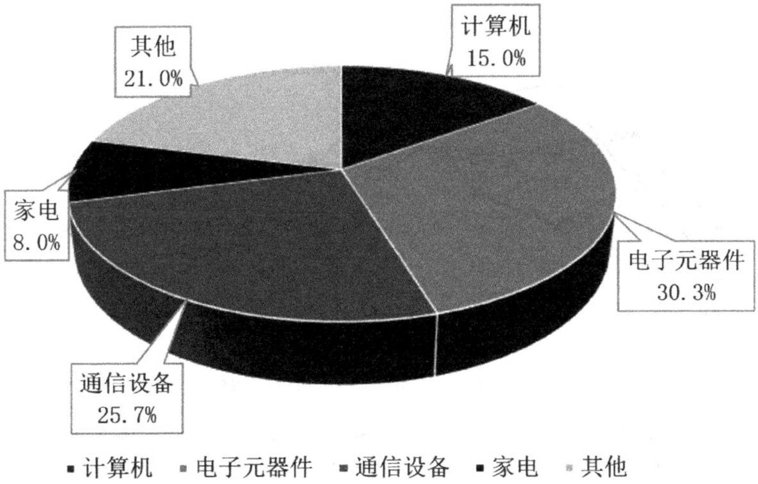

图 5-21　电子信息制造业营业收入比重

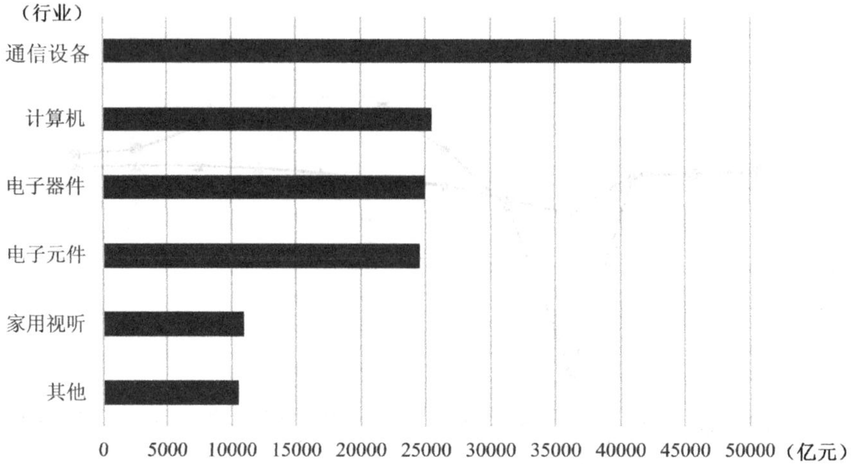

图 5－22　2018 年我国电子信息制造业各行业营业收入

从图 5－23 可以看出，2020 年电子信息制造业各行业虽然在年初因疫情均呈现负增长，但是从 3 月起，各行业均有不同程度的复苏，但具体变动情况的行业差异很大。电子元器件制造业自 3 月以来增速平稳，基本在 10% 左右上下波动。计算机设备制造业在 2020 年上半年迅猛增长，4 月、5 月出口交货值增速达到 30% 左右，从 6 月开始增速回落，之后保持小幅下降。而通信设备制造业的出口情况在 2020 年经历大起大落，呈现出正负对称

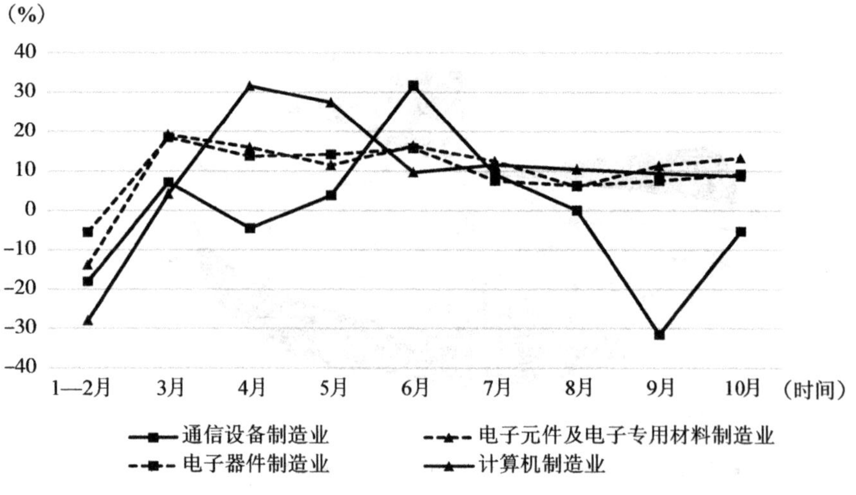

图 5－23　2020 年电子信息制造业出口增速

的两个峰状趋势。6 月份通信设备制造业出口交货值增长率最高达到 31.7%，9 月最低，仅为 -31.6%。图 5-24 为 2018—2019 年通信设备制造业外贸情况，可以看出，2019 年全年通信设备制造业出口交货值从 5 月起，不断下滑，但增速总体保持平稳波动。而到了 2020 年，增速波动加剧。

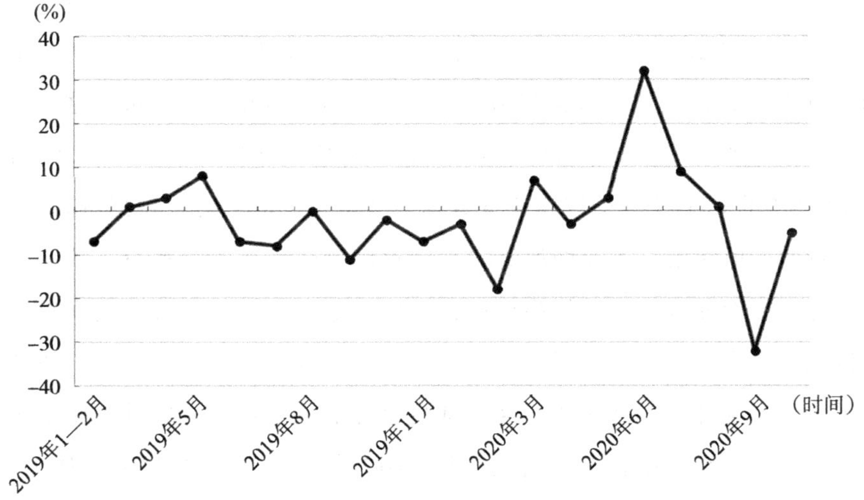

图 5-24 通信设备行业出口交货值增速

（五）电力业

电力作为能源技术的核心，是促进我国社会进步和经济发展的重大基础保障。面对多元复杂的外部环境和实施“双循环”战略的紧迫性，我国电力行业应遵循“双循环”发展要求，把握新发展格局重构的战略性机遇，在体制、机制、政策、技术、市场等方面实现突破性创新，疏解阻碍发电、输电、配电、售电和用电的各类“堵点”和“痛点”，使电力行业在促进区域统筹协调发展、要素市场化流动等方面发挥更大作用。“双循环”战略的特性决定了构建与之相匹配契合的新型电力生产与供给服务体系（以下简称“新电力体系”）的重要性和必然性。

目前我国形成的以火力发电为主的电力能源结构在短期内不会发生变化，因此无论现在还是未来，电力行业都是我国实施节能减排所需要重点关注的领域。增强清洁低碳、安全高效的电力供应能力至关重要，加强开发程度、更高效率传输和最大效率利用新能源发电是我国电力行业在未来改革的方向。

1. 主要经济指标

（1）电力行业经济贡献趋势。

电力行业属于电力、热力及水的生产和供应业（D）下的子行业，近10年间，公开数据仅披露了D行业增加值2010年、2012年、2015年及2017年数据，借助这一数据与第二产业总计增加值相比较，可见这一行业对二产业增加值的贡献在5%—6%，较为稳定，2017年占比6.15%略低于2010年的6.37%。受限于年度数据不全且单一电力行业数据难以获取，电力行业产值对第二产业增加值的贡献程度趋势难以直接衡量，故本书选择会计数据探究这一发展趋势与现状，选用电力行业上市公司利润总额数据以代表整个电力行业，同时，为了说明这一数据的合理性，我们还统计了来自国家统计局数据库的D44行业内企业利润总额，考察其占整个工业企业利润总额的比例，数据表明，2012—2019年，电力业（D441与D442）、电热生产与供应业（D44）分别与工业企业利润总额的比值变化一致，均呈现倒“U”形，并在2019年大幅上升，电力业利润占比达到2.12%，仅次于2015年2.28%的占比，表明2019年电力业经营绩效增速与其他工业企业相比较高，其在隶属于第二产业的工业中经济贡献度显著提高，同时也说明整个电力行业与D44行业发展的同步性。

表5-8　电力、热力及水的生产和供应业占第二产业增加值情况

单位：亿元

指标	2010年	2012年	2015年	2017年
电力、热力及水的生产和供应业增加值	12205.97328	13335.69851	14183.1	20388.89
第二产业增加值	191626.5	244639.1	281338.9	331580.5
占比	6.37%	5.45%	5.04%	6.15%

表 5-9　电力、热力生产和供应业及工业企业整体利润总额情况　单位：亿元

	工业企业利润总额	电力业利润总额	电力业利润总额占比	电力、热力生产供应业规模以上工业企业利润总额	电力、热力生产与供应业占比
2012 年	61910.06	673.5611	1.09%	2745.78	4.44%
2013 年	68378.91	1079.041	1.58%	3943.88	5.77%
2014 年	68154.89	1207.001	1.77%	4235.81	6.21%
2015 年	66187.07	1511.385	2.28%	4976.28	7.52%
2016 年	71921.43	1282.307	1.78%	4126.41	5.74%
2017 年	74916.25	865.5582	1.16%	3469.87	4.63%
2018 年	71608.91	1017.567	1.42%	3266.7	4.56%
2019 年	65799.04	1397.946	2.12%	4096.27	6.23%

（2）电力行业规模情况。

以行业内上市公司现有规模及在建规模反映该行业的投资规模情况，从现有规模来看，电力业上市公司累计投资额从 2010 年的 8720.73 亿元增加至 2019 年的 26332.59 亿元，10 年间，总投资规模增加了 2 倍，每年资产总规模增长率稳定在 10%—20%。在建工程的数据虽然包括了早先年度投入但未完工结算的工程，但其增长率的变动必定是当年投资所致，在建工程总额及其增长率可以粗略反映当前年度的新增情况，在建工程数据显示，前 5 年新增投资在 2500 亿元周围波动，后 5 年则介于 3000 亿元与 4000 亿元之间，2018 年投资的增长有较大幅度的下降，增长率为 -14.7%，总体上投资呈现增长趋势，其中 2015 年新增投资额最大，增长率高达 40.56%。

表 5-10　行业内上市公司投资规模情况　单位：亿元

	固定资产总计	增长率 1	在建工程总计	增长率 2
2010 年	8720.73	1815%	2224.31	17.20%
2011 年	9634.64	10.48%	2630.62	18.27%
2012 年	11175.23	15.99%	2773.42	5.43%
2013 年	12793.86	14.48%	2638.22	-4.87%

续表

	固定资产总计	增长率1	在建工程总计	增长率2
2014年	13869.78	8.41%	2656.17	0.68%
2015年	16706.79	20.45%	3733.59	40.56%
2016年	18418.19	10.24%	3928.94	5.23%
2017年	21036.93	14.22%	4235.56	7.80%
2018年	22829.94	8.52%	3612.98	-14.70%
2019年	26332.59	15.34%	4280.16	18.47%

（3）电力行业经营情况。

表5-11　　行业内上市公司经营情况　　单位：亿元

	营业收入	增长率1	净利润	增长率2	营业成本	增长率3	增长率1—增长率3
2010年	4832.42	33.04%	304.42	16.97%	4074.40	37.34%	-4.30%
2011年	5787.14	19.76%	257.76	-15.33%	4986.87	22.40%	-2.64%
2012年	6550.99	13.20%	525.52	103.88%	521704	4.62%	8.58%
2013年	7445.15	13.65%	852.34	62.19%	5590.19	7.15%	6.50%
2014年	7351.65	-1.26%	922.79	8.27%	5294.53	-5.29%	4.03%
2015年	7478.77	1.73%	1170.94	26.89%	5106.76	-3.55%	5.28%

近10年以来，行业内上市公司营业收入总额由高速增长到基本稳定不变，近几年逐步加快增长，2010年实现营业收入4832.42亿元，增长率高达33.04%，2014年增长率为-1.26%，营业收入略低于2013年，2015—2016年仅有极小程度的增长，基本处于稳定状态，2017年起，营收大幅度增加，2019年，营业收入总计达12147.6亿元，相比2018年，增加18.06%，说明我国电力行业近几年正稳中向好发展。与营业收入相匹配的是营业成本的增加，营收增长率与营业成本增长率的差额基本维持在5%上下，且营收增长率大多高于营业成本增长率，说明公司的盈利能力状况良好，2019年实现净利润总额1112.7亿元，同比增加36.19%，相比于往

年盈利状况有大幅度好转。

2. 主要工业产品

（1）我国电力供给基本情况。

从供给端来看，图 5－25 展示了我国 2010 年到 2019 年全国发电量情况，整体呈现上升趋势，从 2010 年的 4.2 万亿千瓦时到 2019 年的 7.5 万亿千瓦时，实现了接近一倍的增长。2010 年后，除 2015 年仅有略微增长外，其余年份均有较大幅度的增长率，到 2019 年，我国发电量总额超过 7.5 万亿千瓦时，增长率相较于 2016—2018 年下降幅度较大，这可能是部分受到了 2019 年第四季度的疫情影响。

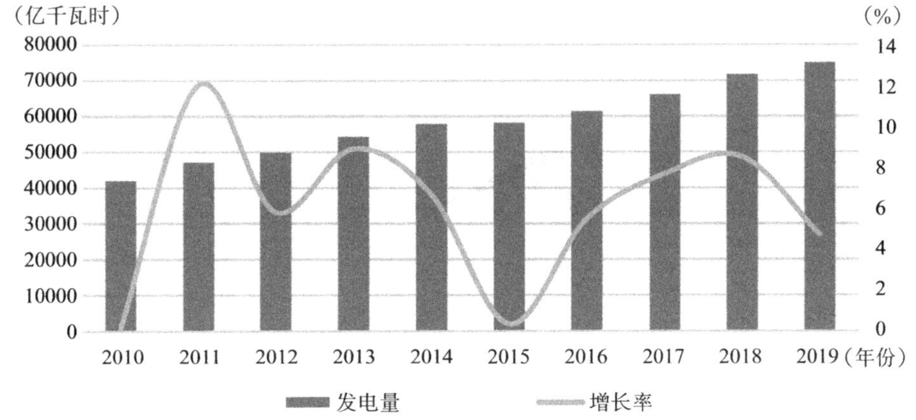

图 5－25　2010—2019 年全国发电量及其增长率

已有的发电方式主要包括火力、风力、水力、核能以及太阳能发电，图 5－26 比较直观地反映了当前我国主要的发电方式仍为火力发电，占比超过 70%，发电量高达 42333 亿千瓦时，其次是水力发电方式。2020 年以来，水力方式发电量达 10444.1 亿千瓦时，同比增长 4.31%。考虑到当前最新的时间要素及数据的可获得性，本书选取了 2020 年 1—10 月的数据与 2019 年 1—10 月数据做比较，从总发电量来看，有一定程度的减少，同比降低 6.96%，但从主要的发电方式来看，2020 年相较于 2019 年的发电量总体是有所增长的。

表 5-12 2019 年 1—10 月、2020 年 1—10 月发电量情况比较 单位：亿千瓦时

发电方式	2020 年 1—10 月发电量结构		2019 年 1—10 月发电量结构		同比增长
	发电量	占比	发电量	占比	
风力发电累计值	33266	552%	2856.8	4.41%	16.44%
火力发电量累计值	42333	70.22%	42041.4	64.88%	0.69%
核能发电量累计值	2986.8	4.95%	2826	4.36%	5.69%
太阳能发电量累计值	1195.9	1.98%	1004.7	1.55%	19.03%
水力发电量累计值	10444.1	17.32%	10012.6	15.45%	4.31%
其他	1.9	0.0032%	6054.9	9.34%	-99.97%
发电量累计值	60288.3	100.00%	64796.4	100.00%	-6.96%

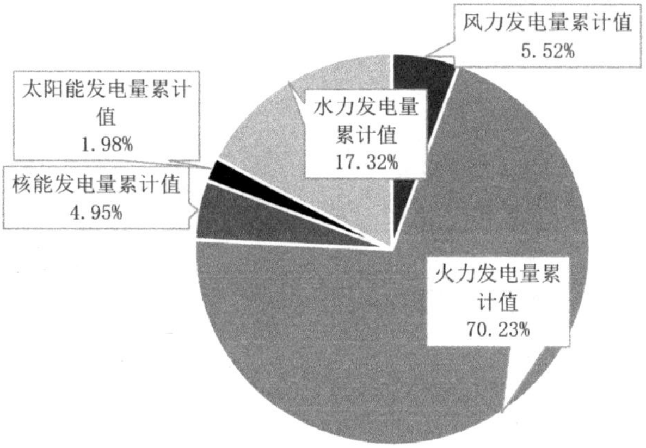

图 5-26 2020 年 1—10 月发电量结构

(2) 电力国际贸易分析。

图 5-27 展示了 2010 年以来我国电力的进出口情况，首先，总体来看，我国是电力出口大国，我国的电力出口远高于电力进口，前者是后者的三倍左右。一方面在大量出口，另一方面又在少量进口，既然国内供给已有富余，为何还需要从外部进行补给？这实际上反映出当前我国电力业存在供需结构不匹配的矛盾，主要有地理位置和季节变动两个因素引起供需不匹配，地理位置角度，体现在大量供给电力的地区分布于西部、北部，而需求却更多分布于东部和中部，地理位置带来的时间、交通成本等使国外电力供应打开了我国的贸易市场。季节变动角度，体现在降水量减

少的冬季，主要发电方式中的水力发电受到约束，导致国内发电量不能及时满足用电需求。

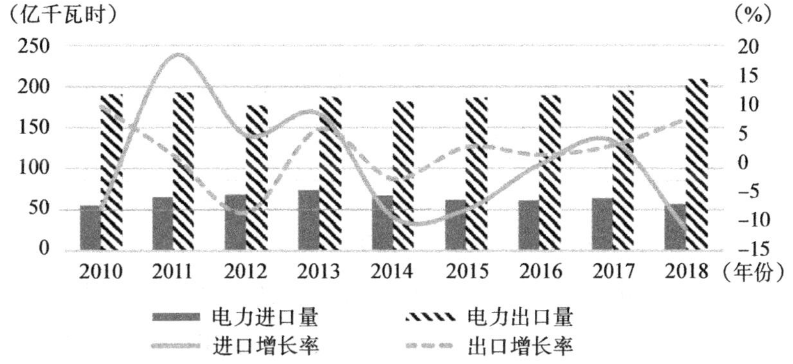

图 5-27 2010—2018 年我国电力进出口情况

其次，分别考察这两个相反的贸易方向。出口方面，我国电力的出口量维持在 170 亿到 200 亿千瓦时之间，2018 年电力出口绝对值首次突破 200 亿千瓦时，整体来看，出口量呈现缓慢上升趋势，出口增长率在 2010 年达 9.6%，中间年度有一定的波动，到近几年逐渐缓慢上升，至 2018 年达 7 个百分点左右，可见我国电力出口在国际贸易中地位渐升；进口方面，整体呈现先上升后下降趋势，近几年的进口增长率多为负值，这在一定程度上反映了我国电力供给端结构的逐步优化。

（3）我国电力需求基本情况。

从需求端看，2020 年我国全社会用电同 2019 年相比增长率为 1.8%，较为平稳，这与李际和李海（2020）[51] 的研究一致，第一二三产业及生活用电相较于 2019 年均有一定幅度的增长，其中第一产业耗电量增长尤为明显，为 9.7%。第二产业保持中低速增长，增长率为 1.2%，第三产业增长较少，仅为 0.2%，生活用电高速增长，增长率达 5.9%，由于 2020 年 11—12 月数据无法获取，本书没有对 2020 年 11—12 月电量耗用进行分析，但考虑到 2019 年年末疫情原因，2019 年年末用电量增长受到一定程度阻碍，2020 年 11—12 月相较于上年应该有较大的同比增长幅度。

表 5-13　　2020 年 1—10 月我国用电量情况　　单位：亿千瓦时

	用电量	占比	同比增长
全社会用电	60306	100.00%	1.80%
第一产业	710	1.18%	9.70%
第二产业	40340	66.89%	1.20%
第三产业	9958	16.51%	0.20%
生活用电	9298	15.42%	5.9%

工业用电及生活用电是电力行业的主要供电去向，以 2019 年为例，2019 年全社会用电量为 72255 亿千瓦时，工业用电及生活用电总计达 58723 亿千瓦时，占总消费量的 81.27%，其中工业用电量达 48473 亿千瓦时，占总消费量的 67.09%。近 10 年以来，前述两方面的用电情况均呈现上升趋势，但在上升趋势方面有一定的差异，其中民用耗电呈现缓慢逐年上升形态，而工业用电上升幅度大，但中间个别年份仍有下降，较为明显的为 2015 年，工业耗电量明显下降，且 2015 年在供给端的发电量也仅仅略微超过 2014 年，这主要是受当时国内经济增速放缓、产业结构调整和工业转型升级等因素的影响（张静，2017）[52]。相比于 2018 年，2019 年工业用电量也有小幅度的下降，这可能一定程度上是受制于 2019 年年末疫情期间，企业开工困难，加之供电方企业仍受影响，供需双方发展趋势均受到抑制（单葆国，2020）[53]。

3. 电力行业上市公司总体经营情况

一个企业的总资产往往被用来衡量企业规模，从该数据来看，电力业上市公司规模差距较大，最小规模低至 309.772 百万元，而最大规模却达到 413596.53 百万元，进一步考察 2009—2019 年各个时间节点上市公司的规模状况，2009 年上市公司总规模介于 704.19 百万元与 193997.1 百万元之间，2016 年总规模为 209.77 百万元与 309417.6 百万元之间，2019 年总规模则介于 1017.72 百万元与 413596.5 百万元之间，规模差距明显缩小。从总资产的均值角度看，2019 年相较于 2009 年年末均值增加超过 1.5 倍，均值逐年上升，且上升绝对值相当，平均每年上升 3000 百万元至 4000 百万元，一方面，这反映了电力行业企业整体呈现逐年增长，扩大规模，向好发展的趋势；另一方面，较为均衡的绝对值增长也表明其相对值角度的增长率越来越低，说明规模扩张逐渐到达瓶颈期。

表 5－14　2009—2019 年上市公司总规模情况表　单位：百万元

年份	样本量	均值	最小值	最大值
2009	60	20927.23	704.19	193997.1
2010	60	24770.68	492.67	223952.8
2011	60	28009.34	430.84	254365.4
2012	60	32125.04	391.43	271214.3
2013	60	34226.89	395.43	293323.3
2014	60	36510.85	471.33	302431.4
2015	60	40126.38	357.17	303368.3
2016	60	44326.26	309.77	309417.6
2017	60	47473.78	335.99	378693.7
2018	60	50249.17	643.99	403441.5
2019	60	53457.74	1017.72	413596.5

比较数据均值和中位数，可以发现，无论是上市公司的货币资金，还是固定资产，在建工程、营业利润等科目差距都很大，这反映了电力行业企业无论在企业自身资产存量还是经营的增量方面都呈现出很大的差异，为避免这种差距是由于面板数据涉及不同年度数据导致的，在控制年度考察上述指标在各个年度的值后，发现均值与中位数差距仍然很大，以 2016 年和 2019 年固定资产、营业利润数据为例，如表 5－15 所示，前一指标均值为中位数的 3 倍左右，后一指标均值为中位数的 4 倍左右，说明电力行业企业间存在巨大差异，行业头部企业在固定资产规模、企业资金储备上远超其他企业，不同企业的规模扩张呈现出较大的差异，从在建工程均值和中位数值的差异可以看出部分企业处于大规模扩张阶段，远超行业大部分企业的扩张进程，而多数企业处于稳步扩张阶段，同时，经营状况好的企业盈利状况远超行业大部分企业的平均盈利水平。

表 5-15　　2016 年、2019 年上市公司固定资产情况　　单位：百万元

年份	样本量	均值	最大值	最小值	中位数
2016	60	27180.02	261782.2	0.11	9332.33
2019	60	32273.13	273138	472.3017	10902.81

具体到企业，在电力行业已有的 74 家上市公司中，同花顺网站数据显示，截止到 2020 年三季度末，总资产最高达 4271 亿元，最低仅为 11.94 亿元，前五家上市公司总资产高于 3000 亿元，而总资产低于 100 亿元的上市公司却高达 22 家，排名第 37 位的公司总资产仅为 198 亿元；利润方面，排名第一的公司为长江电力，2020 年前三季度净利润达 202 亿元，远高于排名第二的华能国际（净利润为 91.33 亿元），2019 年度长江电力净利润超 400 亿元，远高于行业平均净利润 91 亿元，而业绩最差的公司净利润显示亏损 6.574 亿元，两极分化严重，这也进一步验证了上述描述性统计得出的结论。

综上，电力行业上市公司两极差异巨大，无论是从已有的资产存量还是营业增量来看，均呈现这一现象，这很大程度上是由于电力行业作为国民基础产业，行业龙头往往是政府出面建设，具有国有性质，如最大规模的华能国际，国资委为其实际控制人，持股比例达 45.20%，其融资来源和客户资源相较于民营企业都有更大的优势，同时，出于品牌和声誉，电力业的下游企业也更愿意选择大型国企，从而其营业收入远高于同业其他企业，成本端则由于大规模的生产，促使企业形成规模效应，从而获得更低的单位成本。

（六）食品制造业

新中国成立至今，我国食品工业大致经历了四个发展阶段，曲折发展阶段、调整发展阶段、快速发展阶段和转型升级新发展阶段。

1949—1978 年是曲折发展阶段，解决全民的温饱问题是国家面对的头等大事，对食品工业投资规模较大，完成基本投资 67.38 亿元。1978 年产值比 1952 年增加了 46.86%。研发方面，科技人员少、科技条件差，几乎没有专业的食品工业科研机构。开放程度方面，引进少量国际先进技术装

备，食品出口也较少。

1979—1992年是调整发展阶段，国家逐步将食品工业定位为国民经济重点发展的支持性行业，食品工业得以实现较快增长，产值年均增长9.84%。食品科学研究事业步入正轨，科研单位和人员明显增多，科研条件改善，涌现出多项达到国际国内先进水平的与食品工业相关的科研成果。并且引进了面包、方便面、挂面、乳制品等行业的生产线和相关技术装备，出口规模也显著扩大，包括初级加工品和精致加工制成品，年均增长9.5%。

1993—2012年是快速发展阶段，1993—1998年，食品工业总产值增加72.1%。2001年中国加入WTO后，发展速度更是达到历史最高水平，年均增速超过30%，直到2008年金融危机爆发后，增速有所放缓，但仍然保持在10%以上。与此同时，国家设立多项科研项目和计划、成立重点实验室，有力地提升了食品工业创新水平。食品工业对外开放程度进一步加深，外资食品企业数量占比不断提高，成为我国食品工业体系中不可忽视的力量。

2013年以来是转型升级新发展阶段，食品工业产能过剩问题日益严重，过去粗放式发展导致诸多不利影响，食品工业转型提上日程，质量问题逐渐成为关注点。同时，国家高度重视食品工业关键技术的研发。此外，除了“引进来”，我国“走出去”的步伐也逐渐加快。不仅引入外资，我国的优秀食品制造企业也在海外投资设厂或并购，进一步打开全球市场。“一带一路”倡议也为诸多食品企业进入沿线国家提供机遇。

1. 主要经济指标

（1）生产规模及产值。

图5－28显示，食品制造业近五年的生产保持增长，2017年以后增速有所回落。就年度而言，2019年，食品制造业同比增长4.6%，同比收窄1.4个百分点。全国规模以上企业产值占全国工业总产值的比重达到10.60%，产业规模在国民经济各门类中保持前列。完成了整个工业10.5%的增加值，拉动工业增长0.4%。

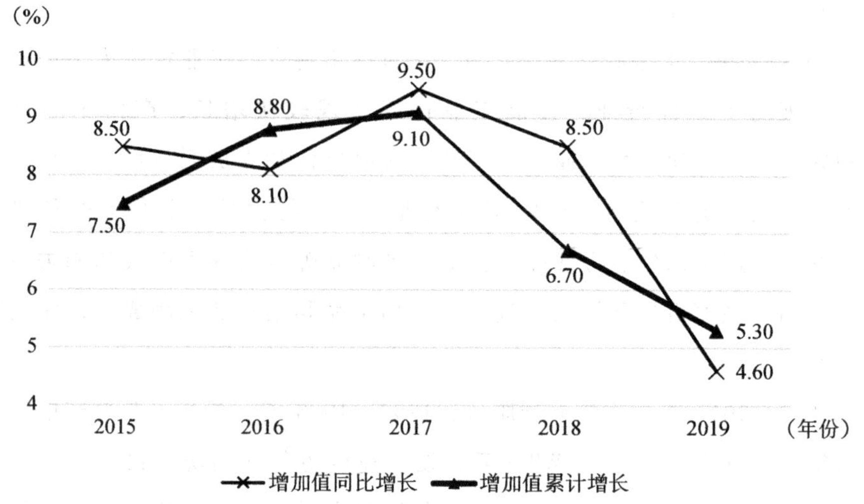

图 5－28　2015—2019 年食品制造业增加值情况

近五年，我国食品制造业规模以上企业数量总体稳定，截至 2019 年年底，我国食品制造业规模以上企业数量达到 8291 家。但亏损数量呈现上升趋势，从 2015 年的 756 家到 2019 年的 1241 家，增幅达到 64%。相对于上一年，2019 年的亏损情况有所好转，亏损面环比减小 1.54%，亏损总额累计下降 23%。

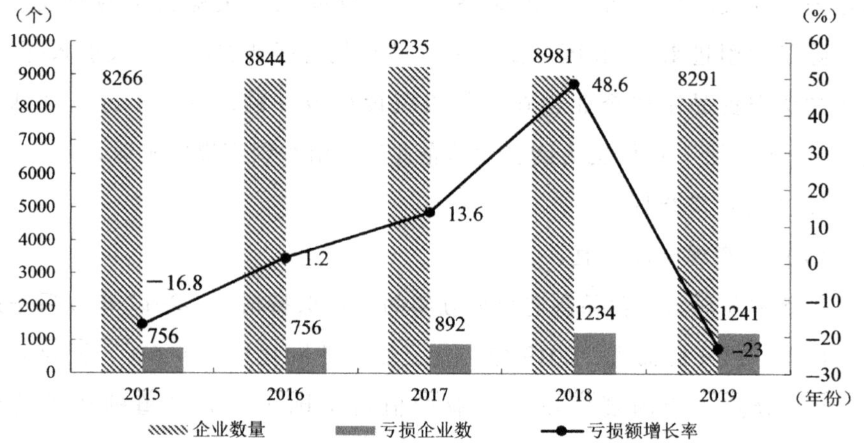

图 5－29　2015—2019 年食品制造业企业数量及亏损

近五年，食品制造业的产成品和存货基本保持上涨趋势，存货的上涨速度更快。2019 年产成品为 758.3 亿元，相比 2015 年增加了 13.3%，存货增加了 21.7%。但这种增长速度在 2019 年有所下降。

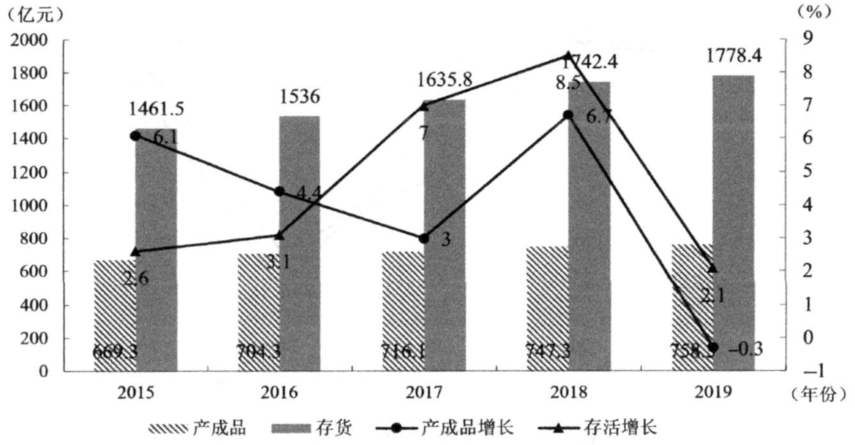

图 5－30 2015—2019 年食品制造业产成品及存货

（2）盈利能力。

近五年中，2018 年食品制造业的营业收入和利润总额显著下降，而 2019 年效益则明显改善，营业收入和利润总额均保持增长。2019 年，全国食品制造业营业收入达到 19074.1 亿元，累计增长 4%，行业实现利润总额 1670.4 亿元，累计增长 7.6%，高于收入增速，盈利能力较好。同时，全国工业企业利润同比下降 3.3%，对比之下，显示出食品制造业具有发展的强大韧性和刚需的特征。2019 年，食品制造业主营收入占制造业的 2%，利润占 3.2%，对于整个第二产业，贡献了主营业务收入的 1.8%，利润总额的 2.7%。

数据显示，近五年食品制造业的成本费用呈现先上升后下降的变化趋势，2016 年最高，达到 18929.6 亿元，而 2018 年的 14325.1 亿元则最低。2019 年营业成本有所上升，累计增长 5.2%。其中，销售费用为 1710.5 亿元，累计下降 2.6%；管理费用达 799.1 亿元；财务费用为 108.6 亿元，累计下降 2.2%。从表 5－16 可以看出，2017 年以后主营收入利润率保持上升，成本费用利润率也快速提高，说明食品制造业企业经济效益保持改善提高。

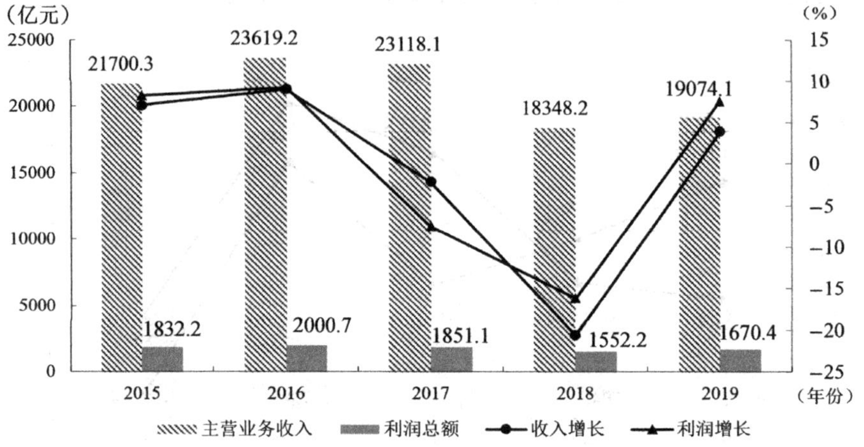

图 5-31　2015—2019 年食品制造业营业收入及利润总额情况

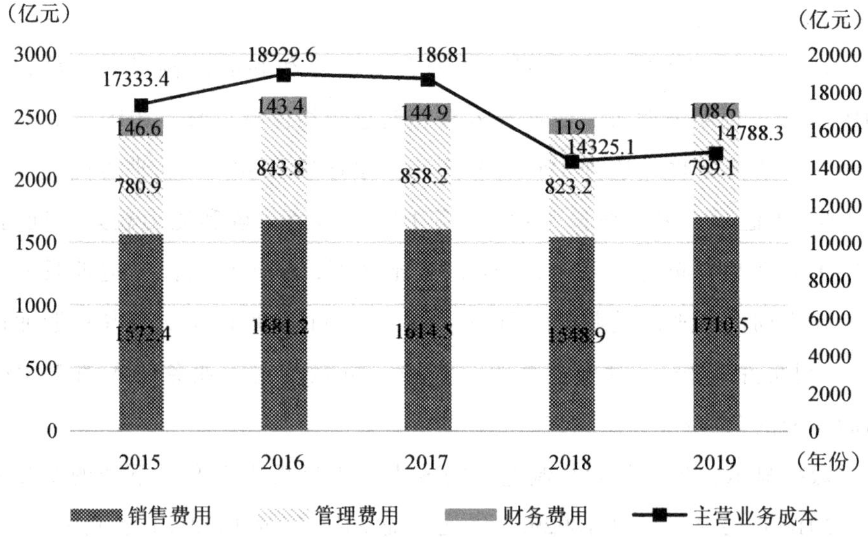

图 5-32　2015—2019 年食品制造业成本费用情况

表 5-16 食品制造业盈利能力变化情况

年份	主营收入利润率	增长率	成本费用利润率	增长率
2015 年	8.4%	1.1%	10.6%	0.8%
2016 年	8.5%	0.3%	10.6%	0.0%
2017 年	8.0%	-5.5%	9.9%	-6.2%
2018 年	8.5%	5.7%	10.8%	9.4%
2019 年	8.8%	3.5%	11.3%	4.2%

（3）投资状况。

2019 年，全社会固定资产投资 560874 亿元，比上年增长 5.1%。食品工业约占全国工业资产总额的 6.65%，吸纳了 8.17% 的就业。但食品制造业的投资同比下降 3.7%，固定资产投资缩减。

（4）食品消费情况。

2019 年，我国居民收入增长较快，恩格尔系数为 28.2%，比 2018 年降低 0.2%。消费平稳增长，衔接水平稳定。食品制造业销售率 97.9%，与居民消费能力增加有直接关系。全年全国居民人均食品烟酒消费支出 6084.2 元，同比增长 8%，占人均消费支出的比重为 28.2%。从产品来看，速冻米面食、方便面和罐头产量有不同程度下降，其他产品都保持增长。CPI 同比上涨 2.9%，食品消费价格指数为 109.2，涨幅有所扩大，是 CPI 涨幅扩大的主要原因。其中，焙烤食品和糖果上涨 0.7%，调味品增速为 1.2%

2. 食品制造业细分行业具体情况

如表 5-17 所示，2019 年，食品制造业的 7 个类别中，除去其他食品制造以外，乳制品制造业资产总额最高，为 3571.16 亿元，同比增长 13.52%；而罐头食品制造业资产最少，为 892.34 亿元，同比减少 0.92%；焙烤食品制造业资产同比增长 1.06%；糖果、巧克力及蜜饯制造业资产总计同比减少 0.78%；方便食品制造业资产总计同比增长 2.93%；调味品、发酵制品制造业资产总计同比增长 3.59%。

表 5－17　　2019 年细分行业资产及利润

类别	资产（亿元）	同比增长（%）	利润总额（亿元）	同比增长（%）	资产利润率（%）
焙烤	1864.28	1.06%	240.62	1.92%	12.9%
糖果、巧克力、蜜饯	1075.52	－0.78%	135.81	3.95%	12.6%
方便食品	2247.35	2.93%	217.5	1.64%	9.7%
乳制品	3571.16	13.52%	371.87	61.40%	10.4%
罐头	892.34	－0.92%	85.14	10.60%	9.5%
调味品、发酵制品	2347.44	3.59%	—	—	—
其他	4426	3.23%	375.57	－8.13%	8.5%

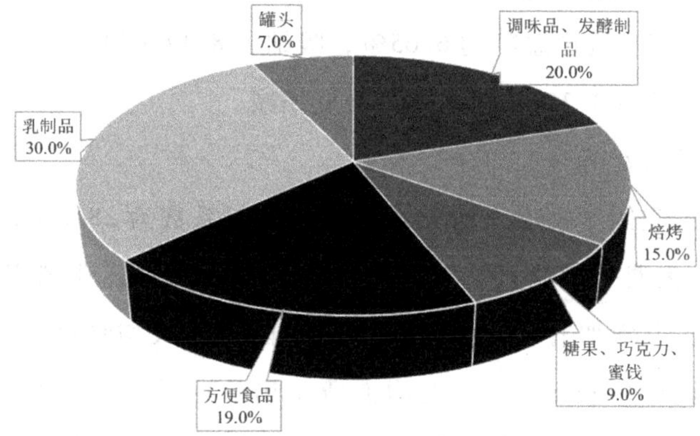

图 5－33　2019 年细分行业资产占比

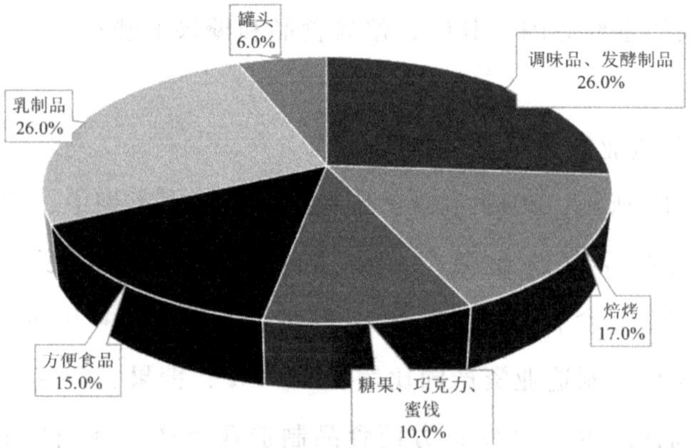

图 5－34　2019 年细分行业利润占比

食品制造业营业收入同比增长4.23%。其中，乳制品制造业营业收入同比增长10.17%；罐头食品制造业营业收入同比减少3.03%。2019年，食品制造业利润总额同比增长9.14%，其中，除去其他食品制造业以外，乳制品制造业利润总额最高，达到371.87亿元，同比增长61.4%；罐头食品制造业营业收入则最少，为85.14亿元，同比增长10.6%；焙烤食品制造业利润总额同比增长1.92%；糖果、巧克力及蜜饯制造业利润总额同比减少3.95%，方便食品制造业利润总额同比增长1.64%。焙烤业的资产利润率最高，为12.9%。

（1）焙烤食品制造业。

2018年，糕点、面包、饼干及其他焙烤食品制造业主营业务收入为2434.6亿元，利润总额达到236亿元。行业市场规模迅速扩张，年均复合增长率达到12.67%。企业数量累计有1634家，大多为中小企业，行业集中度低。行业前5强企业市场份额占比约11%，行业竞争格局较为分散。对比之下，日本烘焙领域市场份额排名第一的山崎面包销售额占比为36%，其他中小企业份额仅占4%。同时，我国的人均消耗量与其他国家相比也偏低，焙烤食品制造业未来发展潜力大。

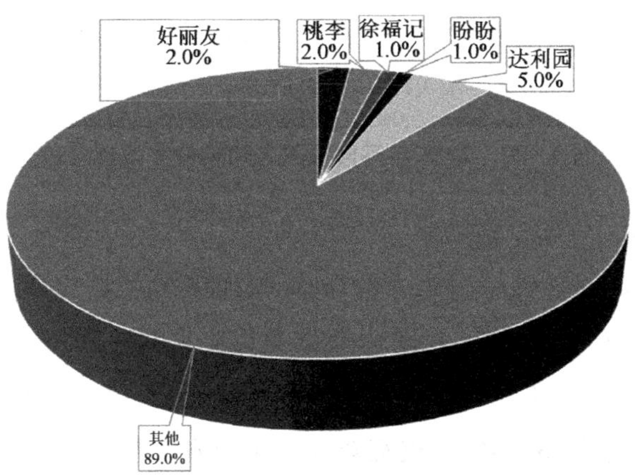

图5-35　2018年中国焙烤制造业行业集中度

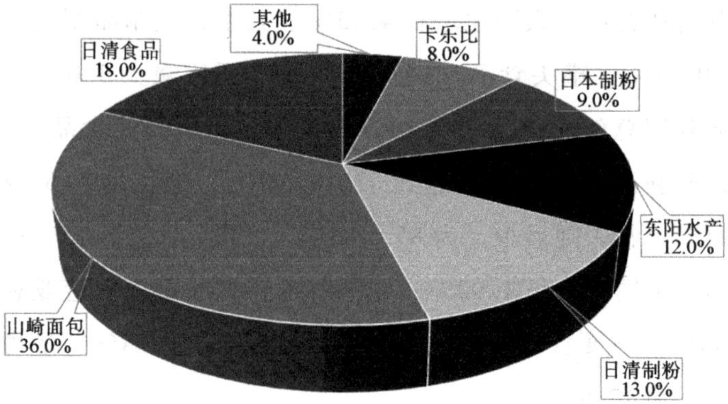

图 5-36　2018 年日本焙烤制造业行业集中度

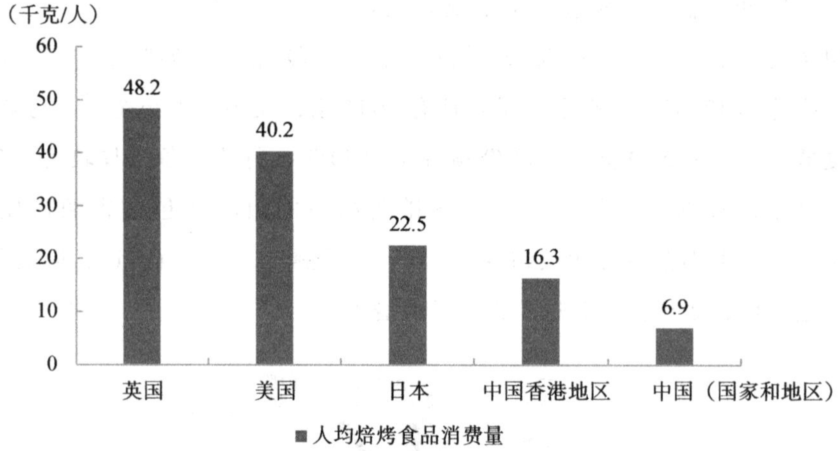

图 5-37　2018 年不同国家人均焙烤食品消费量

（2）糖果、巧克力制造业。

根据国家统计局提供数据，2018 年我国糖果产量为 288.37 万吨，较 2017 年同比下降 12.99%。我国糖果行业集中度高，2018 年全国产量前 5 的地区分别是福建、广东、湖南、湖北、安徽，共生产糖果 212.62 万吨，占全国糖果产量的 73.74%，仅福建和广东两省产量已经占比 54.87%。糖果生产主要集中在华中、华东、华南地区。在华东地区，竞争尤为激烈，不仅有大白兔、金丝猴等大型国内厂商，还有著名的阿尔卑斯、德芙、费列罗等国外品牌，市场化程度高，细分市场众多。

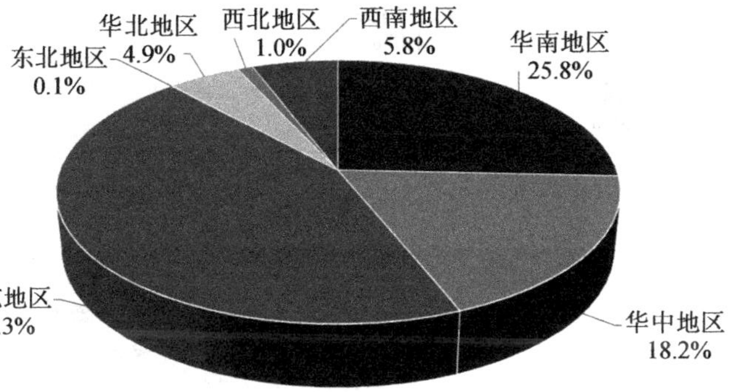

图 5 - 38　2018 年糖果产量区域分布

（3）方便食品制造业。

2018 年，方便食品制造业利润总额同比增长 14.4%，领先于食品行业 6.1% 的总体增幅，更是大幅领先于轻工行业 5.8% 的增幅。规模以上企业数量为 1594 家，在食品制造业中占 18%。其中，方便面和速冻食品的行业集中度高，而且具有区域性，全国速冻食品领域知名企业主要分布在河南省、山东省、广东省、福建省、吉林省、上海市等地区，2018 年河南省销售收入最高，达到 408.84 亿元，占全国的 36%，如图 5 - 41 所示。而其他产品制造业企业则比较分散，近些年快速崛起的辣条行业也同样面临着产业集中度低的问题（但河南、湖南生产企业占 90% 以上）。行业未来需要进一步整合。

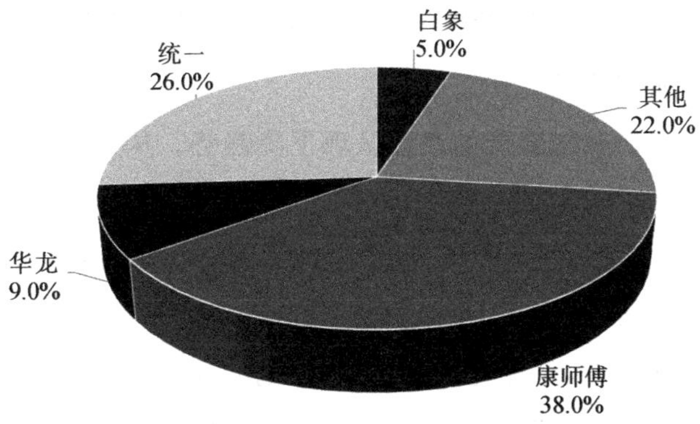

图 5 - 39　2018 年方便面制造业行业集中度

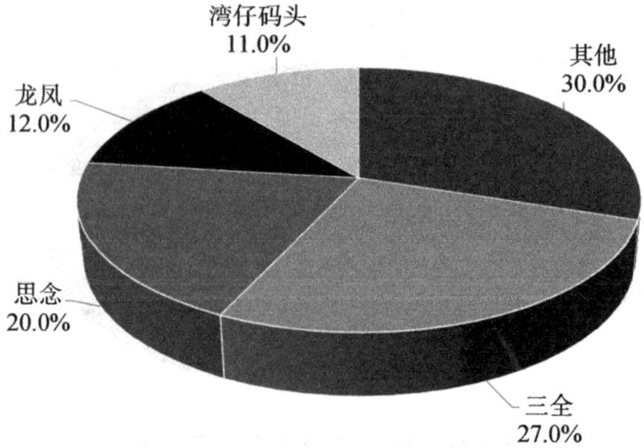

图 5-40　2018 年速冻食品制造业行业集中度

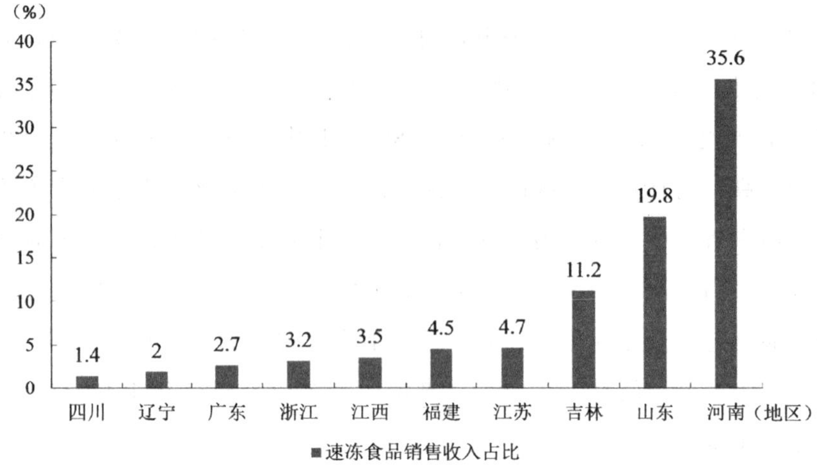

图 5-41　2018 年速冻食品销售收入省份排名

（4）乳制品制造业。

2016 年以后，我国乳制品产量呈现下降趋势，从 2016 年的 2993.8 万吨减少至 2018 年的 2687.1 万吨，降幅达 10.2%。在 2019 年，产量有所增加，增长 1.2%。液体乳产量 1263.2 万吨，占全行业的 46.9%；乳粉产量 32.5 万吨，占全行业的 1.21%，其中，婴幼儿配方乳粉 18.2 万吨。乳制品制造企业总数 587 个，占食品制造行业的 6.5%。分地区情况看，乳制品产量居前的省区为河北、内蒙古、河南、山东和江苏，总产量占全国的 45.93%，占比同比下降 1.77 个百分点。其中，河北、河南、江苏 3 个省区处于同比正增长。有 11 个省区乳制品产量超过百万吨，其中，同比增长的有 8 个，最大的为安徽省，同比增长 24.89%，同比下降的有 3 个，最大的为山东省，同比下降 6.37%。

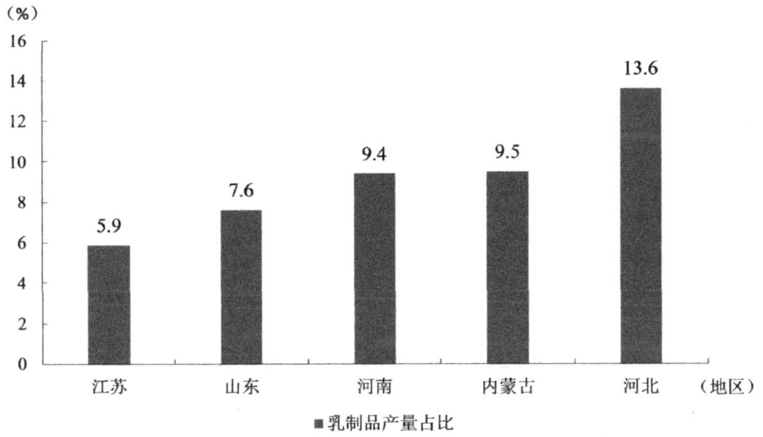

图 5－42　2019 年乳制品产量占比前五省份

（5）罐头制造业。

新中国成立至今，我国罐头产量翻了数十倍。我国罐头行业产量区域集中度非常高，生产主要集中在华东地区，2019 年产量为 549.05 万吨，占总产量的 53.41%，超过全国的一半。罐头产量前三省份的产量占据全国产量的 52.29%，产量均超过 100 万吨。其中，福建的罐头产量占全国第一位，罐头品种类型多与第二名的湖北相差 203 万吨。

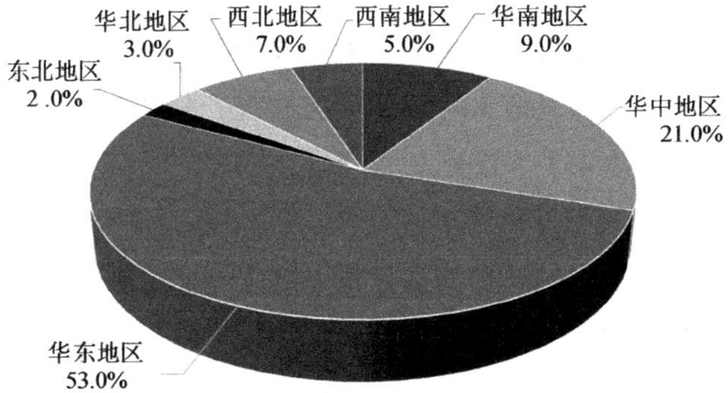

图 5－43　2019 年罐头产量区域分布

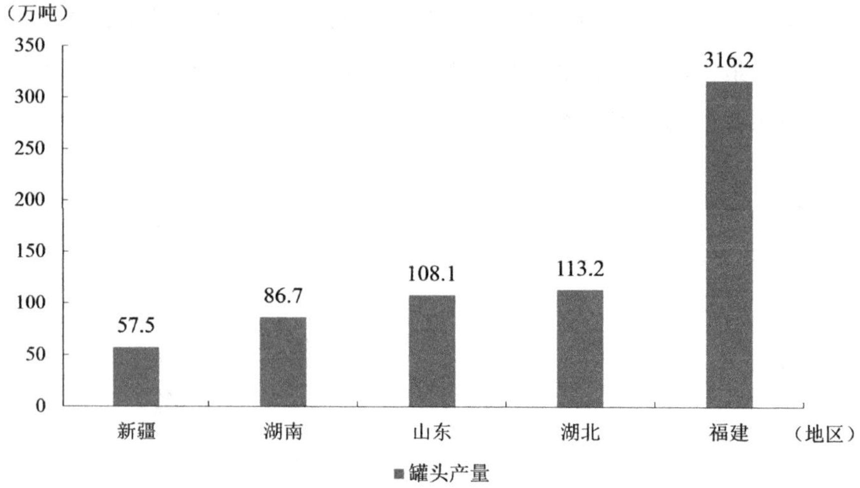

图 5-44　2019 年罐头产量前五省份

（七）医药制造业

从国家统计局的数据库中，选取近十年医药制造业规模以上企业的数据进行分析。结果表明，近年来我国医药制造业经营收入保持较高水平但有所下降，企业效益和管理指标稳步提升，但整体发展水平有待提高。

1. 行业规模大但有下降趋势

2012—2016 年，我国医药制造业的总收入不断上升，行业规模持续扩大，但增速有所放缓，2016 年往后呈现出下降趋势。2017 年，医药制造业的主营业务收入为 2.74 万亿元，增长率达 12.6%。与所在的整体行业制造业相比，2012—2018 年，医药制造业主营业务收入同比增长均明显高于其所在制造业大类总体的平均水平。未列表的数据显示，2019 年上半年，医药制造业企业主营业务收入达到 1.4 万亿元，同比增长 8.9%，增速比制造业平均水平高出 4.3 个百分点。

2. 企业盈利增长但有所放缓

2012—2017 年，我国医药制造业在规模持续扩大的同时，企业盈利保持平稳增长；2018 年经历了暂时的低迷，2019 年又重新有了快速增长。2011—2019 年，医药制造业增速均保持在 16%，增速明显快于制造业平均水平。在 2016—2017 年制造业总体行业增长放缓、利润总额下行的情况下，医药制造业规模以上企业利润总额的增长率仍高于制造业行业平均水平。2019 年，制造业企业利润总额下降 8.11%，而医药制造业企业利润总额增长率为 2.91%，利润总额达 3184 亿元。

3. 企业经营稳定提升

获利能力分析中，我国医药制造业规模以上企业销售利润率从 2011 年的 10.3% 提升至 2018 年的 12.9%。偿债能力分析中，我国医药制造业规模以上企业资产负债率稳定，总体保持在 44% 以下，2018 年年末和 2019 年中均为 41%—42%，处于十分安全的范围。医药制造业从业人员继续增加。近年来，我国制造业从业人员持续下降，与此不同，医药制造业从业人员继续上升，2018 年年末为 208 万人，比 2011 年年末净增加 36 万人。

4. 发展水平整体不高

虽然我国医药制造业总体发展向好，但整体发展水平不高，其中最为突出的表现是医药制造业企业规模小而散。2019 年，我国规模以上医药制造业企业多达 7392 家，企业平均营收为 3.2 亿元，平均利润仅为 4100 万元。由于规模小而散，大多数企业缺乏资金实力和研发能力，对新药研制投入相对不足。以医药制造企业上市公司为例，2018 年我国制药工业上市公司研究与开发投入为 661 亿元，占营收的比重仅为 5%，而 2018 年全球前 50 家制药企业研发投入为 1265 亿美元，占营收的比重接近 19%。整体来看，目前我国医药制造业发展水平在全球处于中低端阶段，技术和产品都相对落后，拥有自主知识产权的创新药物比例较低。

（八）计算机、通信和其他电子设备制造业

1. 生产经营情况

（1）生产规模。

由于《中国高技术产业统计年鉴》在 2011 年后取消了对当年价总产值这一指标的统计，故本书选取电子及通信设备制造业中企业数和资产总计来分析该行业生产规模的变化趋势，我国 2011—2016 年电子及通信设备制造业生产规模情况如表 5－18 所示。通过图 5－45，我们可以清晰地看到该行业的企业数量在 2011 年突然大幅度减少后，后五年回到原有数量水平并呈现一个稳定的缓慢增长的趋势。而资产总计的同期增长率除 2013 年以外，都保持在 15%—20% 的范围内小幅度地波动。此外，我们可以发现在 2013 年，企业数同期增长率和资产总计同期增长率同时出现了降低的趋势。通过进一步分析发现，这是由于 2010 年起该行业规模以较快速度进行扩张，行业内竞争加剧，许多小型企业由于自身规模小、营运资金不充足、研发能力不足等原因直接导致企业出现连续亏损最后破产。但随着国家政策对电子信息制造业的倾斜，该行业生产规模总体上还是保持一定的扩张速度的。

表 5－18　2011—2016 年中国电子及通信设备制造业生产规模情况

	2011 年	2012 年	2013 年	2014 年	2015 年	2016 年
企业数（个）	10220	12215	12946	13973	14634	15383
资产总计（亿元）	33270.10	40358.30	44510.20	53151.80	62731.46	75248.10

数据来源：《中国高技术产业统计年鉴》。

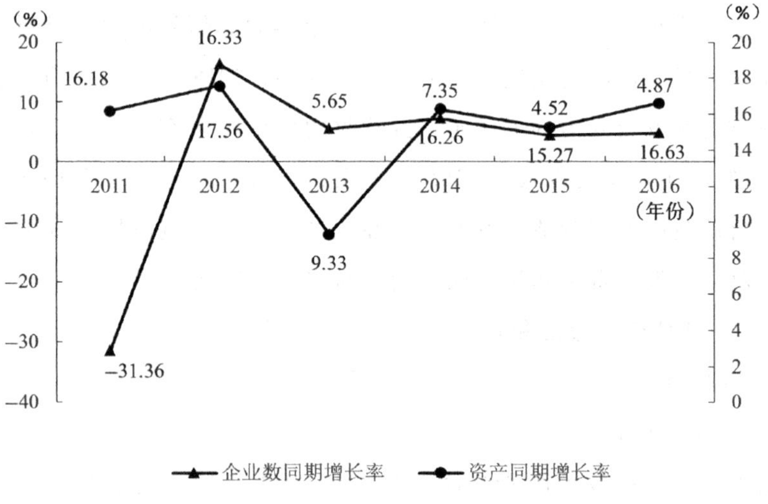

图 5－45　2011—2016 年中国电子及通信设备制造业行业生产规模增长速度

（2）市场规模。

图 5－46、图 5－47 可以直观地反映出，我国电子及通信设备制造业每年主营业务收入和新产品销售收入在 2011—2016 年一直处于增长的状

态。整个行业主营业务销售收入同期增长速度在10%—20%波动，且增长速度越来越缓慢，这与我国近几年制造业低速增长的国情相符。相较于主营业务整体销售收入的缓慢增长，新产品销售收入的同期增长速度更快，且新产品销售收入在总销售收入中的占比也保持上升的趋势。新产品作为企业创新成果的直接表现，其销售收入的上升趋势说明：尽管整个行业由于复杂的国际贸易环境而增速放缓，但该产业对研发的投入并没有随着减弱，反而是不断对产品进行推陈出新，推动整个行业不断蓬勃发展。

表5－19 2010—2016年中国电子及通信设备制造业市场规模情况

年份	主营业务收入（亿元）	主营业务收入同期增长率（%）	新产品销售收入（亿元）	新产品销售收入同期增长率（%）
2010	35984.40	/	9071.49	/
2011	43206.30	16.71%	11518.13	21.14%
2012	52799.10	18.17%	13695.44	15.90%
2013	59688.80	11.54%	19390.72	29.37%
2014	67584.20	11.68%	22322.12	13.13%
2015	78309.93	13.70%	26700.26	16.40%
2016	87304.68	10.30%	31820.65	16.09%

数据来源：《中国高技术产业统计年鉴》。

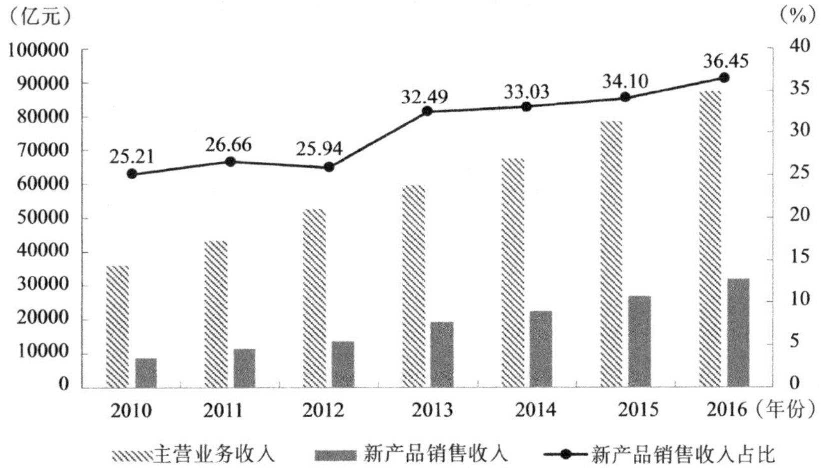

图5－46 2010—2016年中国电子及通信设备制造业行业市场规模

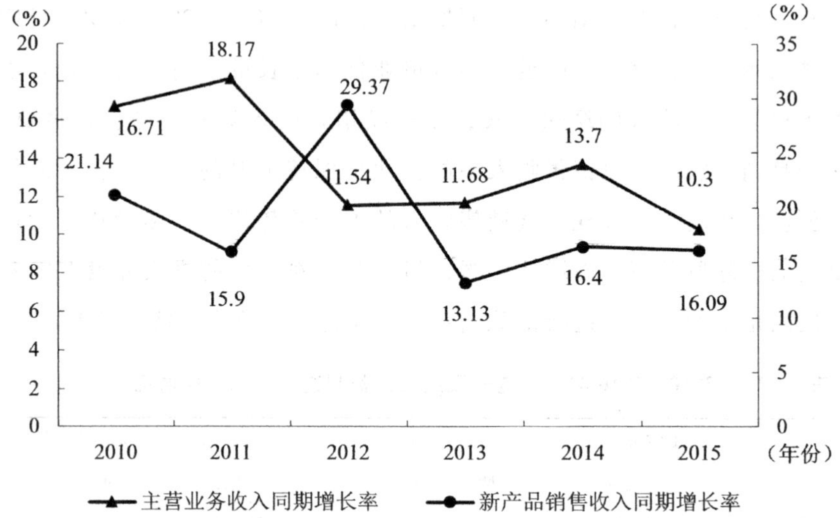

图 5-47　2011—2016 年中国电子及通信设备制造业行业市场规模增长率

(3) 出口规模。

由于 2011 年该指标口径有所改变，故本书统计了 2011—2016 年我国电子及通信设备制造业出口交货值作为出口规模的衡量指标。出口交货值，其定义是工业企业自营或委托出口，或是交给外贸部门进行出口产品的总价值金额，常用来衡量工业企业的出口规模。从图 5-48 可以直观地看出，中国电子及通信设备制造业出口交货值在这六年里以稳定的速度持续上升。

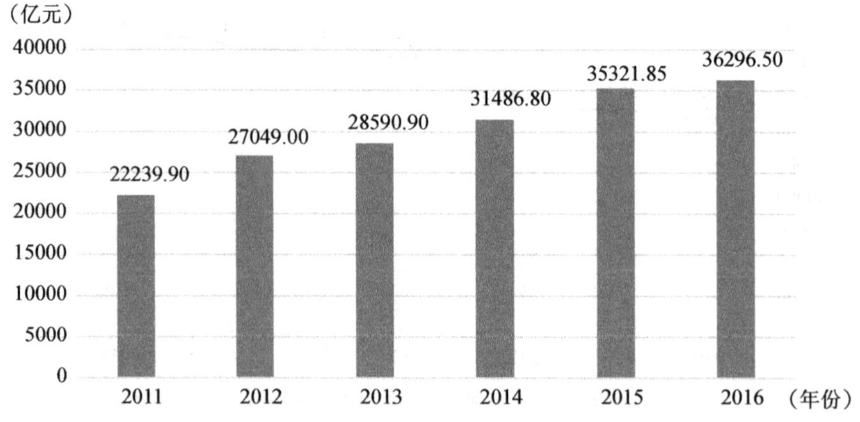

图 5-48　2011—2016 年中国电子及通信设备制造业出口交货值

对2016年该行业细分的出口交货值进行统计分析，如图5-49所示。从中我们可以发现，占据该行业出口额前三的细分行业分别是通信设备制造占总出口交货值的41%，电子器件制造占26%，电子元件制造占17%。总体来说，这三类细分行业均属于生产制造环节，位于该产业价值链的中下段，主要依靠劳动投入来获取利润。

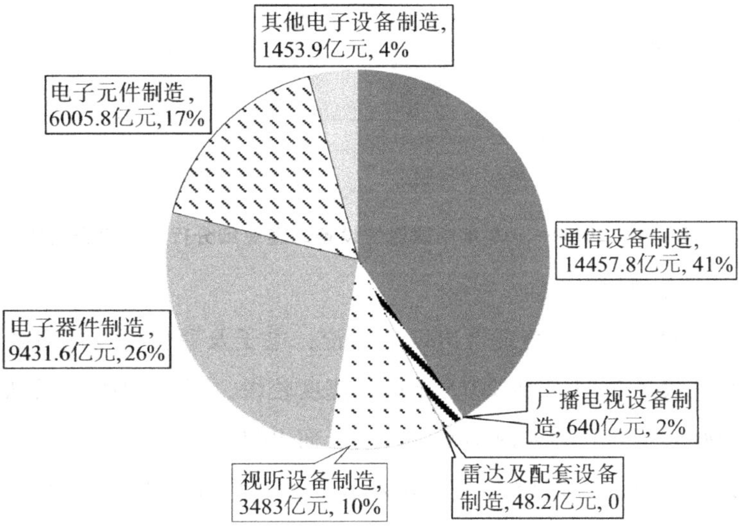

图5-49 2016年电子及通信设备制造业各子行业出口交货值分类情况

根据对该行业的子行业每年出口交货值变化情况的进一步分析发现，其中通信设备制造业增长占总增长额的比例最高，于是对通信设备制造业及其细分行业这六年的出口交货值进行统计分析，如图5-50所示。通信设备制造业可划分为通信系统设备和通信终端设备两类，通信系统又包括传输、交换、移动通信和网络设备等，通信终端设备主要指的是用来接收信号的手机等设备。从图中不难看出，我国目前对处于价值链更高位置的通信终端设备的出口占绝大多数，如华为、小米等国内手机品牌凭借着不懈的研发努力在国际市场上占据一席之地。

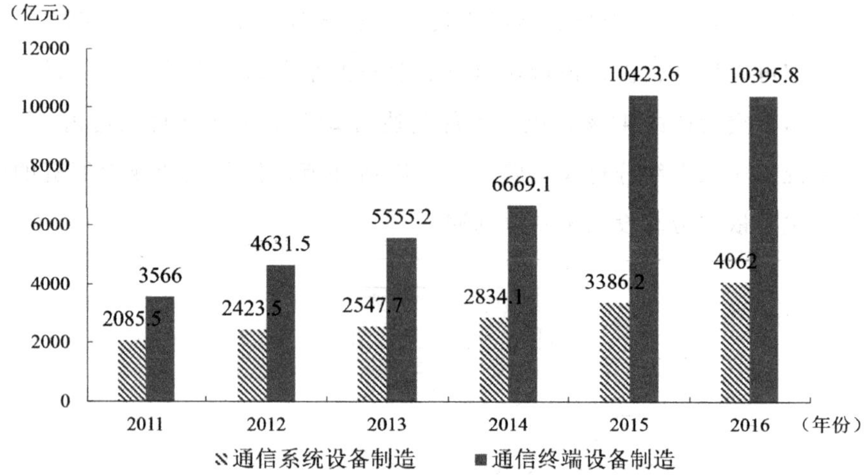

图 5-50　2011—2016 年中国通信设备制造业细分行业出口交货值

（4）就业情况。

从图 5-51 中可以直观得出以下结论：电子及通信设备制造业从业人员年平均人数从 2011 年到 2015 年增长速度较快，而在 2016 年后从业人数开始在 800 万至 830 万人内小幅度波动。而 R&D 人员数量增长的趋势则与之相反，其在 2011—2015 年呈缓慢增长态势，但在 2016 年后增长速度逐渐加快，且在 R&D 人员在从业人员整体中所占比例中也可以看到这种增长速度的变化趋势。这是由于近几年国际经济形势不确定性影响因素较多，给我国经济造成了较大的下行压力，行业竞争加剧，较大的生存压力迫使企业进行裁员。但从从事研发的人员占比的变化趋势中不难看出，我国电子信息制造业企业对研发高度重视，并不断加大对创新人才资本的投入，这有益于我国电子信息制造业在全球价值链上地位的跃迁。

表 5-20　2011—2018 年中国电子及通信设备制造业就业情况（2017 年数据缺失）

年份	2011	2012	2013	2014	2015	2016	2018
从业人员年平均人数（万人）	635.67	730.79	736.40	773.43	814.23	812.25	823.77
R&D 人员（万人）	32.33	40.83	43.65	47.06	49.64	55.09	69.30
R&D 人员在从业人员年平均人数中的占比（%）	5.09%	5.59%	5.93%	6.08%	6.10%	6.78%	8.41%

数据来源：《中国高技术产业统计年鉴》。

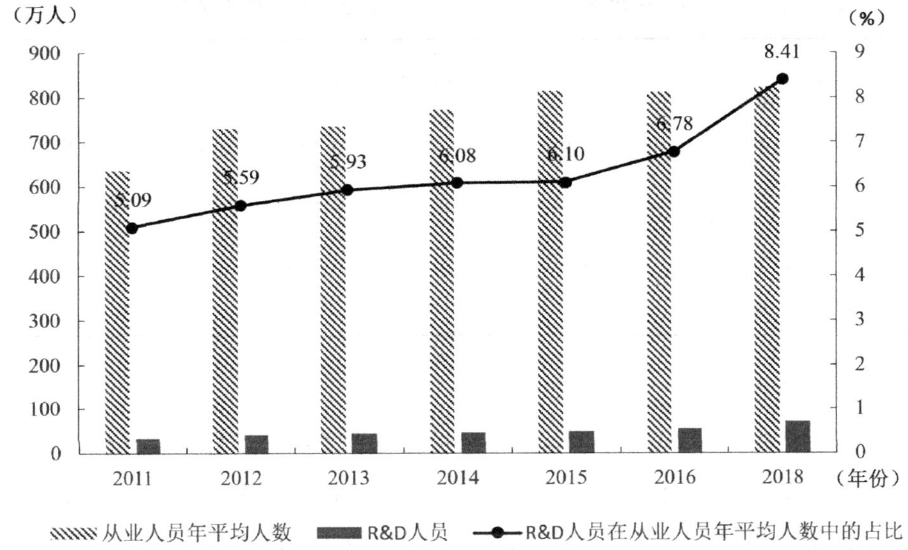

图 5－51 2011—2018 年电子及通信设备制造业就业情况

（5）创新能力。

选取规模以上该行业研发经费内部支出占主营业务收入比重和规模以上该行业每亿元主营业务收入有效发明专利数[①]两个指标，分别从投入和产出两方面来衡量该产业的创新能力。

根据《中国制造 2025》“三步走”战略中，第一阶段对整个制造业创新能力的目标。即截至 2025 年，规模以上该行业研发经费投入比重达到 1.68%，有效发明专利数每亿元达到 1.10 件，结合表 5－21 的数据可知：我国电子及通信设备制造业的创新能力在近 8 年呈逐年增长的趋势，且在 2012 年就已经达到了制造强国战略中第一阶段对制造业整体平均要求。这说明该行业的创新能力在我国制造业大类中能起到引领带动其他品类制造业创新的作用。

---

① 规模以上电子及通信设备制造业每亿元主营业务收入有效发明专利数 = 规模以上电子及通信设备制造企业有效发明专利数 ÷ 规模以上电子及通信设备制造企业主营业务收入

表 5－21　　2011—2018 年电子及通信设备制造业创新能力情况

	2011 年	2012 年	2013 年	2014 年	2015 年	2016 年	2017 年	2018 年
规模以上该行业研发经费内部支出占主营业务收入比重（%）	1.65%	1.70%	1.75%	1.79%	1.88%	1.90%	2.00%	2.27%
规模以上该行业每亿元主营业务收入有效发明专利数（件）	0.94	1.13	1.20	1.42	1.72	2.06	2.38	2.71

2. 产业结构

利用饼状图对 2016 年该行业细分的主营业务收入进行统计分析，如图 5－52 所示。从中我们可以发现该行业收入占比前三的细分行业分别是通信设备制造占总收入的 52%，电子器件制造占 11%，电子元件制造占 10%。总体来说，这三类细分行业均属于生产制造环节，位于该产业价值链的中下游，主要依靠劳动的比较优势来获取利润。

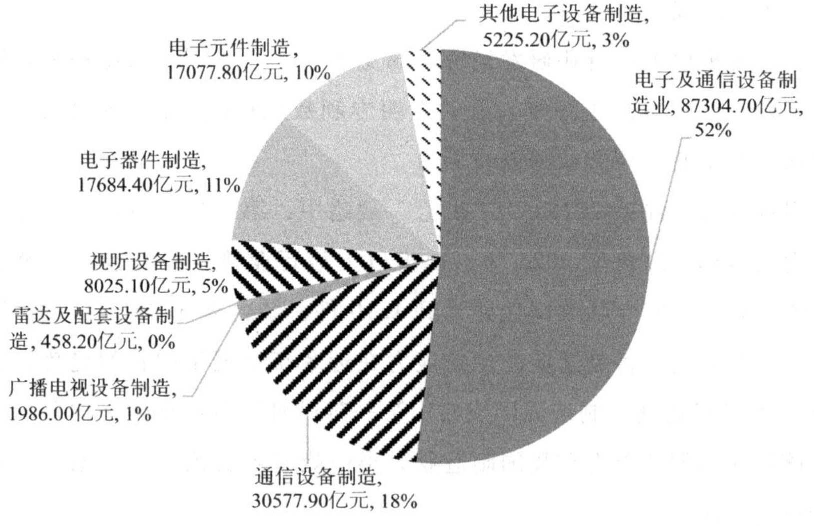

图 5－52　2016 年电子及通信设备制造业产业结构

3. 产业布局

根据全国电子及通信设备制造业的企业数分布数据可知，该行业中企业数量排名前三的省份分别是广东、江苏、浙江。其中广东省占据了该行业总企业数的1/3，广东、江苏及浙江省三者之和加起来超过全国该行业企业总数的60%。由此可知，电子及通信设备制造业在我国东部地区表现出一定的产业集聚现象。

首先，广东省珠三角研发能力在全国遥遥领先。在珠三角地区，珠江东岸已经形成十分庞大的电子信息制造产业规模，广州市也拥有较多数量的电子信息方向的科研院所。广东省近期出台了电子信息产业集群行动计划，进一步推动了广东省电子信息产业发展。

其次，电子信息产业也在长江三角洲高技术产业群中占据重要地位。目前，长三角电子信息产业是以上海为龙头，以江苏、浙江为两翼的信息产业集群，在全国及世界范围内具有强劲的竞争实力。但长三角电子信息产业主要是以为国外公司代加工产品为主营业务。这类业务虽然市场规模可以达到较大规模，获得规模经济带来的人力成本的压缩。但同时也位于全球价值链低端，对企业创新技术要求不高，主要是依赖大量的劳动力投入，这也导致了这类产品不存在太大的增值空间。企业一般只具有代加工能力，对传统整机和中低端零部件产品进行大规模加工、组装，以此获得规模经济，在设计和研发能力上与国外企业存在较大差距。而在高端计算机网络设备、集成电路、光电子器件等产业链的关键环节，我国企业尚还不具备核心竞争力，因此在国内无法形成完整的产业链，从而达成产业协同效应。

（九）汽车制造业

1. 产销量居世界第一，但近两年有所回落

我国作为世界上最大的发展中国家，汽车消费市场前景广阔。受益于城乡居民收入水平日益提高以及政府部门的各项刺激消费政策，我国居民汽车消费量总体不断增长，汽车产业也实现了快速发展。2009 年至 2019 年，我国汽车总产量从 1372.1 万辆增长至 2572.1 万辆，总销售量从 1364.5 万辆增长至 2576.9 万辆，总体达到了倍速增长。且自 2009 年起，我国汽车产销量已连续 11 年达到世界第一水平。作为全球最大的汽车生产消费市场，在经历近 20 年来的稳步递增之后，我国汽车产销量在 2018 年

首次出现负增长，2019 年寒冬依旧。根据中国汽车工业协会的数据显示，2019 年，汽车产销分别完成 2572.1 万辆和 2576.9 万辆，相比于 2018 年的 2780.9 万辆与 2808.1 万辆分别下降了 7.5% 和 8.2%，下降幅度陡然增大。其内在原因是多方面的，既有在转型升级过程中受中美经贸摩擦、环保标准切换、新能源补贴退坡等因素的影响，也有国内经济下行压力持续加对汽车行业施加较大压力的影响。

2. 兼并重组进程加快，产业集中度不断提高

在竞争日趋激烈的汽车产业市场，众多企业通过并购扩大了规模并增强了实力。2008 年金融危机后，我国出台了《汽车产业调整和振兴规划》，并通过兼并重组形成了一些产销规模较大的大型汽车产业集团和汽车企业集团。近几年来，我国汽车产业的兼并重组进程不断加快，产业集中度有所提高，但与汽车产业发达国家相比，我国汽车产业集中度还相对较低。

具体到各大汽车生产制造集团来看，汽车销量前十企业排名与上年一致，上汽集团仍处于绝对领先地位，2019 年汽车销量为 617.3 万辆，较 2018 年 701.25 万辆下降明显。与上年同期相比，汽车销量前十企业中仅一汽集团和华晨汽车小幅提升外，奇瑞和长城基本持平，其他企业汽车销量均出现不同程度下滑。前十企业 2019 年总销量为 2329.3 万辆，占 2019 年总销量 2576.9 万辆的 90.4%。

3. 汽车产业自主创新能力不断提高

近年来，我国汽车产业在自主创新方面已显示出三项重大变化，第一个是从工业创新到产品创新的逐步过渡；第二个是从整车创新到关键核心技术的转变；第三个是由企业自主创新向产业联盟形式创新的转变。为加强创新能力建设，我国汽车企业进行了多方面和多形式的努力，如建立研发中心和创建产业联盟等。中国汽车企业正通过建立研发中心，建立产业联盟等多种方式，加大创新能力的建设。值得一提的是，一些汽车企业在某些核心技术上已经取得了一定的突破，并且正在积累更多的自主创新经验，为我国自主创新能力建设提供了进一步的自信和肯定。

在自主品牌汽车销售方面，2019 年上汽集团以 254.4 万辆的销量排名

第一；吉利和长安紧随其后，自主品牌汽车销量分别为136.4万辆和133.1万辆；东风和长城自主品牌汽车销量也维持在100万辆以上水平。

4. 新能源汽车取得重大进展

习近平总书记指出，发展新能源汽车是我国由汽车大国迈向汽车强国的必由之路。在2020年7月，习近平总书记视察一汽集团时，对新能源汽车的发展、智能网联技术的应用、高端品牌建设和地方政府支持汽车产业转型升级给予高度评价，再一次为我国汽车产业高质量发展指明了方向。

在"低碳化"的发展背景下，节能与新能源汽车是有效缓解能源和环境压力，加快推动汽车产业转型升级的重要战略举措。我国新能源汽车产销量已连续5年位居世界首位，累计推广超过460万辆，占全球的50%以上。

二、建筑业发展状况

建筑业是指国民经济中主营土木工程、房屋建设和设备安装以及工程勘察设计工作的生产部门，生产的产品主要是各种工厂、矿井、铁路、桥梁、道路、管线、住宅以及公共设施等的建筑物、构筑物和设施，建筑业特点为生产的流动性、单件性以及长周期。

作为第二产业中十分重要的建筑业，其产值约占我国国民经济总产值的20%以上，因此，其稳定发展对我国整体经济的稳定以及长足发展都有着十分重要的意义。对建筑业行业总产值的变动、建筑业从业人员及公司数的变动、建筑业设备配备情况的变动、建筑业行业建造合同签订情况的变动、结算利润的变动、施工面积的变动、建筑业行业产品产值的变动以及不同施工方式产值变动进行分析，以此来得出建筑业近些年来发展的基本状况。

（一）建筑业主要经济指标分析

1. 全国建筑业企业以及从业人员数量

从图5-53可以看出，自2000年以来，我国建筑业企业数量不断攀升，到了2019年，我国建筑业企业数量就超过了10万家，而1986年建筑业企业还只有12585家企业，增长速度很快。从不同性质的企业数量变化来看，2000年以来，集体性质和国有性质的建筑企业数量逐渐减少，外商投资企业和港澳台商投资企业一直占比较少，其他类型企业如民营企业等数量增长较快，到 2019 年其他类型企业占企业总数的 94% 以上。

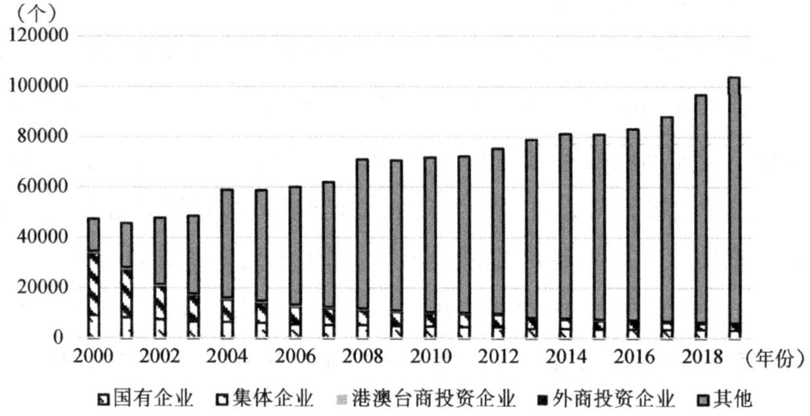

图 5－53　近二十年我国建筑业不同性质企业数量

图 5－54 显示了 2000—2019 年建筑业从业人数的增长趋势，到 2019 年，建筑业从业人数达到 5427.08 万人，全社会就业人数为 77471 万人。也就是说，建筑业从业人数大约占全社会就业人数的 7%。由此可知，建筑业全行业始终在吸纳农村劳动力就业、维护社会稳定等方面起到重要作用，只不过近年来从业人数增速有所放缓。

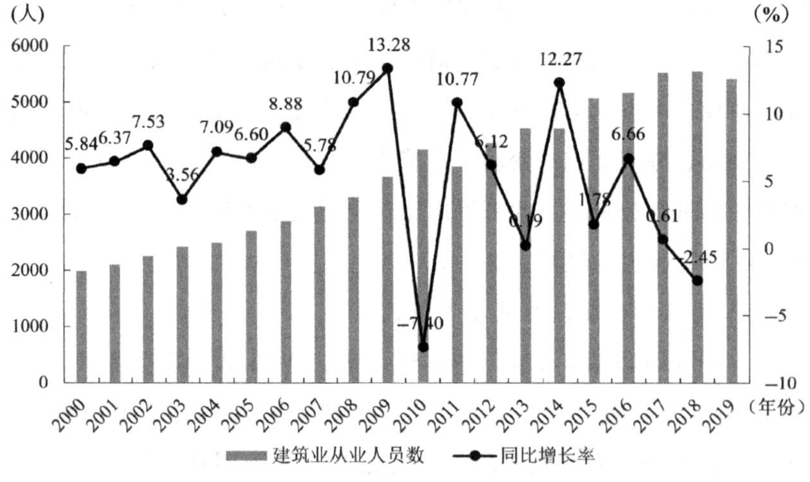

图 5－54　近二十年我国建筑业从业人数

2. 全国建筑业企业总产值与增加值情况

图 5－55 为建筑业企业 2000—2019 年的总产值及其同比增长率，可以看到基本是处于逐年上升的状态。但是从同比增长率来看，每年增长率波动较大，说明其实建筑行业一定程度上受到宏观经济环境影响，并不是每年都处在高速增长状态。比如 2015 年国家整体经济发展进行深度调整，以前依靠房地产、建筑业等行业拉动经济的发展模式正在消退，建筑业总体增量不足，销量滞缓，人员成本居高不下，部分建筑企业破产倒闭，北京市住建委在 2015 年年底一次性注销了 161 家建筑业企业相关资质。2015 年建筑业的发展迟缓也体现在了总产值数据上，当年建筑业总产值增长率只有 2%。2015 年之后增长率有所回升，虽然达不到 2010 年左右的增长水平，边际效益降低，但也仍保持增长。

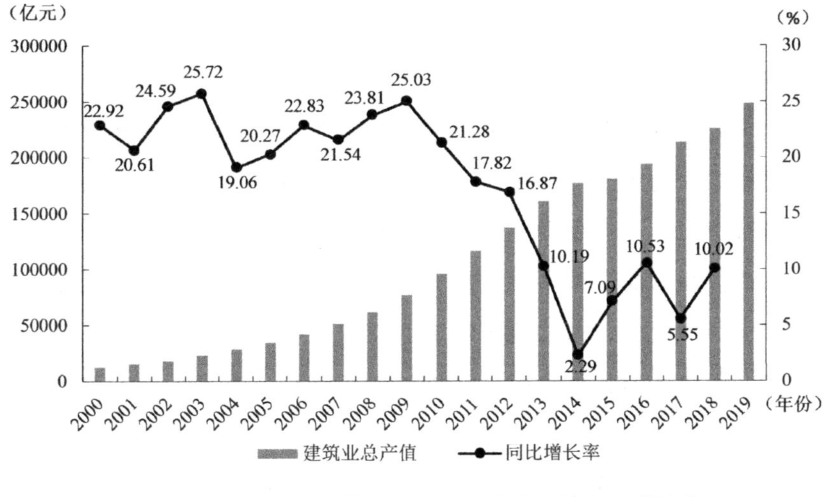

图 5－55 近二十年我国建筑业总产值及其同比增长率

图 5－56 是 2000—2019 年国内生产总值的构成图，其中将第二产业简单分为工业和建筑业。首先可以从柱形图中看出，第二产业增加值在国内生产总值中始终占有重要地位，近几年来第三产业增加值占国内生产总值比重上升，但是第二产业增加值也仍旧在稳定上升。可以看到 20 年来，建筑业增加值占国内生产总值比例都在 5% 以上，并且比例保持稳步上升，说明建筑业在国民经济中仍然起到重要支柱作用。

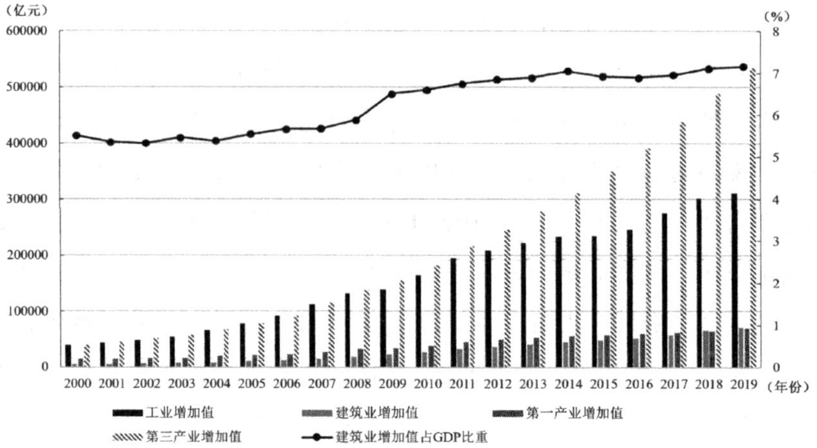

图 5－56 近二十年国内生产总值构成

全国 31 个省份[①]，可以划分为华北、东北、华东、华中、华南、西南和西北七个分区[②]。结合近五年分地区建筑业产值数据研究建筑业企业在七个区域的不同发展程度。

从图 5－57 可以看出，华东地区的建筑业总产值五年间相比其他地区都处于遥遥领先的水平，2019 年有所下降，但依旧领先；华中地区建筑业总产值排行第二，五年来发展速度很快；华北地区、华南地区、西南地区建筑业总产值相较而言不高，但是五年来一直快速增长；西北地区建筑业总产值逐年稳步增长；东北地区建筑业总产值相对最少且逐年下降。从增速来看，沿海地区的各项生产要素成本逐步增加，很多产业开始向中西部转移，建筑业作为劳动密集型行业，中西部地区拥有人口红利优势，发展速度也就更快。东三省建筑业总产值一直处于负增长，实际上东北地区总体经济发展速度放缓，亟需进行产业转型升级，却也面临很多困难。整体来说，我国建筑业发展呈现南部发展强于北部发展，东部发展强于西部发展的状态。

---

① 除港澳台地区。

② 华北（北京；天津；河北；山西；内蒙古）、东北（辽宁；吉林；黑龙江）、华东（上海；江苏；浙江；山东；安徽）、华中（湖北；湖南；河南；江西）、华南（广东；广西；海南；福建）、西南（四川；重庆；贵州；云南；西藏）、西北（陕西；甘肃；新疆；青海；宁夏）。

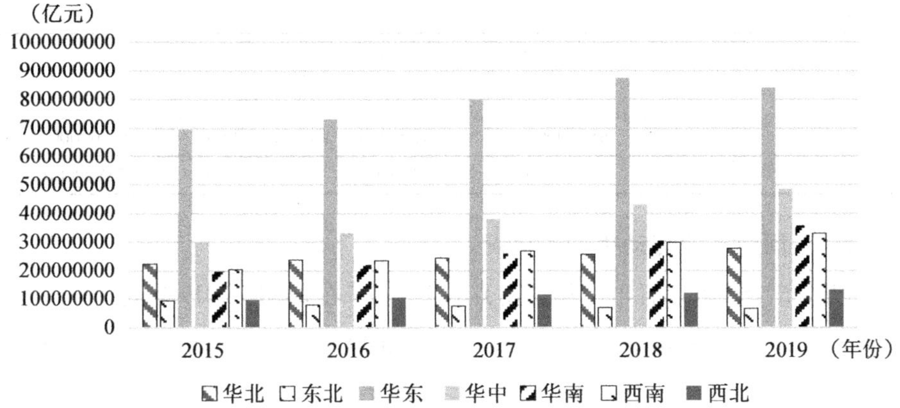

图 5－57 近五年全国分地区建筑业总产值

根据表 5－22 所示，对于每个省市来说，建筑业发展与当地的经济发达程度以及城市建设程度等环境因素关联很大，根据数据显示，产值最大的省份在华东地区，产值最小的省份在西南地区。根据国家统计局数据显示，2019 年江苏省和浙江省的建筑业产值突破 2 万亿元，远远超过我国其他省市建筑业发展水平。江浙两地的建筑业总产值占全国建筑业总产值的 21.5%，其建筑业如此兴盛的原因主要有政府政策支持以及江浙地区拥有经商传统等。东北三省中领跑建筑业的是辽宁省，而 2016 年以后辽宁省建筑业产值下降，实现负增长，逐步落后于全国建筑业发展。一定程度上来说，我国建筑业存在区域发展不平衡的问题。

表 5－22 建筑业企业产值分地区描述性统计结果

Descriptive statistics					
	(1)	(2)	(3)	(4)	(5)
VARIABLES	N	mean	sd	min	max
Northern	5	55400000	40200000	10900000	120000000
North East	3	22000000	12200000	11800000	35500000
Eastern	5	168000000	104000000	78100000	331000000
Central	4	121000000	37900000	79400000	170000000
South	4	88900000	73700000	3659800	166000000

续表

Descriptive statistics					
	(1)	(2)	(3)	(4)	(5)
Southwest	5	65900000	54100000	2203066	147000000
Northwest	5	26300000	30400000	4607240	78800000

3. 全国建筑业劳动生产率概况

从图 5－58 可以看出，建筑业劳动生产率①在 2000—2019 年这 20 年间大致逐年上升，仅 2014 年有轻微下降，且在 2014 年之后整体增速也有所放缓。

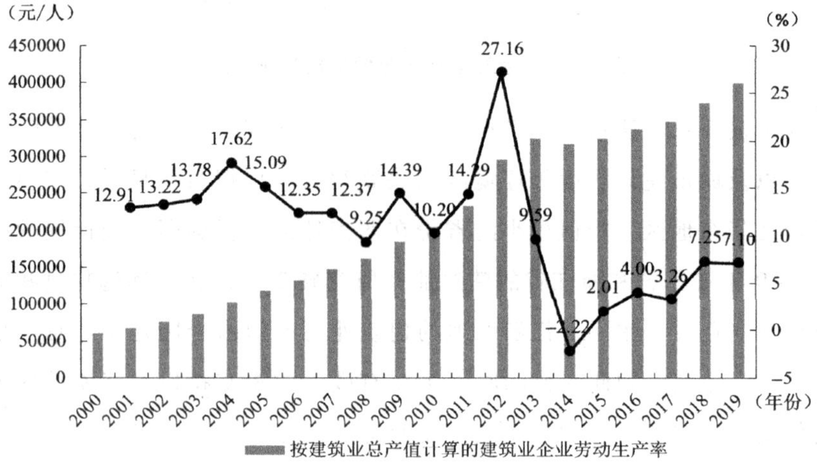

图 5－58　近二十年建筑业企业劳动生产率

4. 全国建筑业企业盈利水平概况

图 5－59 显示的是建筑业企业利润总额的 20 年变动情况，可以看出建筑业企业利润总额是逐年上升的，但是增长率每年有高有低，增速近年来整体呈下降趋势，行业发展趋近饱和。如前所述，2015 年建筑业发展低迷时期的利润总额增长率就比较低，仅 0.69%，后面几年增速有所上升，后又下降。中国建筑业统计年鉴数据显示，建筑业产值利润率多年来一直在 3.5%左右，2018 年为 3.39%，2019 年为 3.3%，总体来说产值利润率比较低，始终低于 4%。

① 建筑业劳动生产率＝建筑业总产值÷计算建筑业劳动生产率的平均人数

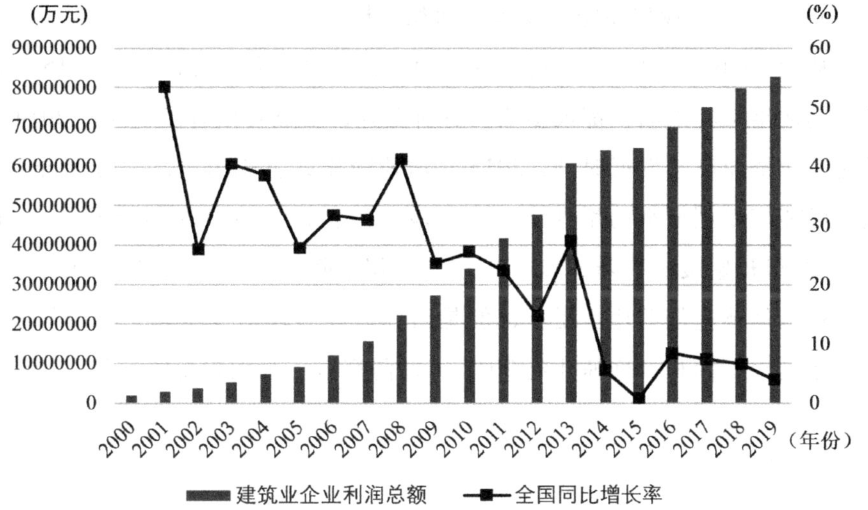

图 5－59 近二十年全国建筑业企业利润总额

5. 全国建筑业新签合同额概况

从图 5－60 中可以看出，全国建筑业企业每年新签合同额，除了在建筑业发展不佳的 2015 年下降了 0.16% 之外，都是处于上升的状况。在 2017 年增速最快，达到了 20.39%，2018 年之后增速又有所放缓，2019 年增速比上年同比下降 1.16%。

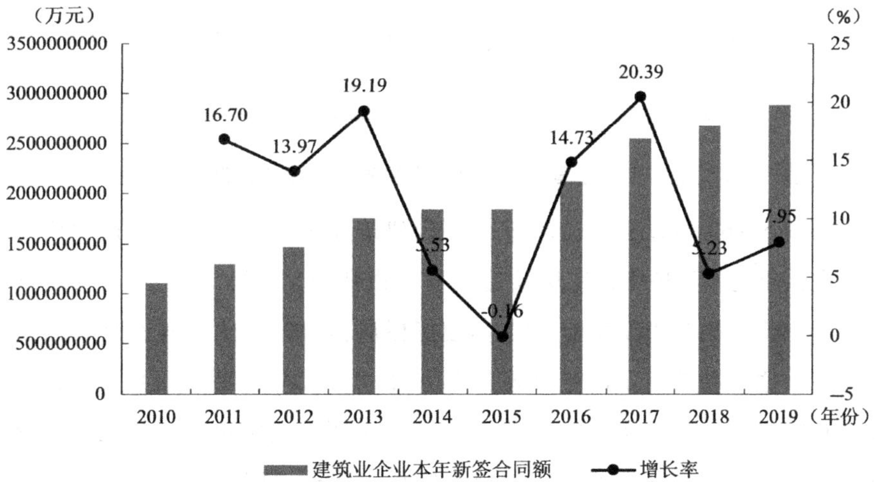

图 5－60 近十年全国建筑业企业新签合同额

6. 全国建筑业房屋施工及竣工面积简析

从图 5－61 可以看出，房屋施工面积整体呈上升趋势，除了 2015 年之外，其他年份施工面积都或多或少有所上升，明显可以看出 2000—2014 年是建筑业企业高速发展时期，2015 年增速断崖式下跌为负，后有上升，但是也没能恢复到原来的增速了。房屋竣工面积在 2000—2014 年逐年上升，从 2016 年开始缓慢下降，2019 年竣工面积下降超过 2%。数据说明建筑行业企业虽然体量依旧稳步增长，但是已经逐渐呈现饱和状态，无论是施工面积还是竣工面积，增速比起 2015 年以前都有了很大程度的下降。

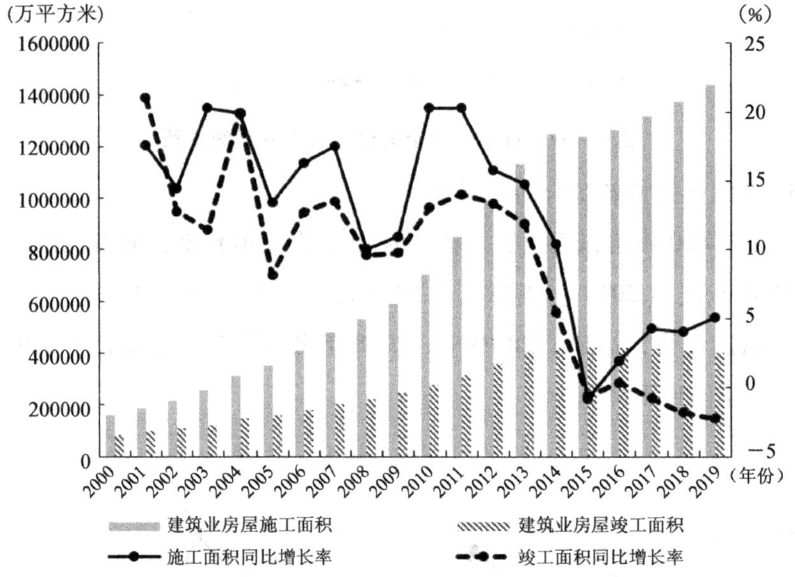

图 5－61　近二十年全国建筑业企业房屋施工、竣工面积及同比增长率

从图 5－62 可以看出，2019 年全国建筑业企业房屋竣工面积中住宅房屋所占比重为 67.36%；厂房及建筑物所占比重为 12.2%；商业及服务用房屋所占比重为 7.11%，其中，商厦房屋所占比重最大，其次是居民服务业用房，这两种就占了商业及服务用房的 80%；办公用房占 4.77%；科研教育和医疗建筑占 4.49%，其中教育类房屋所占比重最大；文化、体育和娱乐房屋、仓库等房屋所占比重相对较小。数据说明我国建筑业还是主要扎根于住宅房屋的建设。

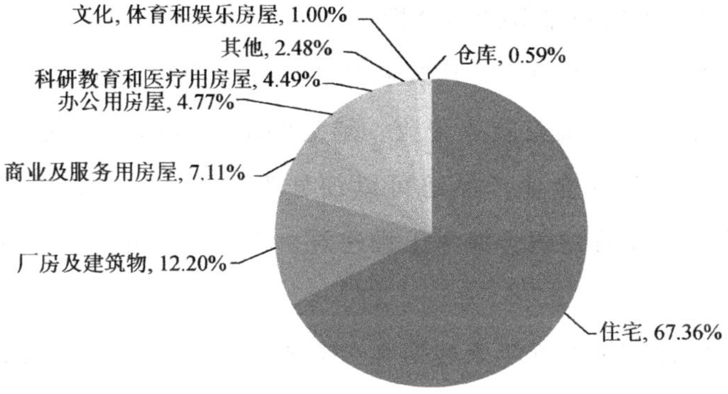

图 5－62　2019 年全国建筑业企业房屋竣工面积构成

7. 全国建筑业企业设备情况

企业的生存和发展状况可以从生产情况进行观察，本书收集了建筑业企业 20 年来施工机械设备的年末持有数，从数据的变化中国也可以看出建筑业的发展情况。从图 5－63 可以看出，企业的施工机械设备数量在 2000—2007 年逐年上升，说明企业投产积极，建筑业处于高速发展阶段。2010 年和 2013 年也迎来了较大的发展，但在这段时间发展极不稳定。2015 年设备持有数下降了 19.84%，与当年众多建筑业企业破产情况相对应，2019 年年末设备持有数量与 2015 年相近，说明近年来行业发展可能趋于饱和，新设备的增加需求没有那么强烈。

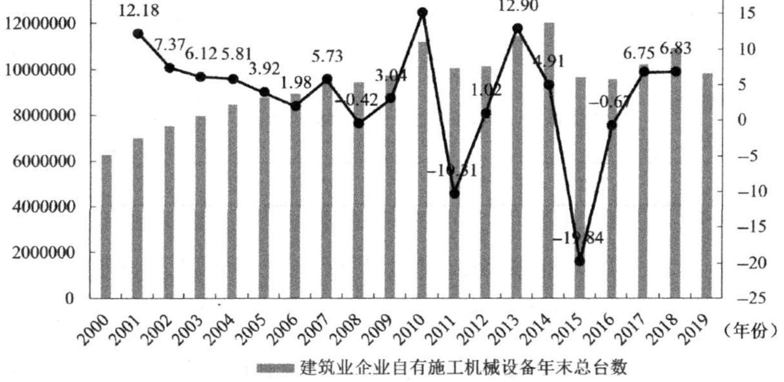

图 5－63　近二十年我国建筑业企业自有施工机械设备持有数量

（二）建筑业行业细分产品分析

按照国民经济行业分类，建筑业企业可以分为房屋建筑业企业、土木工程建筑业企业、建筑安装业企业、建筑装饰、装修和其他建筑业企业，其中土木工程建筑业企业产品还可以细分为铁路、道路、隧道和桥梁建筑、水利和水运工程建筑、海洋工程建筑、工矿工程建筑、架线和管道工程建筑。

表5－23总结了近五年来建筑业分行业产值及增长率情况，图5－64是2019年建筑业细分行业产值占比图，其中土木工程建筑业被细分为了铁路、道路、隧道和桥梁建筑、水利和水运工程建筑、海洋工程建筑、工矿工程建筑、架线和管道工程建筑以及其他土木工程建筑进行分析。

表5－23　近五年我国建筑业分行业总产值及增长率情况　单位：万元

项目	2015年	2016年	2017年	2018年	2019年
建筑业总产值	1807574736	1935667774	2139435590	2350855278	2484432707
同比增长率	2.29%	7.09%	10.53%	9.88%	5.68%
房屋工程建筑业产值	1159582187	1235373960	1357035252	1488295317	1541975940
同比增长率	1.82%	6.54%	9.85%	9.67%	3.61%
土木工程建筑业产值	462632275	504658518	568075827	634165311	686082050.1
同比增长率	4.82%	9.08%	12.57%	11.63%	8.19%
建筑安装业产值	98505168	105179084	116077261.1	119528717	133395155.3
同比增长率	0.76%	6.78%	10.36%	2.97%	11.60%
建筑装饰、装修和其他建筑业产值	86855106	90456212	98247250	108865933	122979562
同比增长率	－2.64%	4.15%	8.61%	10.81%	12.96%

从比重上看，我国建筑业以房屋工程建筑为根基，近五年占比都在63%左右，但是这个比例每年都有小幅下降；土木工程建筑产值占总产值比例在25%左右，五年间每年都有小幅上升，其中，2019年土木工程建筑业中铁路、道路、隧道和桥梁建筑占建筑业总产值比例（18.8%）最高；

建筑安装业产值占比五年间基本稳定在 5.4%，波动幅度很小；建筑装饰、装修和其他建筑业产值占比也稳定在 4.8% 左右。

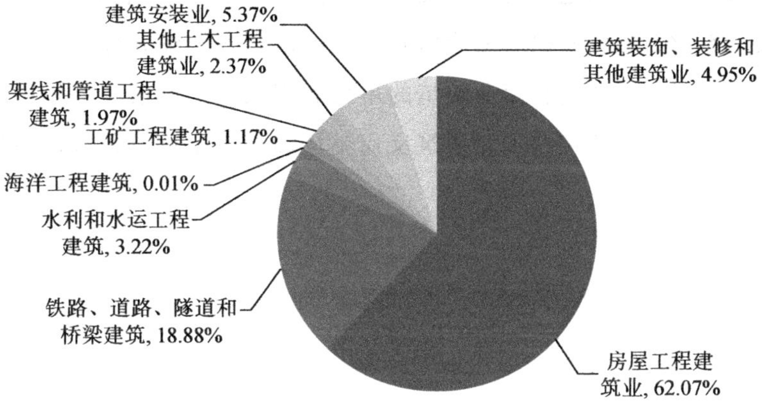

图 5－64　2019 年建筑业分行业产值占比情况

从增长率上看，近五年房屋建筑总产值增长率一直低于建筑业总产值增长率，说明此业务板块产值虽然还在增长，但是已经趋于饱和，增长放缓。相比之下，土木工程项目增长速度一直高于总产值增长率，近年来，土木工程建筑发展很快，中国各地都在积极进行基础设施建设，新的地铁、铁路、桥梁等工程在全国范围内如火如荼地建设，与此同时，企业在这一领域不断开发和应用新材料和新技术，增长速度位于世界前列。建筑安装业和建筑装饰装修业的增长与建筑业整体发展联系紧密，接下来本书将结合相关经济指标简要分析四个细分行业。

1. 房屋工程建筑业分析

房屋工程建筑业是建筑业的一个重要子行业，同时它也可以按照用途被再次细分，主要分为住宅建筑、商业建筑、办公建筑、工业建筑、公共建筑和其他建筑六大类。从房屋建筑业各细分行业施工面积占比中可以看出，住宅始终是房屋建筑中占比最高的产品领域，多年在总体竣工面积占比超过一半，2019 年达到 67%；工业建筑竣工面积居于第二，近年来占比在不断缩减；商业建筑竣工面积位于第三，占比一直比较稳定；办公用房和公共建筑的占比也在不断缩减。通过查阅相关分地区数据可知，2019 年房屋建筑总产值最高的地区仍然是江苏省，最低的是西藏自治区，与总产值地区情况类似，华东地区整体总产值更高，说明房屋建筑规模与经济发展水平相挂钩，西部地区还大有发展空间，东北地区总产值最低。

从图5－65单位面积竣工价值看，房屋建筑各个细分行业单位竣工价值有所差别。公共建筑和商业建筑的单位面积竣工价值最高，相比起来产值占比最大的住宅建筑和工业建筑反而单位面积竣工价值最低，不过这也符合一般认知。

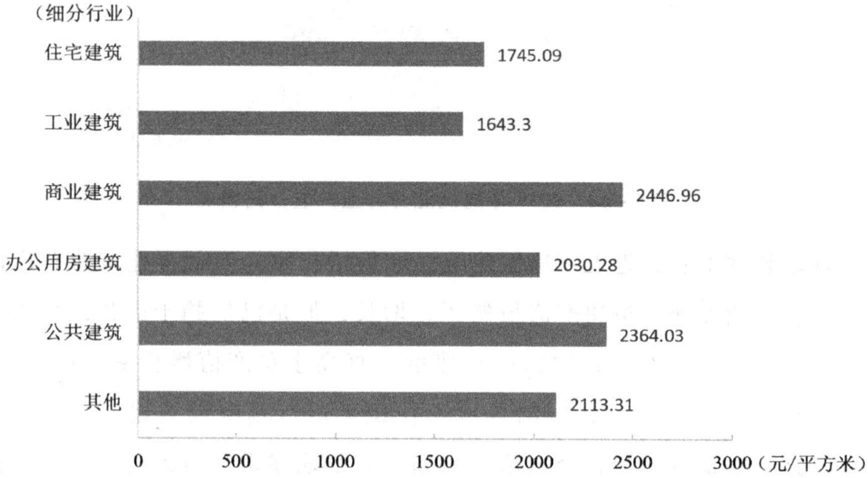

图5－65　2019年房屋建筑业各细分行业单位面积竣工价值对比

2. 土木工程建筑业分析

土木工程建筑业主要从事各类工程设施的建造，具体项目有铁路、道路、隧道和桥梁工程建筑、水利和水利工程建筑、海洋工程建筑等。

对土木工程建筑总产值变动情况进行分析，可以看出我国的土木工程建设发展速度很快，尤其是近几年增速远远超过建筑业总产值增速，占比也在上升。另外，在土木工程建筑业的细分领域，铁路、道路、隧道和桥梁建筑所占比重最大。实际上随着我国经济的发展，铁路、公路等基础设施的建设需求很大，政策对这方面建设的支持力度也很大。以公路为例，我国公路总里程2019年年底达到501万公里，相比去年增加16.6万公里。

此外，随着我国经济的快速发展，山区高速公路建设带动隧道建设需求增加，据统计，2019 年年底我国公路隧道数量为 19067 座，总长度为 1896.66 万米，相比上年同期增长 10%。

分省份土木工程建筑业总产值数据显示，湖北省的土木工程建筑业总产值最高，海南省的土木工程建筑业总产值最低，从地区来看，华东地区在土木工程建筑总产值方面依旧独占鳌头，东北地区最少。

3. 建筑安装业分析

建筑安装业企业主要从事设备安装活动、施工线路敷设以及管道安装活动，其发展和建筑业整体发展息息相关。建筑业规模不断上升，建筑安装需求也随之旺盛。从表 5－22 和图 5－65 得出，建筑安装业产值增长速度较快，占比稳定，属于建筑业第三大细分行业。

分省份建筑业安装业总产值数据显示，与房屋建筑业的情况类似，江苏省的建筑业安装业总产值最高，西藏自治区的建筑业安装业总产值最低。从地区来看，华东地区在建筑安装业领域依旧领先，东北地区产值最少。

4. 建筑装饰装修业分析

建筑装饰装修业企业主要从事对建筑物进行装饰装修以提高建筑物的使用和观赏价值的工程活动。建筑装饰装修业还可以根据建筑物的不同划分为公共建筑装饰装修业和住宅装饰装修业，与建筑安装业相同，建筑装饰装修业同样依赖建筑业发展，属于劳动密集型行业。建筑装饰业增长近两年速度很快，甚至在 2019 年远超过建筑业总产值增速，可能是由于人民生活水平提高，对于生活质量要求提高带来的住房装饰装修需求增加。

第三节 主要地区第二产业发展现状

一、“一带一路”地区

（一）工业发展现状

随着中国共产党第十八次和第十九次全国代表大会的相继召开，中国的工业化和现代化有了更为具体的政策指引，我国工业化进程有了显著的推进，信心工业化有了长足的发展。在电子软件信息与服务、原材料处理加工等相关的工业化事业中，根据地域优势及资源要素禀赋，择优选择了各区域的重点工业，这些地区构成了我国新型的工业领域示范地。但随着我国作为发展中国家的成长红利减少，国内经济的增长速度趋于平缓，突出的产能过剩问题便逐渐成为阻碍传统工业转型升级、延滞新型工业化发展的重要因素之一。工业产能过剩的严重后果则是物价总体水平显著下降，随之而形成的通货紧缩的压力使宏观经济的不确定性风险显著增加。另外，产能过剩使消费者的消费预期以及企业家的投资预期双双下降，进一步加深了经济发展的下行压力。

面临产能过剩这一亟待解决的问题，中国政府与相关部门颁布并实施了一系列淘汰落后产能，鼓励健康发展的政策和措施，并鼓励居民消费和企业投资，刺激内需的扩大。其中，影响最为长远的一项便是“一带一路”倡议。2013 年 9 月，中国国家主席习近平提出“一带一路”倡议，顺应世界多极化、经济全球化、文化多样化、社会信息化的潮流，秉持开放的区域合作精神，致力于维护全球自由贸易体系和开放型世界经济。2015 年 3 月，“一带一路”建设的顶层规划《推动共建丝绸之路经济带和 21 世纪海上丝绸之路的愿景与行动》正式发布，5 月《关于加快培育外贸竞争新优势的若干意见》和《关于推进国际产能和装备制造合作的指导意见》两个文件相继发布，为中国与国际的产能合作搭建了良好顺畅的平台，为中国工业企业化解产能过剩的危机提供了有力的帮助。

根据中华人民共和国工业和信息化部官网截至 2020 年 3 月 5 日，公示的“国家新型工业化产业示范基地（数据中心）”名单已经更新到了第九批。根据地区划分来看，第九批名单中包括了进行专业化分工的具有强劲竞争力的 31 个特色产业示范基地，以及 8 个优势产业示范基地，涉及电子软件信息与服务、原材料处理加工、军民结合等工业。从工业产值来看，“一带一路”所涉及地区的数据大多数位居前列，如大连的石化产业、吉林的新材料产业、洛阳的装备制造业等。从产业的配置来看，新型工业化就是传统工业的转型升级与新型工业的产生与成长齐头并进的过程。

工业是第二产业的重要组成部分，工业中所包含的制造业则更为直接地体现出一个国家的生产力水平。制造业是发达国家和发展中国家的重要区分因素之一，它在几乎所有发达国家的国民经济中都占据着相当重要份额，“一带一路”为其所覆盖地区的制造业实现高质量发展提供了巨大的机遇。为加快实现“三个转变”的步伐，推进创新战略与新型工业化进程，“一带一路”与中国制造业的衔接与融合发展是重中之重。根据国家信息中心“一带一路”大数据中心披露的数据，中国制造业在近年来与“一带一路”倡议融合发展的经济效益是显著的。总体上，制造业在中国对外直接投资的占比从 2013 年的 6.4% 飞跃至 2018 年的 14.5%，其中装备制造业的对外直接投资额达到了 72.7 亿美元，占据制造业对外总投资额的 38.6%。在可预期的未来里，“中国制造 2025”与“一带一路”倡议更为紧密的衔接及更为深入的融合，是推进我国实现高质量发展的强劲动力源泉。

另外，在后疫情时代背景下，随着全球产业价值链重构以及我国双循环战略的提出，挑战与机遇共存于工业领域，在 14 亿人口形成的超大规模国内市场中，随着新一轮科技革命和产业变革深入推进，“一带一路”将进一步提升海外市场需求，为新型工业化创造动力。

（二）建筑业发展现状

“一带一路”倡议为我国建筑业的长足发展提供了历史舞台。党的十九大报告明确指出要以“一带一路”建设为重点，坚持引进来和走出去齐头并进。在全面开发的新格局下，遵循共商共建共享原则，加强创新能力开放合作，形成陆海内外联动、东西双向互济的开放格局。2017 年第一届“一带一路”国际合作高峰论坛以及 2019 年第二届“一带一路”国际合作高峰论坛召开，促进了国际项目的深度合作，获得了更大力度的资金支持，创造了互联互通项目优先发展的条件，深入推进了“一带一路”建设，使建筑业在“走出去”这一方面获得了前所未有的发展机遇。

“一带一路”与其他国家战略深度融合，将重点发展方向定位于基础设施的建设，大力开展市政、路桥、轨道交通、城市地下通道等基础设施的建设业务，为建筑业的经济效益开拓新的增长点。中国新型建设开发党委书记马建峰指出，我国在2020年之后在海外工程的承包业务中仍面临着可贵的机会。中国政府的援外与援军项目、中国对外的贷款优惠等项目将紧密围绕着“一带一路”建设，将亚非市场作为开拓的主要版图。

二、“长江经济带”地区

（一）工业发展现状

长江经济带是中国农业发展的重要基地，也是工业经济发展的战略性走廊。长江经济带是我国主要的工业集聚区，长江经济带已经逐步成为引领我国其他经济高质量发展带的先导与支撑。长江经济带在工业领域的发展的重要因素包括工业竞争优势、工业集聚程度、工业转移方向以及工业绿色化程度等。

杜宇、黄成和吴传清（2020）[54]根据《中国统计年鉴》《中国环境统计年鉴》《中国价格统计年鉴》《中国能源统计年鉴》《中国科技统计年鉴》和长江经济带沿线所覆盖的11个省份的统计年鉴披露的数据，长江经济带工业高质量发展指数于2011—2017年测算所得的数值进行了实证研究与分析归纳。大致得出以下结论：总体来看，长江经济带工业高质量发展指数显现出高速攀升的势态，目标指数以2015年为节点开始超过长江经济带沿线以外的地区，逐步成为引领全国各区域高质量发展的主导力量。工业高质量发展指数在长江经济带沿线地区由2011年的0.184步步攀升至2017年的0.376，该指数的年均增长水平为12.71%，高于全国年均增长水平10.06%，且高于长江经济带沿线之外地区年均增长水平的8.27%。

国家政府及有关部门对于推进长江经济带发展相继制定了一系列战略，颁布了一系列政策，随着宏观政策的不断调整与完善，长江经济带在工业领域的规模扩张与结构转型升级迎来了一个个黄金发展期。长江经济带的下游地区在工业发展上的先发优势是显著的。良好的资源禀赋、充足的资金供给、广阔的市场规模、先进的科学技术、优越的自然地势以及坚实的工业基础，使下游地区的工业率先进入向高质量发展转型升级的新阶段。与此同时，在多轮产业转移的引领下，长江经济带中上游区域开始显示其强劲的后发优势。完善的基础设施建设、健全的制度政策保障以及上游的积极引领，使中下游地区以较快的速度进入工业集聚化的阶段。

长三角与长江经济带研究中心归纳的数据显示，长江经济带沿线覆盖城市的经济发展状态处于稳步向好的形势，在工业领域，长江经济带110个城市工业产值增加值的平均增速为8.3%。其中，舟山、丽江、保山、遵义、曲靖、丽水、滁州、亳州、安顺、池州2019年的工业产值增加值的年增速位列前十，相较于2018年，工业产值增加值的增长速度略有提升。

由此可见，长江经济带的上游地区处于经济高质量发展的龙头地位，中下游的高质量发展增长指数的增速快于上游地区，形成以上海、江苏、重庆为龙头、其他地区协同推进的工业高质量发展格局。

（二）建筑业发展现状

目前已有部分学者为研究建筑业竞争力水平在长江经济带沿线地区的分布，构建了建筑业相关竞争力的评价指标体系，并采用因子分析法对我国长江经济带沿线地区的建筑业竞争力水平进行实证测算与分析。在综合竞争力方面，长江经济带沿线地区的建筑业整体实力更为强劲，并且地域间大致的分布情况为东部地区竞争力强于西部地区。与此同时，也存在个别省市建筑业竞争力强而有些省市建筑业竞争力弱的现状，表现为建筑业竞争力的区域间不平衡。

杨荷和曾庆均（2017）[55]的相关实证研究为长江经济带建筑业发展状况的分析提供了新思路。由于长江经济带沿线地区的建筑业不存在规模经济，也不存在规模经济壁垒的情况，市场集中度无法通过政府刺激市场竞争的扩大来降低，长江经济带沿线地区的建筑业分布形成难以打破的原子性结构。一方面，规模庞大的国有企业导致了建筑企业所面临市场具有供给与需求的不平衡性，从而使建筑业的经济效益下降；另一方面，在所有制改革的背景下，国有建筑企业的数量逐渐缩减，使建筑领域的就业率下降，也就降低了社会效益。

三、“京津冀”地区

（一）工业发展现状

2018年11月，中共中央、国务院明确要求以疏解北京非首都功能为“牛鼻子”推动京津冀协同发展，随着京津冀协同发展战略的施行越来越深入，京津冀在产业分工上特点日渐显著，产业间相互融合的程度区域日益深入，产业的创新发展与产业间合作也日趋成熟。根据相关统计公报可知，2019年，天津战略型新兴产业增加值增长3.8%，高于全市工业增加值的0.4%，高新技术产业增加值占规模以上工业（年主营业务收入大于等于2000万元人民币）增加值的综合百分比为34.8%。河北则明确了“一基三区”的战略性定位，大力发展新型高科技制造业，积极推动河北地区工业的高质量发展。2019年，河北省战略型新兴产业增加值比上年同期增长了超过10个百分点，高于全省内规模以上工业4.7%，新型高科技制造业增加值则占据规模以上工业总体增加值的19.5%。

新冠肺炎疫情的冲击给京津冀与全球产业体系的深度融合带来了挑战与负向压力，产业链与供应链都在一定程度上陷入了不确定性风险之中。在疫情突袭的背景下，京津冀制造业供应链所受到的冲击是剧烈的。根据北京统计局2020年数据报告，可知规模以上工业增加值比2019年第一季度同期降低了14.7%。其中，汽车制造业和通用设备制造业的工业增加值的下降最为显著，分别同比降低了30.2%和26.5%。根据天津统计2020年度数据报告，可知规模以上工业增加值比2019年第一季度同期降低了16.0%。其中，汽车制造业、通用设备制造业和医药制造业的工业增加值都显著下降，同比分别降低了35.7%、24.2%、20.6%。根据河北统计局2020年数据报告显示，第一季度的经济指标同样呈现出了大幅度下滑现状，规模以上工业增加值比上年同期降低了4.8%。其中，汽车制造业和通用设备制造业的工业增加值也显著下降，与上年同期相比分别下降了33.6%和16.8%，此外纺织业增加值的下降也尤为明显，同比下降了22.4%。然而，自从解除疫情封锁以来，党和国家在做好疫情防控的同时，也致力于恢复经济运行，使京津冀的工业增速逐步恢复到疫情前水平。

（二）建筑业发展现状

根据国家统计局披露的数据，2019 年北京建筑业总产值的增加值为 1513.67 亿元，与 2018 年相比增长了 9.07%；2019 年天津市建筑业总产值的增加值为 693.76 亿元，与 2018 年相比增长了 2.92%；2019 年河北省建筑业总产值的增加值为 2129.89 亿元，与 2018 年相比增长了 6.08%。由此可见，北京市建筑业总产值增加值的增长率大致是天津市和河北省增长率的总和。在建筑业产值层面，北京的建筑业实力在较长时期内一直具有显著的优势，而天津市和河北省两地的建筑业实力低于北京地区。

在建筑产业的产业结构层面，京津冀三地的建筑业结构趋于一致，使同质的产业内竞争十分激烈；在建筑业的市场外向程度层面，北京的建筑市场的开放程度是最高的，而天津和河北两地的建筑市场外向程度比北京低；在进出建筑市场的难易程度层面，北京和河北的建筑市场进入壁垒相对更弱，甚至处于开放的状况，因而市场竞争的激烈程度也更大，而天津的建筑市场进入壁垒最强，垄断程度相较之下更大。

由以上现状可知，与工业的区域不平衡相一致，京津冀三地的建筑业发展水平尚处于不平衡状态，推动区域之间建筑市场的协同发展仍存在着不容忽视的障碍。然而，随着国家政策的不断推陈出新，相关部门更加重视京津冀三地的差异定位及优势互补，京津冀三地建筑业的协同发展将成为必然。

四、“粤港澳”大湾区

（一）工业发展现状

中共中央、国务院于 2019 年 2 月印发实施了《粤港澳大湾区发展规划纲要》，与此同时，中国珠海也正处于“二次创业”的浪潮之中，作为大湾区重要的节点地区之一，珠海市工业园面临着前所未有的机遇。珠海市正全力将自身打造为促进实体经济与工业协同发展的关键平台，强化珠海市作为粤港澳大湾区关键枢纽点的关键地位，成为其以及沿线的其他核心区域和沿海经济带的高质量发展的优秀典范。

在近20年的发展中，粤港澳大湾区所包含的11个城市的工业生产历经了从相互协调共同发展到转入竞争再到过度竞争的全过程：2000—2005年，粤港澳大湾区城市在空间距离上的相互影响是正向的，经济溢出正效应使得各城市地区的工业发展呈现出祥和的共进之势；以2006年为转折点，粤港澳大湾包含的11个城市之间在工业上的竞争局势开始逐步显现。2006—2010年，在日趋过度的工业内竞争中，同质性生产使城市的工业产生摩擦与损耗，进而导致地区间的空间溢出效应从之前的正向转变为负向。2011—2019年，粤港澳大湾区的城市在工业生产上的激烈竞争仍然存在，但是相较于前一阶段有一定的减弱趋势。以上描述的现象体现了粤港澳大湾区现是处于由工业生产快速无序的增长转入有序竞争下的日趋平稳的发展。

粤港澳大湾区城市的工业发展在区域间还存在以下两个特征：特征之一是各地区之间的工业生产明显缺乏协调性与同步性，特征之二是走廊式带状分布为粤港澳大湾区工业分布的显著标志。近20年来，该区域的工业生产从总体上来看，呈现出佛山—广州—东莞—深圳—香港的走廊式带状空间分布，虽然各地区工业规模都随时间产生了许多变化，但是该走廊式带状分布的特征一直是其总体分布特点。

（二）建筑业发展现状

在党中央、国务院及各级主管部门的共同推动下，我国以装配式建筑为代表的新型建筑工业化发展态势良好，建造技术水平与建成品的质量都有了稳步上升，粤港澳大湾区在良好势态的驱动下，也加快了推进建筑业高质量发展的步伐。

以深圳为例，2020年是深圳经济特区正式建立的40周年，面对建设粤港澳大湾区和中国特色社会主义先行示范区“双区驱动”的历史机遇，深圳作为以装配式建筑为代表的新型建筑工业化先行与示范之城，已积淀出了不少可复制、可推广的成功经验，向珠三角乃至全国输出，推进粤港澳大湾区乃至全国建筑业的高质量发展。

第四节　新冠肺炎疫情对重点行业的影响

一、疫情对工业的影响

2020年新冠肺炎疫情暴发，冲击我国工业的发展，根据图5－66显示，2019年第四季度规模以上工业增加值同比增长速度分别为4.7%，6.2%，6.9%，呈现递增趋势，2020年1月、2月规模以上工业增加值同比增长速度急剧下降为－13.5%，到3月份规模以上工业增加值同比增长速度为－1.1%。疫情对工业的影响主要表现在使产业链和供应链循环受阻，原材料供应、商品流通、资金流通、出口等暴露出很多问题，对企业的生产经营产生很大的影响。根据国家统计局统计报告，2020年1—8月，我国规模以上工业企业实现利润总额37166.5亿元，同比下降4.4%。其中，国有控股企业同比下降17.0%，股份制企业下降5.2%，外资企业下降0.4%，私营企业下降3.3%，可见国有企业遭受损失严重。

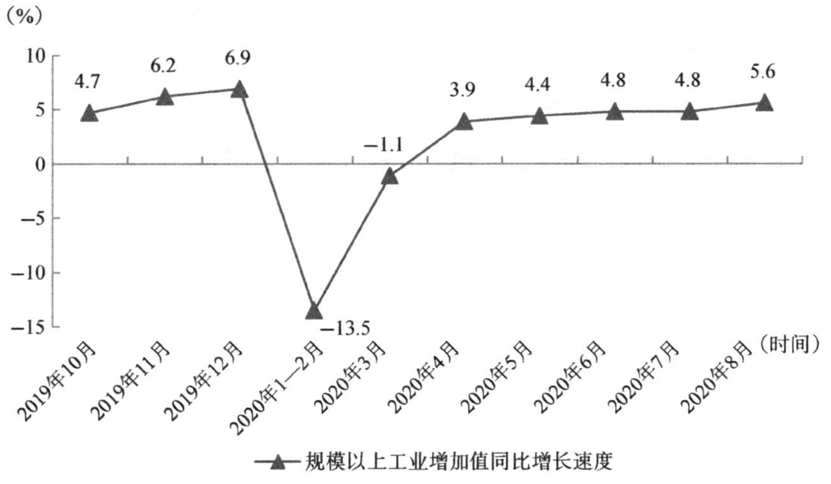

图5－66　疫情前后规模以上工业增加值同比增长速度变化

图5－66是疫情前后规模以上工业增加值同比增长速度变化，展现出我国工业“急下滑—快恢复—趋稳定”的趋势，国民经济的支撑地位毫不

动摇。2020 年，在 1—8 月，41 个工业大类行业中，总计有 25 个行业的利润总额减少，主要集中在劳动密集型行业，如石油、煤炭行业利润总额减少 84.4%，石油和天然气开采业利润总额减少 70.2%，化学原料和化学制品制造业利润总额减少 22.0%。但是一些高新技术行业依然保持利润总额为正，如计算机、通信和其他电子设备制造业利润总额同比增长 26.1%，通信设备制造业利润总额增长 7.6%，专用设备制造业利润总额增长 22.9%。说明疫情推动了新一代信息通信技术的发展，一些主要行业已基本恢复正增长。

（一）疫情前后季度分析（以采矿业为例）

1. 财务指标分析

基于 2020 年国家统计局及《中国统计年鉴》中规模以上企业数据，考虑到数据和统计口径的获得性、一致性，用营业收入表示矿业产值。参照近期中国矿业报的相关研究（周佐民等，2020[56]；王佳营等，2020[57]），将 2019 年 10—12 月划分为疫情前一季度，与 2020 年 1—3 月（疫情期间）的数据进行对比，形成疫情前后的季度分析。

对比图 5－67 疫情前后的数据，由此发现，与疫情前一季度相比，疫情暴发后工业各行业中采矿业受到的冲击相对较小，行业总体营业收入下降 7.1%，营业成本下降 9.2%，但疫情初期行业整体利润总额下降 27.5%，略小于制造业和电力、热力、燃气及水生产和供应业。

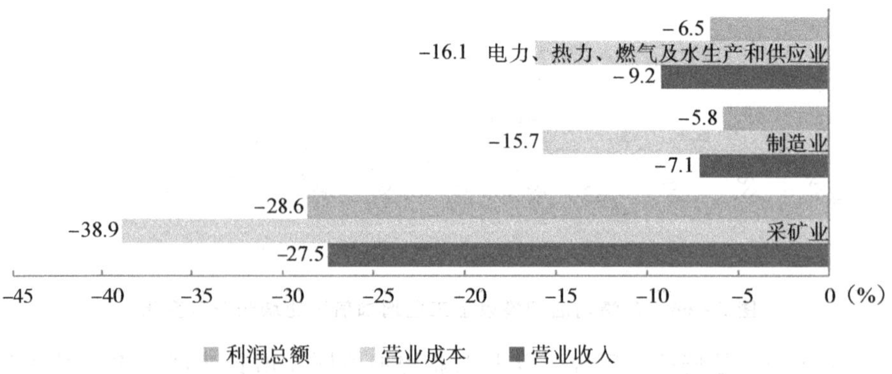

图 5－67 新冠肺炎疫情前后一季度部分工业行业财务指标环比增速

进一步纵向观察采矿业在疫情前后各个季度的发展指标，得到 2019—2020 年采矿业财务指标季度分析（见图 5－68）。先看产值—营业收入指标，发现 2020 年 1 季度采矿业营业收入下降幅度较大，说明疫情初期影响了采矿业的销售状况，而 2020 年 2 季度和 3 季度均有所上升，说明采矿业经济状况随着时间推移有所改善；营业成本的变化趋势基本与营业收入相符，这也符合收入与成本的配比原则；采矿业的营业利润则从 2019 年 2 季度至 2020 年 2 季度都在下降，直至 2020 年 3 季度才有所回升。

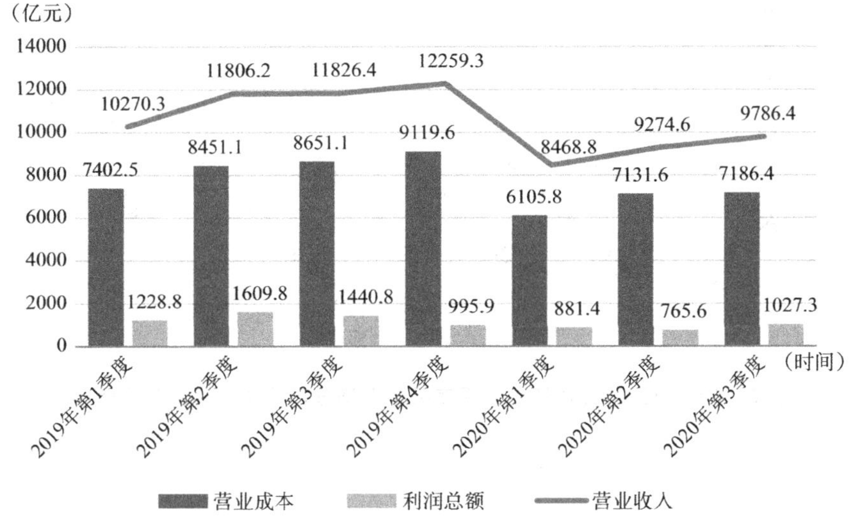

图 5－68　2019—2020 年各季度采矿业财务指标季度分析

横向对比采矿业等工业行业的财务数据后，进一步细分采矿业，观察采矿业行业内部各个产业受疫情的冲击情况。由图 5－69 发现其他采矿业受疫情影响最大，产业内营业收入和营业成本降幅最大；石油和天然气开采业、黑色金属矿采选业疫情初期受影响较小，可能由于这些产业的需求较少受疫情的影响；采矿业行业整体的营业成本出现下降趋势，但石油和天然气开采业、开采专业和辅助性活动的营业成本呈现上升趋势，经分析可能由于疫情初期全国大部分城市的企业停工停产，受此影响开采业的用工成本和风险较大，导致成本逆势上升。进一步分析采矿业细分产业的利润变化情况，从图 5－70 可以发现采矿业整个行业在疫情后利润呈现下滑趋势，黑色金属矿采选业、有色金属矿采选业和煤炭开采和洗选业的利润下降比例最大，这也契合了上述疫情期间采选业用工成本和风险增加导致营业成本增加，进一步降低营业利润的分析。

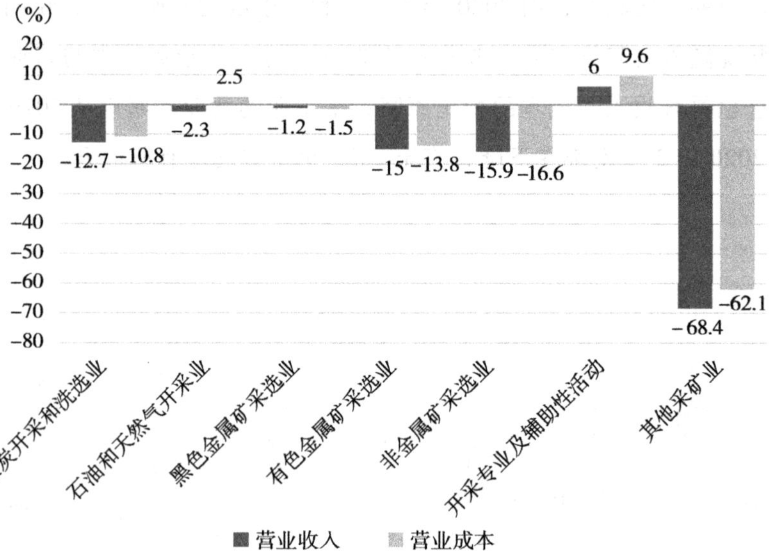

图 5-69 新冠肺炎疫情前后季度采矿业细分产业财务指标环比增速

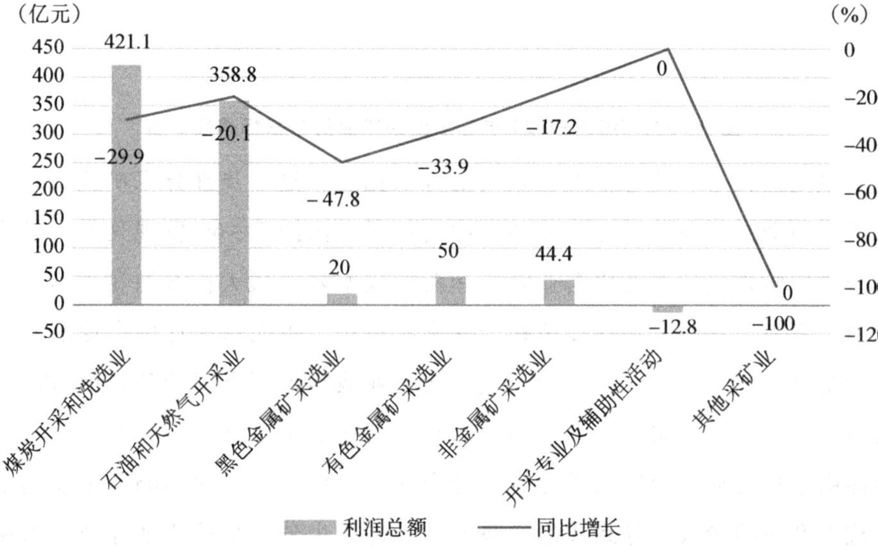

图 5-70 新冠肺炎疫情前后采矿业细分产业利润变化情况

2. 工业增加值分析

进一步从国家统计局网站获取工业增加值数据，由于2020年1月、2月的数据未单独披露，只披露2020年1—2月的数据，故将2020年1—2月与1—3月、3月数据进行比较。由图5－71可以发现，与2019年同期相比，1—2月我国主要工业均受新冠肺炎疫情的影响，工业增加值均下降，疫情暴发初期我国工业生产受到严重冲击；进一步分析发现1—3月仍呈现下降状态但有所减缓；3月份部分行业已经恢复，工业增加值恢复上涨趋势，其中采矿业的工业增加值在3月份已经实现逆势上涨，与去年同期相比增加4.2%；进一步分析制造业，其中高新技术制造业受疫情影响下降的态势相对较平缓，这也说明“科学技术是第一生产力”。总体而言，新冠疫情暴发以来，采矿业受到影响导致工业增加值有所下降，但2020年3月行业整体已经平稳恢复。

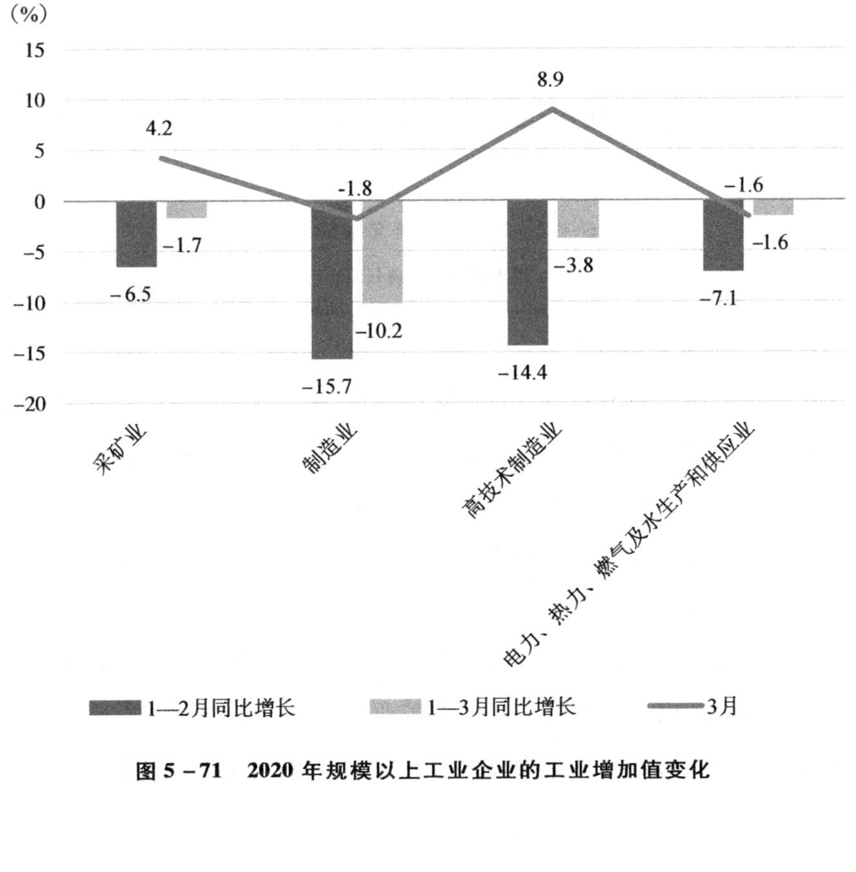

图5－71　2020年规模以上工业企业的工业增加值变化

从国家统计局获取2019—2020年规模以上工业增加值同比增长速度数据，由图5－72发现新冠疫情初期工业受到冲击，但因为国家应对及时，快速实行一系列政策，自2020年3月以来工业生产不断恢复。由上述分析得到的采矿业3月份逐渐平稳恢复，也与整个工业经济复工复产的态势相一致。

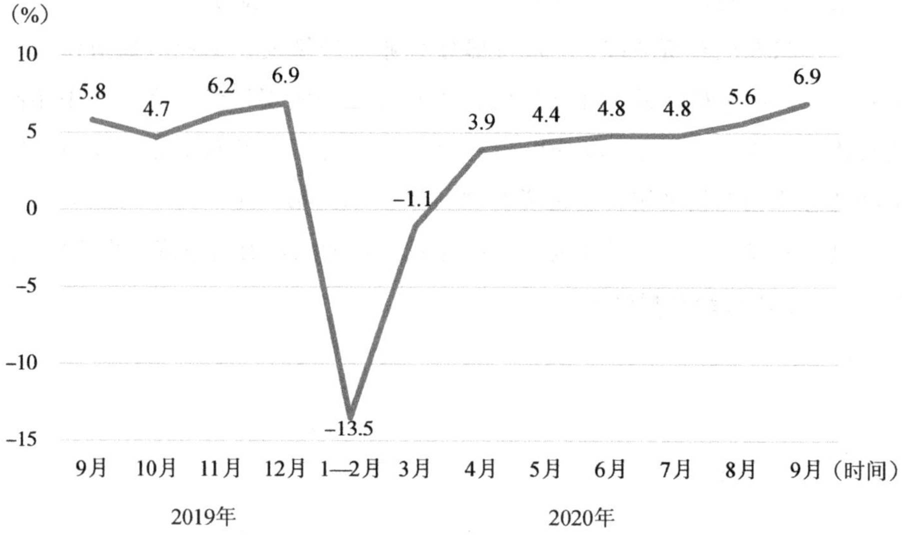

图5－72　2019—2020年规模以上工业增加值同比增长速度

3. 进出口贸易额分析

从中华人民共和国海关总署官网获取2019—2020年采矿业的各月进出口贸易额，整理成图5－73的季度数据。对进出口贸易额的总体概况进行分析，发现我国采矿业存在较大的贸易逆差，且该趋势预计长期内不会改变，同时采矿业的进口贸易额几乎是同期出口贸易额的数十倍，说明我国采矿业对进口较为依赖，可预见这种进口依赖短期不会发生变化。进一步分析可以发现，疫情初期，我国采矿业的出口贸易额下降较少，但随着疫情在全球各个国家不断扩散，我国采矿业的出口贸易额大幅下降，几乎为前期的一半，说明我国采矿业的出口受新冠肺炎疫情的影响随着疫情扩散逐渐加深；我国采矿业进口贸易额的变化趋势几乎与同期出口贸易额的变化趋势保持一致，随着疫情期间时间的推移，我国采矿业进口贸易额呈现增加趋势，2020 年 3 季度比 2 季度上涨 27.4%。

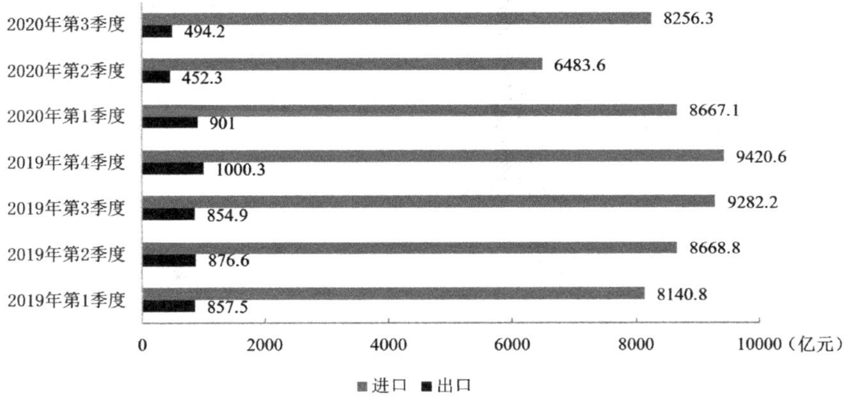

图 5－73　2019—2020 年各季度采矿业的进出口贸易额

（二）疫情后行业最近的发展状况

1. 采矿业部分产业生产者的价格变动

通过对国家统计局 2020 年 11 月工业生产者价格变动数据的整理，得到图 5－74。由图 5－74 发现，（1）2019 年同期（未发生疫情）相比，采矿业大部分行业的出厂价格变化差异较大，其中煤炭开采和洗选业出厂价格微降、石油和天然气开采业的出厂价格大幅降，三类金属矿采选业出厂价格有所上升；（2）自疫情以来（2020 年 1—11 月），采矿业大部分行业的出厂价格变化趋势也与之类似；（3）再观察 2020 年 11 月价格与上月相比较，采矿业大部分行业的出厂价格有所回升，有色金属矿采选业的出厂价格微降，这也说明随着时间推移，中国的疫情防控工作已经取得成效，采矿业整体情况在不断变好。

2. 重要行业——金属矿采选业的下游材料产业价格变动

在采矿业的几大产业中，金属矿采选业越来越受到行业人员和学者的重视，部分金属矿在高科技产业中发挥着不可替代的作用。

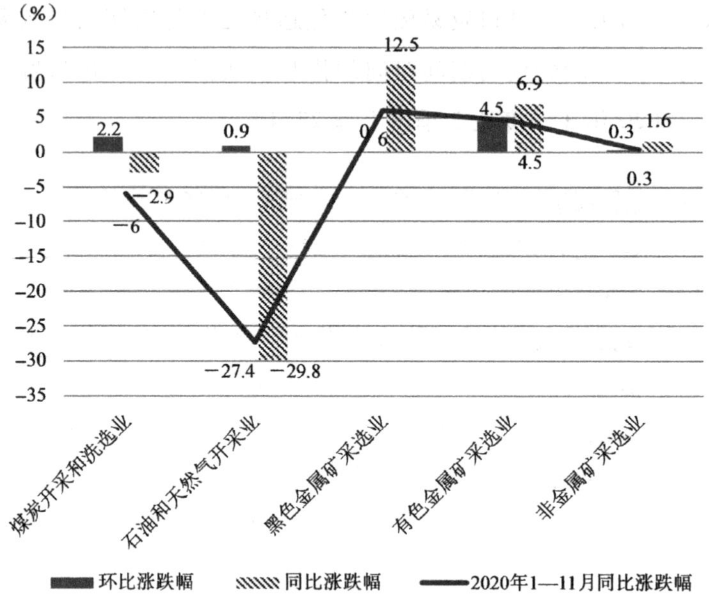

图 5-74　2020 年 11 月采矿业部分产业生产者的出厂价格变动

本书收集 2020 年 11 月金属材料的价格变动情况，得到图 5-75。发现与 2019 年同期以及 2020 年 10 月相比黑色金属材料类、有色金属材料及电线类产品的价格都有所上升，这与疫情导致成本上升，进一步导致价格上涨的观点相符；但疫情以来与 2019 年 1—11 月的平均价格相比，黑色金属材料类产品的价格未发生显著变化，有色金属材料及电线类产品的价格略有下降。

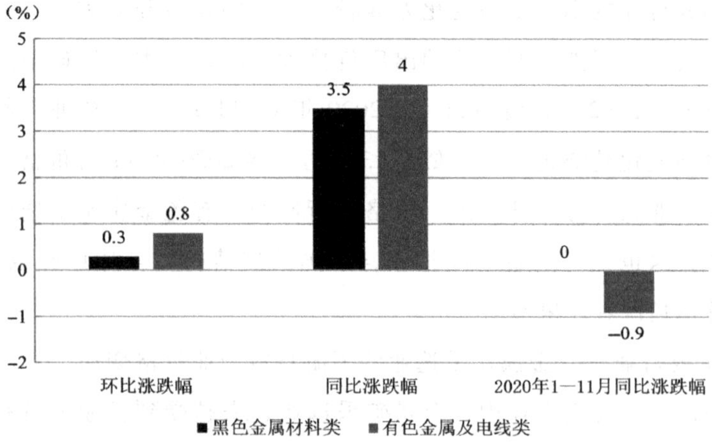

图 5-75　2020 年 11 月金属材料的价格变动

二、疫情对建筑业的影响

受疫情影响，我国大部分建筑业生产企业处于停工状态，2020 年 2 月，我国建筑业商务活动指数为 26.6，环比回落 33.1，新订单指数为 23.8，环比下降 30.0。资源消耗大，创新能力不足，紧靠资源要素，大规模投资拉动的传统建造方式受到较大的冲击，从另一角度来看，新冠肺炎疫情加快推动建筑行业转型，粗放型的发展模式难以为继，工业化、数字化、智能化成为必然。

（一）建筑业企业数量及从业人员减少

从表 5－24 的数据可以看出，疫情的暴发使建筑业企业数量以及从业人数显著下降。各地企业因为疫情受到了不同程度的影响，一些中小企业停工倒闭，人员流通不畅导致从业人数也急剧下降。相比 2019 年第四季度，2020 年第一季度建筑业企业数减少了 13.82%，从业人数也减少了 38.78%。在第二季度随着企业复工复产，加上国家出台财政扶持政策等帮助企业度过难关，企业数和人员数都有上升，但是也没能回到 2019 年同期水平，足以见得疫情对建筑业企业生产运营的直接影响。2020 年第三季度企业数和从业人数在第二季度的基础上继续增长，基本达到 2019 年水平，初见经济恢复之效。

表 5－24　2019 年第一季度至 2020 年第三季度我国建筑业企业数量及从业人员变动情况

项目	2019 年第一季度	2019 年第二季度	2019 年第三季度	2019 年第四季度	2020 年第一季度	2020 年第二季度	2020 年第三季度
建筑业企业个数（个）	84530	92733	97378	103814	89462	102712	108321
环比增长率		9.70%	5.01%	6.61%	－13.82%	14.81%	5.46%
建筑业从业人数（万人）	3894.1	4309.8	4679.3	5427.4	3322.9	4120.9	4550.3
环比增长率		10.68%	8.57%	15.99%	－38.78%	24.02%	10.42%

数据来源：中国国家统计局。

（二）疫情暴发导致建筑业企业短期生产规模下降

从表 5－25 的总产值增长率变动可以看出，2020 年第一季度建筑业总产值下降幅度很大，相比 2019 年第四季度总产值下降 58.23%，相比去年同期下降 16%。说明疫情在暴发之初，避免人员大范围流动和聚集是防控疫情的必要措施之一，工人返城以及工厂复工推迟，确实给建筑业企业生产带来了巨大冲击。在疫情最严重的时期企业总产值下降幅度较大，但是在后期出现了明显的回补效应，增速迅速反弹，在 2020 年第二季度环比增长速度达到 80.76%，同比增长 10.31%。可能是因为在 5—6 月份的时候复工复产，疫情也得到了有效控制。同比增长率相比环比增长率较小，主要是因为疫情暴发时间和建筑业淡季重合，冲淡了疫情的影响。

表 5－25　2019 年第一季度至 2020 年第三季度我国建筑业总产值等指标及增长率

项目	2019 年第一季度	2019 年第二季度	2019 年第三季度	2019 年第四季度	2020 年第一季度	2020 年第二季度	2020 年第三季度
总产值（亿元）	42758.39	58857.73	60851.21	85978.44	35916.59	64923.53	67086.88
环比增长率		37.65%	3.39%	41.29%	－58.23%	80.76%	3.33%
同比增长率					－16.00%	10.31%	10.25%
新签合同额（万元）	552123300	650933500	668295900	1020997200	470633000	789287800	775371000
环比增长率		17.90%	2.67%	52.78%	－53.90%	67.71%	－1.76%
同比增长率					－14.76%	21.25%	16.02%
建筑施工新开工面积（万平方米）	108754.57	126434.41	118055.62	161844.47	82786.14	139829.63	119200.24
环比增长率		16.26%	－6.63%	37.09%	－48.85%	68.90%	－14.75%
同比增长率					－23.88%	10.59%	0.97%
房屋竣工面积（万平方米）	66682.95	75711.5	86604.9	173411.55	48464.6	76034.31	82457.07
环比增长率		13.54%	14.39%	100.23%	－72.05%	56.89%	8.45%
同比增长率					－27.32%	0.43%	－4.79%

数据来源：中国国家统计局。

从表 5 - 25 显示的其他数据可以看出，我国建筑业企业在 2020 年第一季度新签合同额相比前期断崖式下跌，在第二季度有了极大程度的回升，远超去年同期水平。建筑施工新开工面积也是在 2020 年第一季度下降剧烈，第二季度有很大程度回升，第三季度基本与去年同期持平。房屋竣工面积趋势相似，在 2020 年第一季度环比下降超过一半，同比下降 27.32%，第二季度基本与去年同期水平持平。

从这些数据可以看出，疫情对于建筑业的影响主要呈现一种先冲击后迅速回升的状态。这类似于 2003 年面临 SARS 冲击的建筑业，疫情严重的 3—5 月建筑行业受到下游房地产开发投资增速下行影响，但在疫情得到控制的 6 月出现了回升，增速反弹剧烈，从一整年的数据上来看对建筑业影响不大。所以整体来说，对于建筑业行业，本次疫情对建筑业企业的影响更多局限在短期，实际上并不会改变基本面中期趋势。

图 5 - 76 是 2019 年第一季度到 2020 年第三季度企业家信心指数的变动情况，企业家信心指数衡量的是企业家对于宏观经济的信心程度，具体到建筑业指数则是企业家对建筑业发展的信心程度。从图中也可以看出，企业家对建筑业的信心指数在疫情暴发后短期内有所下降，但下降程度低于总体下降程度，并且在第三季度就回归到以前的水平。

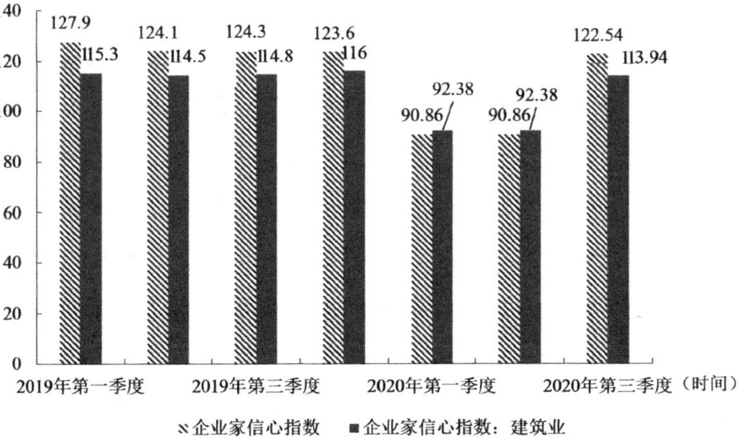

图 5 - 76　2019 年第一季度至 2020 年第三季度企业家信心指数

数据来源：国泰安数据库。

（三）疫情后期细分行业生产规模回升速度不同

从前面分析可知，新冠肺炎疫情对建筑业的生产运营短期上产生了较大影响。房屋建筑业作为建筑业的主要行业，其细分行业受到疫情影响的程度是否有所不同呢？本书收集了房屋建筑细分行业的季度竣工面积及其同比增长率数据，在这里不分析环比增长率是为了减轻建筑业业务活动季节性的影响。从图5－76可以看出，2019年四个季度各个细分行业竣工面积逐步上升，到了2020年一季度下跌剧烈，又从第二季度开始上升，到第三季度基本达到去年同期水平。

表5－26　2020年第一季度至第三季度建筑业房屋建筑细分行业竣工面积同比增长率

项目	2020年第一季度	2020年第二季度	2020年第三季度
住宅建筑竣工面积同比增长率	－25.03%	－2.28%	－2.54%
商业建筑竣工面积同比增长率	－36.15%	2.01%	－26.86%
办公建筑竣工面积同比增长率	－39.75%	－7.56%	－10.93%
公共建筑竣工面积同比增长率	－25.46%	15.15%	－12.53%
工业建筑竣工面积同比增长率	－30.55%	8.40%	5.37%
其他建筑物竣工面积同比增长率	－14.94%	25.43%	－8.10%

数据来源：中国国家统计局。

从同比增长率的表中数据可知，疫情暴发对于办公建筑业和商业建筑业的影响最大，竣工面积分别同比下降39.75%和35.15%。住宅建筑、办公建筑竣工面积2020年三个季度均低于去年同期水平，商业建筑第二季度与去年同期相近，第三季度远低于去年，说明疫情对住宅建筑影响适中但长久，对办公建筑业和商业建筑业影响更大也更长久。相比之下，工业建筑业虽然一季度下降水平高，后面恢复速度很快，第二、第三季度超去年同期水平。

商业建筑还可以细分为商厦房屋、宾馆用房、餐饮用房以及商务会展等建筑，数据显示，一季度商务会展竣工面积同比下降幅度最高，达到57.2%，后期恢复速度也是最快的，二季度同比增长44.01%，这和疫情后期国家政策支持，全国性复工复产有较大关系。

后疫情时代，建筑业将继续保持稳定发展。各地纷纷出台投资政策，加快重大项目的落实开发建设，总计投资额超过 11 万亿元。2020 年初，中央及各部委通过了一系列政策来大力发展基建项目，如信贷支持、下调部分领域项目资本金，增加专项债在地方债中的比重等。

随着建筑行业竞争的加剧，一大批国内优秀的建筑品牌迅速崛起成为行业的翘楚，带领建筑企业“智慧建造”。中建集团建成全国首个 5G 智慧工地，充分发挥 5G 带宽、低时延的优势，并且与区块链、物联网、BI 等多种先进技术相结合，实现智慧化建造。

我国建筑业将进入规范化，高质量发展的新阶段。目前，我国在架桥机、造楼机等智能化装备研发应用取得了显著进展，建筑机器人开始进入建筑工地，促进建筑业提质增效。

第六章　产业链发展现状

第一节　第二产业链结构

产业链是各个产业部门之间存在的特定的逻辑关系，主要集中在工业制造业。它的划分没有统一界定，大多以生产要素的聚集程度为判断的标准，一般可以划分为以下四种类型。第一种是以某种关键资源为核心的开发和利用，主要由开采资源、产品加工、成品生产这三个环节组成。以石油工业产业链为例，产业链的上游是勘探和生产环节，寻找原油的位置，并初步开发，让石油变成可以输送的产品。中游是石油的运输、存储和炼制。运输是通过油轮或管道将原油输送到各个地方，存储是将原油储存在专用的油罐内，炼制是将原油通过一系列的工艺处理，让其成为化工产品。下游是石油的继续运输、储存和销售。具体指的是石油经过提炼可以生产燃料、汽油、柴油、沥青等，将提炼出的化工产品通过公路罐车、铁路罐车等继续运输到需求方，将暂时用不到的化工产品和原油先储存起来，以及将产成品运到加油站销售给消费者和进一步加工生产出人们的日用品。与之类似的还有煤炭产业链，通过采选、冶炼和加工后，应用到各行各业。值得一提的是，煤炭的主要下游行业为火电、钢铁、建材和化工，会消耗90%的煤炭资源。而这四大下游行业的下游行业多为基础建设和房地产，约占煤炭消费的20%。第二种是以某项关键技术为核心的相关产业的聚集，类似于计算机产业链、航空航天产业链等一些高新技术产业集群，如美国的硅谷、北京的中关村、武汉的光谷。第三种是以产品的生产和服务的提供过程为主的产业链，例如通信设备生产产业链、旅游产业链等，更加偏向于生产的过程。第四种是以产品和服务的市场为主的产业链，如建材工业产业链、食品工业产业链等，更加注重消费的过程。

建筑业产业的产业链与许多行业相关联，对国民经济会有较大影响，项目施工周期较长，需要因地制宜，相对而言比较特殊。上游主要是钢铁、水泥、玻璃等重污染和产能过剩的行业，这些行业目前受到环保政策和供给侧结构性改革的影响，产能和产业增速均呈下降趋势，会增加建筑业的成本。中游是原料的运输和施工，下游主要为房地产企业、政府和其他专业的工程建设。除此之外，因为该行业具有较大的融资性需求，属于资金密集型行业，还需要金融业、银行业的支持。

第二节　第二产业链存在问题

无论是工业产业链还是以房地产为主的建筑业产业链，目前都不够成熟，尚未形成标准化的流程，在生产加工的过程中会面临诸多问题。

工业产业链存在以下问题：第一，上游对资源的过度开发，出现了资源枯竭型城市，不利于地区长期的发展。我国目前有 69 个资源枯竭型城市，这些城市过去以开采资源为主要产业，曾为社会的发展和进步带来了突出贡献。但现如今，这些城市因为剩余资源不足，替代的产业还没有出现，缺乏可持续发展能力，需要探索新的发展路径。因此，在资源开采时，需要有计划地开采，切不可为了一时之利过度开发。第二，工业中包含较多的重污染工业，如煤炭、钢铁等，这些行业对环境有较大的影响。产业链中游的提炼和加工过程会产生大量的废水和废气，会影响到周边的环境。虽然国家已经对这些行业给予了关注，制定了相关的法律制度，但仍存在落实不到位的现象。第三，中游和下游的加工企业在产业升级的过程中较为被动，缺乏创新的积极性。企业升级只体现在表面，仅仅是淘汰落后设备和购买新的设备，对工艺上的改进较少，没有从根本上解决问题。

建筑业产业链存在以下问题：第一，产业上游的成本上涨，建筑行业对其的应对能力还有待提高。许多开发商是通过借款或吸纳投资的方式先开始施工，后期再进行偿还。盲目开工，实际开销远大于计划开销，此时开发商既无法进行后续的建设，又无法收回已付出的成本，银行的贷款无法按期偿还，最终开发商破产，未完成的建筑成为烂尾楼。第二，下游的房地产企业有许多不规范的现象，国家需要健全法律法规体系，规范房地产市场。第三，产业链过于庞大，涉及的行业多，因此在很多地方都做不到位，缺乏统一的规范。

第三节　新冠肺炎疫情对第二产业产业链的影响

从疫情的发展阶段出发，按照时间顺序说明疫情对产业链的影响。2020 年 1 月，突如其来的疫情让中国按下了暂停键，对各行各业造成了很大的影响。首先是国内的疫情，停工停产是这一阶段的主要特征，但是这对第二产业的产业链影响相对较小，因为临近春节，许多工厂已经放假了。再加上第二产业的季节性规律，每年第一季度的增加值都处于一年中的最低水平，所以此时的负面影响在后期可以得到弥补。随着疫情的扩大，海外的疫情也开始出现，海外产业链断裂对中国也造成了一定的影响。部分国家考虑到疫情，减少了对中国产品的进口，海外订单的减少对国内部分制造企业造成重创，尤其是对中小企业有较大影响。接着是，2020 年 3 月我国疫情好转，各行各业逐步复工复产。在复工初期，物流和劳动力流动受阻，用工荒、复工时间不一致、原材料不足、交通运输尚未完全恢复等问题，也影响了部分企业的正常生产，产业链循环受到阻碍。根据调研数据，2020 年 1 月和 2 月，我国规模以上工业增加值同比下降 13.5%，实现利润同比下降 38.3%，企业亏损面达到 35.4%，70% 的工业行业的增加值下降幅度达到两位数。目前，国内疫情控制稳定，疫情压力主要来源于国外输入和局部爆发。国内正在通过内循环，恢复经济，多地的工业经济已克服疫情的影响，稳步回升。

因为疫情对煤炭的下游行业有较大的负面影响，将从煤炭行业出发，主要分析疫情对不同行业产业链的影响。前文提到，煤炭的下游行业主要有火电、钢铁、化工和建材，接下来将分别说明疫情对这些行业的影响。关于火电行业，因为国家倡导绿色环保，鼓励使用清洁能源，火电在发电的占比下降，这必然会带来火电行业对煤炭需求的降低。考虑到年初正值春节假期，用电需求会有所下降，再考虑疫情和暖冬的影响，火电需求下降，火电的煤炭需求也是下降的。疫情结束后有一定的回升，但总体趋势是下降的。关于钢铁行业，因为钢铁行业受到其下游行业需求的刺激，2019 年的产能扩张。但又受到了疫情的影响，钢材的下游行业，房地产、家电、汽车、机械设备等的销量降幅明显，对钢铁需求有较大冲击，因而对煤炭需求减少。随着疫情的恢复，国家出台相应的政策措施，钢铁行业逐步恢复，钢铁的需求上升，从而带动煤炭需求的上升。关于建材行业，我国是全球最大的建材生产国和消费国，一季度受到的影响可以通过恢复生产后赶工来弥补。由此可见，疫情对建材行业的整体影响较小。伴随我国对经济的调节政策的执行，建材行业的需求得到进一步刺激，煤炭的需求也将有所上涨。关于化工行业，化工除了与煤炭有较为紧密的联系，还与石油有较大的关系，而煤炭和石油是替代关系，国际油价将直接影响到化工企业对煤炭的需求量。受疫情和国际油价暴跌的影响，石油化工的竞争力上升，煤炭化工的盈利能力下降。因此可以预见，化工行业对煤炭的需求是下降的。

总而言之，疫情会对第二产业第一季度的生产造成较大的影响，但是第二产业的企业在后期增加产量，可以弥补第一季度的损失，从而保持整体的稳定状态。

第七章　产业双循环的优化路径

第一节　国内循环

国内循环是国外循环的基础，主要是打通生产、流通、分配、消费的经济循环，调节好劳动力、土地、资本、技术等要素的配置。只有立足于国内，充分挖掘国内的市场，实现经济的可持续发展之后，再带动国际循环，促进国际经济的恢复。在疫情的冲击下，内循环就更为重要，增强国内经济的活力，提高国内企业的竞争力，让企业能够长久生存和发展。

工业企业可以通过以下四点推动国内循环。

第一，企业可以通过改善工艺的方式，在降低成本的同时，提升产品质量，采用更为严格的标准，做好品控。高质量产品是企业的招牌，企业可以借此获得更多的客源和更为丰厚的订单；鼓励创新，设计出更加优质的产品，打造企业的特色产品；兼并小企业，将企业做大，无论是横向一体化、纵向一体化还是混合一体化，这些都可以降低企业经营的风险，扩大经营业务；积极培养自主品牌，多品牌战略能够发挥企业的优势，促进企业的长久发展。

第二，现代的产业链可以促进国内循环。产业链可以将多个行业联通，加强行业上游、中游、下游的协作，可以降低成本，提升整个行业的效率和效益。这还需要准确把握产业链的现状，发挥产业链的优势，弥补产业链的缺陷，可以学习先进的产业及国内外的优秀案例。

第三，引导国内的电商平台和实体店平台宣传销售，鼓励企业参加大型的展销会，鼓励企业多业态发展，发挥品牌的效用。

第四，政府加大对企业的监管力度和假冒伪劣产品的处罚力度，提高企业的违法成本，让企业能够自觉生产高质量的合格产品，保持较好的声誉；政府还应做好基础设施建设，如修建公路铁路、扩大网络覆盖率等，这样可以吸引更多的企业入驻，从而缩小城乡差距和发达地区与偏远落后地区的差距。

建筑业的主要构成行业是房地产行业，而房地产业主要面对的是国内市场，也就是说房地产行业主要就是内循环，其受到外循环的影响非常小。房地产在进行内循环时，可以主要考虑以下几点。首先是不断变化的消费者的偏好，尤其是后疫情时代，人们可能更加看重社区、医疗资源。其次是国内外的经济状况，国内外的重大事件会对经济产生影响，从而引起价格的波动。最后，还应该关注有关房地产和内循环的相关政策，从政策中往往可以看出未来发展的趋势和动向。

第二节　国外循环

国外循环是国内循环的扩展，能够在一定程度上优化国内的产业结构，提高产品的质量。首先，需要提升本国产品的竞争力，可以通过更新技术等途径，让产品和企业能够拥有一定的实力。其次，需要和其他国家保持良好的合作关系，在国家层面互惠友好，营造恰当的氛围。最后，鼓励企业走出去，引导企业和外国建立合作关系的同时，给予本国企业一定的政策支持，如相关的税收优惠政策和金融贷款政策等。

目前全球的经济都在衰退，尚未被控制住的疫情对部分国家可谓雪上加霜。国外经济的不振对国内也有很大的影响，如订单的减少、供应链的断裂，等等。因此，在这一时刻，更需要依靠国内循环，创造消费需求，保持稳定的供应链，使国内经济能够良好发展。

第三部分　第三产业结构优化升级

第八章　第三产业发展现状

第一节　总体发展现状分析

按照经济发展的规律，产业发展的重心是不断后移的，并按照第一、第二、第三产业的顺序后移，产业结构相较于之前变得更为合理（马庆，2020）[58]。第三产业对经济增长的贡献将会随经济的发展不断提高，第三产业发展与一个国家经济发展程度呈正相关。

目前，第三产业是推动我国经济增长的主要动力，也是提高我国经济效率必不可少的部分。第三产业所提供的服务型消费商品，不仅可以满足消费者的需求，而且能够提高消费者的生活质量（马殷春，2017）[59]。因此，要提高居民生活质量，满足消费者的需求的关键就是要推动第三产业的发展。

近年来，我国经济的增长带来的是第三产业对 GDP 的增长贡献率不断增加，使第三产业代替了第二产业的地位，成为我国经济的支柱和经济增长的动力。第三产业结构不断地进行优化。第三产业逐渐成为我国国民经济主导产业。在疫情的影响下，服务业整体都遭受到了很大的打击，2020 年一季度我国第三产业增加值同比负增长，在疫情前，我国第三产业季度增加值在 7.5 个百分点上下浮动，增速较为稳定。为第三产业增加值的下降是因为在疫情影响下大部分企业停工，人员流动减少，造成住宿餐饮、交通运输等服务行业衰退（王炳楠，2020）[60]。

第三产业对经济增长的贡献率下降较大。2019 年第一季度，我国第三产业贡献率为 60.9%，2020 年第一季度时对经济的贡献率大幅减少，为 44.2%；这表明受疫情影响，第三产业增加值减少，减弱程度进一步加强。

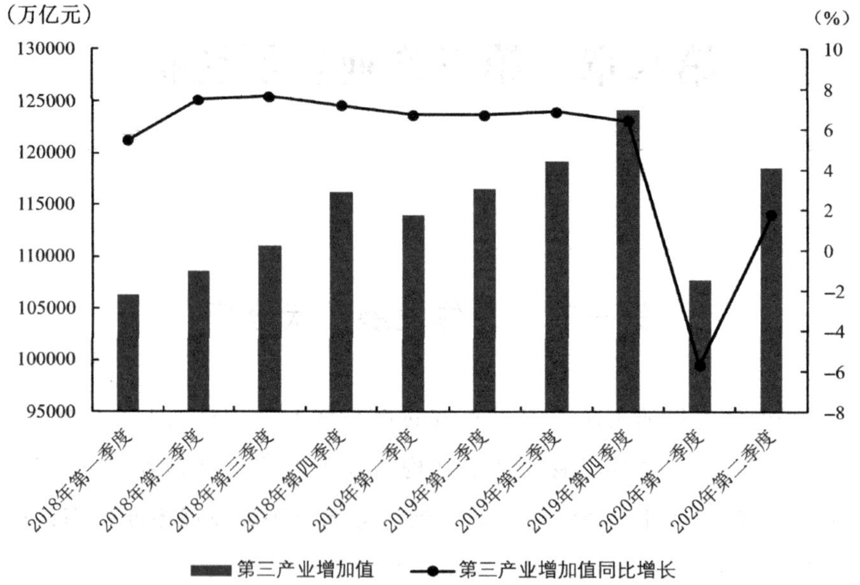

图 8－1　2018 年第一季度至 2020 年第二季度第三产业增加值变化情况

在 2020 年一季度，第三产业固定资产投资额与 2019 年相比下降 13.5%，前六个月里，第三产业固定资产投资额同比下降 1 个百分点，表明疫情防控工作有效，第三产业的投资额增加，但仍然比不上 2019 年。不同于第一产业和第二产业，短期内疫情对第三产业的影响无法完全消除，第三产业增加值变化没有明显的季节性规律。且由于第三产业涉及范围较广，不同层次的部门受到的影响也不同。

一、从我国税收贡献来看

经济的发展推动了第三产业的成长，其税收已经成为政府稳定收入来源，对税收的价值贡献已经超越了第一、第二产业。且从 2012 年起，第三产业的总体规模和相对规模持续上升，已经超越了第二产业（李慧，2020）[61]。这说明第三产业发展有了新的动力，并推动我国产业结构优化升级。

二、从占 GDP 的比重来看

马海涛等表明，一个国家、地区的现代化程度，其中一种判断标准为第三产业的 GDP 占总 GDP 的比重是否达到 50%。改革开放后，我国产业结构优化调整，转变为依靠第三产业带动经济增长，产业结构优化，更加合理（马海涛，2018）[62]。近年来，服务业已成为经济发展的动力源泉，由图 8－2 知，到 2012 年，第三产业成为国民经济支柱，其增加值占国内 GDP 的比重超越了第二产业。在 2015 年，我国第三产业增加值占总 GDP 的 52.9%，已经成为中国的经济第一生产力。到 2018 年，第三产业不断发展，其占比升至 52.2%，贡献率为 59.7%。

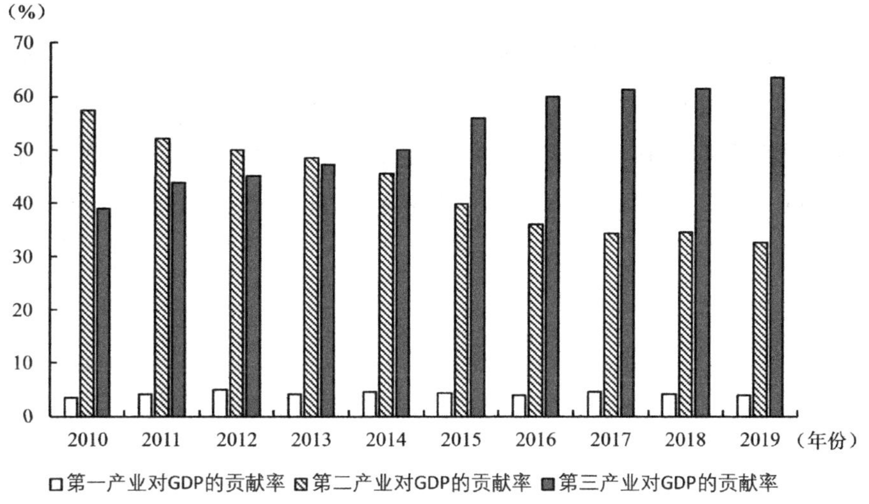

图 8－2　三次产业对 GDP 的贡献率

第二节　分行业现状分析

一、批发和零售业发展状况

批发业是指向其他批发或零售单位（含个体经营者）及其他企事业单

位、机关团体等批量销售生活用品、生产资料的活动，以及从事进出口贸易和贸易经纪与代理的活动，包括拥有货物所有权，并以本单位（公司）的名义进行交易活动，也包括不拥有货物的所有权，收取佣金的商品代理、商品代售活动；还包括各类商品批发市场中固定摊位的批发活动，以及以销售为目的的收购活动。

零售业是指百货商店、超级市场、专门零售商店、品牌专卖店、售货摊等主要面向最终消费者（如居民等）的销售活动，以互联网、邮政、电话、售货机等方式的销售活动，还包括在同一地点，后面加工生产、前面销售的店铺（如面包房）；谷物、种子、饲料等生产资料的销售不作为零售活动；多数零售商对其销售的货物拥有所有权，但有些则是充当委托人的代理人，进行委托销售或以收取佣金的方式进行销售。

本书就目前可以取得的数据得知，每年我国的社会消费品零售总额呈现一个递增的趋势，发展势头较好。从绝对值来看，我国2019年社会消费品零售总额为411649亿元，相对上一年增加了8.05%，相对于2010年增加了160.52%。随着最近几年居民日常消费的提高，中国经济发展得到了极大的促进。

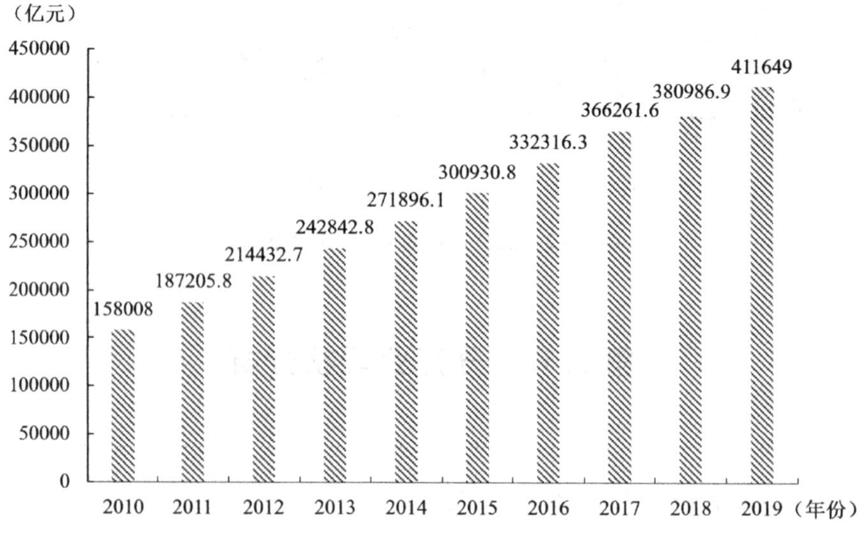

图8-3 社会消费品零售总额

2020年我国遭受了新冠肺炎疫情，随着武汉的封闭以及各项防疫措施导致了我国的经济受到了严重的打击，为了分析疫情前后我国零售行业的对比，本书以武汉解封也就是2020年5月为分界线，来进行疫情前后我国零售行业的对比，进而分析对我国经济的影响。从图8－4可以看出，从2020年3月开始，我国的社会消费品零售总额呈现出递增的状态，说明了在疫情前后，我国对疫情的控制和后续生产的恢复都得到了有效实施，消费者需求逐渐回暖。2020年3月和4月由于疫情导致全面停工待产，3月社会消费品零售总额仅为26449.9亿元，4月的社会消费品零售总额仅为28177.8亿元。但是随着疫情得到了有效控制，2020年5月份，社会消费品零售总额环比增加了13%，同时后续也呈现一个稳中有增的趋势，2020年10月份，社会消费品零售总额为38576.5亿元，同比增长了4.3%，环比增长了9%。

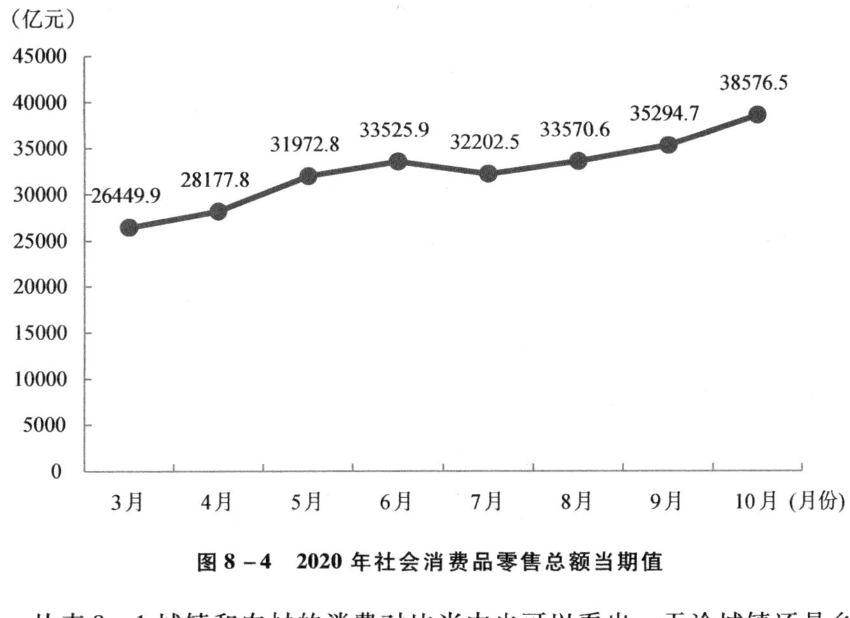

图8－4 2020年社会消费品零售总额当期值

从表8－1城镇和农村的消费对比当中也可以看出，无论城镇还是乡村都受到了疫情的影响，3月份时城镇的社会消费品零售总额为22974亿元，乡村的社会消费品零售总额为3475.9亿元，4月份时城镇的社会消费品零售总额为24557.7亿元，乡村的社会消费品零售总额为3620.1亿元，很明显低于5月份及以后的社会消费品零售总额。从环比数据以及同比数据当中也可以看出，3 月份城镇的社会消费品环比增长为 -29.75%，同比为 -15.9%，受到了疫情的影响，消费水平明显下降。乡村社会消费品零售总额处于相同的态势，但是从疫情结束之后，也就是 5 月之后环比数据一般为正，同比数据当中的负数也在慢慢缩小，在 10 月份时达到正数。疫情结束之后，不管是城镇还是乡村，社会消费品零售总额呈现递增的状态。

表 8-1　　社会消费品零售总额分类

指标	3 月	4 月	5 月	6 月	7 月	8 月	9 月	10 月
城镇社会消费品零售总额（亿元）	22974	24557	27880	29051	28025	29272	29272	33498
环比增长	-29.75%	6.89%	13.53%	4.20%	-3.53%	4.45%	3.17%	10.29%
同比增长	-15.90%	-7.75%	-2.80%	-2.00%	-1.10%	0.50%	3.20%	4.20%
乡村社会消费品零售总额（亿元）	3475.9	3620.1	4091.8	4474.3	4177.5	4297.9	5094.6	5078.5
环比增长	-39.53%	4.15%	13.03%	9.35%	-6.63%	2.88%	18.54%	-0.32%
同比增长	-15.10%	-7.70%	-3.20%	-1.20%	-1.30%	0.70%	4.00%	5.10%

从表 8-2 中可以看出，在疫情时，即 3 月和 4 月，网上零售额处于一个较低的增长甚至是下降的状态，3 月份仅为 -0.8%，4 月份仅为 1.7%。而在网上零售额当中，实物类商品的零售额却在疫情期间处于一个较低的增长状态，而在疫情之后，网上零售额实现了一个较为高速的增长，也就是疫情刺激网上零售额的增加。

表 8-2　　网上零售额及其分类

指标	3 月	4 月	5 月	6 月	7 月	8 月	9 月	10 月
网上零售额累计值（亿元）	22168	30698	40175	51500	60785	70325	80064	92175
网上零售额累计增长	-0.8%	1.7%	4.5%	7.3%	9.0%	9.5%	9.7%	10.9%
实物商品网上零售额累计值（亿元）	18535	2575	33738	43480	51017	58650	66476	75619
实物商品网上零售额累计增长	5.90%	8.60%	11.50%	14.30%	15.70%	15.80%	15.30%	16.00%

综上所述，因为疫情的影响，社会消费品零售总额受到了一定程度的影响，但是在疫情之后，又接着恢复了较为高速的增长。其中城镇和乡村是受到了同样的影响，网上商品零售额当中起重要作用的是实物类商品零售额，总体呈现下降的态势，但是疫情结束之后，随着国家经济政策的实施和刺激，总体又开始呈现稳中有增的态势。

二、餐饮和旅游业发展状况

（一）餐饮业的发展状况

1. 餐饮业自身发展

中国改革开放30年以来，餐饮行业一直是拉动中国需求消费增长的重要力量。餐饮业是保障民生的基础性服务业，在饮食消费升级、促进就业和推动经济发展等方面有着重要的作用。它具有服务消费和商品消费的双重功能，具备产业关联度高和吸纳就业人员多的特点，能够有效地带动其上下游行业的发展，促进文化、娱乐、旅游和休闲等消费。因此，除了餐饮业本身对社会经济带来的推动，还可以通过带动其他产业发展提高社会的综合效应。

从餐饮业自身发展而言，2015—2019年，消费的第一大支出项目是食品消费支出，平均占比为29.6%（刘彤，2020）[63]。此外，中国人口基数大的特征以及人民生活水平不断上升导致的食物消费需求的提高为餐饮业的发展打下了坚实的市场基础。2015—2019年，餐饮行业的收入一直呈现增长的趋势。2019年，全国餐饮收入达到46721亿元，实现了又一新突破，为我国的经济增长作出了重要贡献。

2015—2019年，我国限额以上餐饮业营业额呈现持续增长状态（王瑞莲，2020）[64]。2019年增长率达到了最高值16.6%，平均年增长率约为7.9%。就限额企业而言，2015—2018年年末从业人数基本维持在222万人左右。到了2019年，从业人员数量有了明显增加，从原来的222万人增至252.8万人，主要原因可能是整个餐饮行业的规模有所扩大。

在2019财年的中国各省餐饮收入排行中，山东省以4430.46亿元继续位列第一名，同比增长 10.90%，餐饮收入占比为 6.23%。广东、江苏（含住宿）、河南、四川、浙江、河北、湖南、湖北（含住宿）、辽宁分别位列第二至第十名，餐饮收入分别为 4307.20 亿元、3728.95 亿元、3243.70 亿元、3155.30 亿元、2972 亿元、2947.53 亿元、2146.50 亿元、1896.25 亿元和 1776.70 亿元，同比增长分别为 11.00%、8.70%、12.60%、12.40%、9.40%、11.20%、11.70%、8.50% 和 7.50%，餐饮收入在 GDP 中占比分别为 6.23%、4.00%、3.74%、5.98%、6.77%、4.77%、8.40%、5.40%、4.14%、7.13% 和 5.40%。2019 年全国的餐饮收入为 46721 亿元，比去年增长 9.4%，排名前十的省份总餐饮收入占 2019 年总餐饮收入的 65.5%，省份间差异较为明显，也成为影响地方经济的重要因素。

表 8－3　　2019 财年餐饮收入排名前十的省份

序号	省份	餐饮收入（亿元）	同比增长（%）	GDP 收入（亿元）	餐饮收入比（%）
1	山东	4430.46	10.90	71065.50	6.23
2	广东	4307.23	11.00	107671.07	4.00
3	江苏（含住宿）	3728.95	8.70	99631.53	3.74
4	河南	3243.70	12.60	54259.20	5.98
5	四川	3155.30	12.40	46615.82	6.77
6	浙江	2972.00	9.40	62352.00	4.77
7	河北	2947.53	11.20	35104.50	8.40
8	湖南	2146.50	11.70	39752.12	5.40
9	湖北（含住宿）	1896.25	8.50	45828.31	4.14
10	辽宁	1776.70	7.50	24909.50	7.13

2019 年，餐饮业限额以上的内资企业共有约 2.9 万家，占餐饮行业总注册法人企业的 96%，其余的 4% 则包括港、澳、台商投资企业以及外商投资企业。而这 4% 的餐饮企业创造了餐饮业 29% 的营业额。总体而言，我国餐饮业主要以内资企业为主，但港、澳、台商投资企业以及外资企业能够更好地拉动国内消费需求。

2. 促进就业

餐饮市场规模的扩大增强了对就业的吸纳能力。根据2020年餐饮业统计年鉴显示，2019年年末，我国限额以上登记注册的餐饮企业法人单位共2.99万个，提供就业岗位252.8万个。就目前可得的2017年统计数据而言，餐饮和住宿业职工平均月工资约为3813元，远低于所有行业职工平均月工资6193元。在所有行业职员月工资中排倒数第二位，仅高于农林渔牧业员工的平均月工资。尽管平均工资并不高，但从业员工人数仍然呈现上升趋势，属于劳动密集型产业。2019年，我国限额以上登记注册的国有企业有253家，为国家提供了2.18万个就业岗位，年销售营业额为43.1亿元。全部类型的私营企业共有注册的法人企业约2.2万个，提供了116.8万个就业岗位，年销售营业额为3091.7亿元。国有企业一般规模较大，平均提供的就业岗位数以及营业额都较私营企业多。

3. 带动相关产业发展

与此同时，餐饮行业带动了上游的农林渔牧等第一产业的发展，也带动了传统关联产业旅游业和住宿业的发展以及下游包括新兴的外卖行业和电商行业的蓬勃发展。

餐饮业作为产业链的中上游产业，对于第一产业包括农业渔业以及一些相关食品加工业存在着带动作用。以直接耗用系数为衡量标准，对餐饮行业依赖程度的第一到第十名如表8-4所示，分别为10.45%、5.56%、4.48%、4.11%、3.68%、2.98%、2.84%、2.83%、2.23%以及2.22%。餐饮业与食品工业紧密相关，食品工业的发展离不开餐饮业的需求，餐饮业的发展也离不开食品工业的原材料支持。

表8-4　对餐饮业依赖程度排名前十的行业

依赖程度排序	行业	直接消耗系数（%）
1	农业	10.45
2	电力热力的生产和供应业	5.56
3	酒精及酒的制造业	4.48

续表

依赖程度排序	行业	直接消耗系数（%）
4	零售业	4.11
5	屠宰及肉类加工业	3.68
6	植物油加工业	2.98
7	石油和天然气开采业	2.84
8	渔业	2.83
9	水产品加工业	2.23
10	燃气生产和供应业	2.22

餐饮业的繁荣发展对于发展当地的经济具有重要作用，也可以带动第一产业发展，并进一步延伸餐饮行业的产业链实现一产业发展带动多产业发展从而推动经济发展的作用。

随着近年来科学技术的不断发展，各类电子产品成为消费的主要形式，餐饮业与互联网产业的结合成为当下的新形势。各类商家积极进行服务优化，外卖从原本的单一类型转化为多元外卖配送，品质更有保障，外卖市场也呈现迅猛的发展状态。近年来，我国外卖行业的营业额持续增加，所占比重也越来越高。2019 年，外卖的营业收入为 6035 亿元，相比 2015 年的 1348 亿元，同比增长 30.8%。

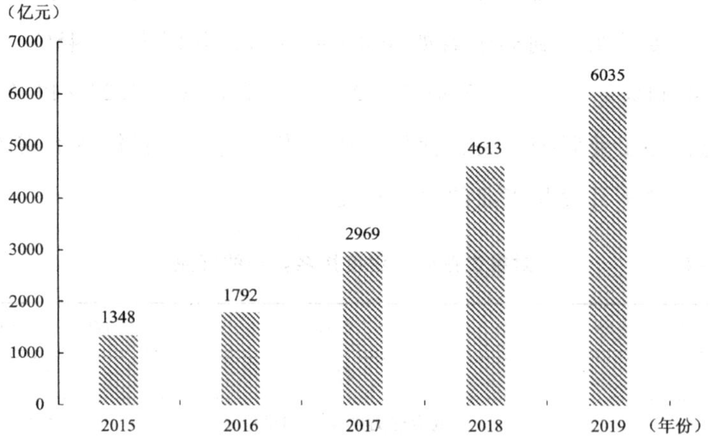

图 8－5　2015—2019 年中国外卖行业市场交易额

外卖行业的市场渗透率一直呈现上升趋势，从 2015 年的 4.2% 增长到 2019 年的 13%，4 年间提升了 8.8 个百分点。外卖成为餐饮行业新的发展模式。

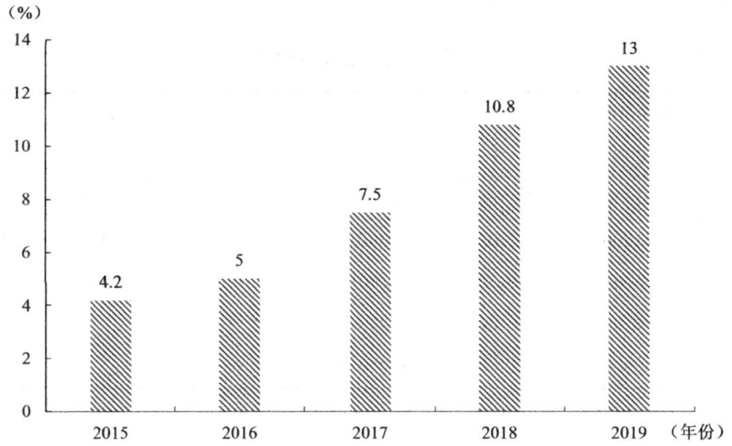

图 8-6 2015—2019 年中国外卖行业市场渗透率

以上主要从餐饮业自身规模持续增长、促进就业以及带动相关产业发展三个方面论述了餐饮业对经济发展的强大助推作用，因此，餐饮业应该从自身需求和消费点出发，通过自身发展提高就业并拉动经济，从而实现其综合价值。

（二）旅游业的发展状况

1. 旅游收入分析

旅游业作为第三产业服务业的重要支柱，是以自然资源与人文景观为主要观赏目的的综合性行业。在现代，经济不断发展和人民可支配收入日益以及消费能力增加，人们文娱精神需求也逐年增加并丰富，其中旅游业以其跨区域性和无实物性区别于其他产业带来的无形经济效应。但是正是这样一个“无烟化”的精神文化产业，从初始的新兴行业逐步稳健发展，从成长期逐渐过渡至成熟期，在一些工业、制造业欠发达的省市地区甚至以此作为战略性支柱产业，优先发展旅游业吸引外来投资带动经济。旅游业的发展也使自然以及人文风光作为城市名片打开省市知名度，发展当地经济。

表 8-5 为我国近五年的旅游业发展大体情况，从行业国内旅游收入与国际旅游收入汇总的总收入来看，近年来旅游业的平均发展增速已逐步稳定在 12.26% 左右，从高速发展阶段逐渐转向成熟阶段。其中旅游业收入与国内生产总值的变动趋势如图 8-7 所示。

表 8-5　　　　我国旅游产业收入情况

年份	旅游业收入（亿元）	增长率（%）	国内旅收入（亿元）	增长率（%）	国际旅收入（亿美元）	增长率（%）
2015	41300	11.00%	34195.05	13.00%	1136.50	7.80%
2016	46900	13.56%	39390.00	15.19%	1200.00	5.59%
2017	54000	15.14%	45660.77	15.92%	1234.17	2.85%
2018	59700	10.56%	51278.29	12.30%	1271.03	2.99%
2019	66300	11.06%	57250.92	11.65%	1312.53	3.27%

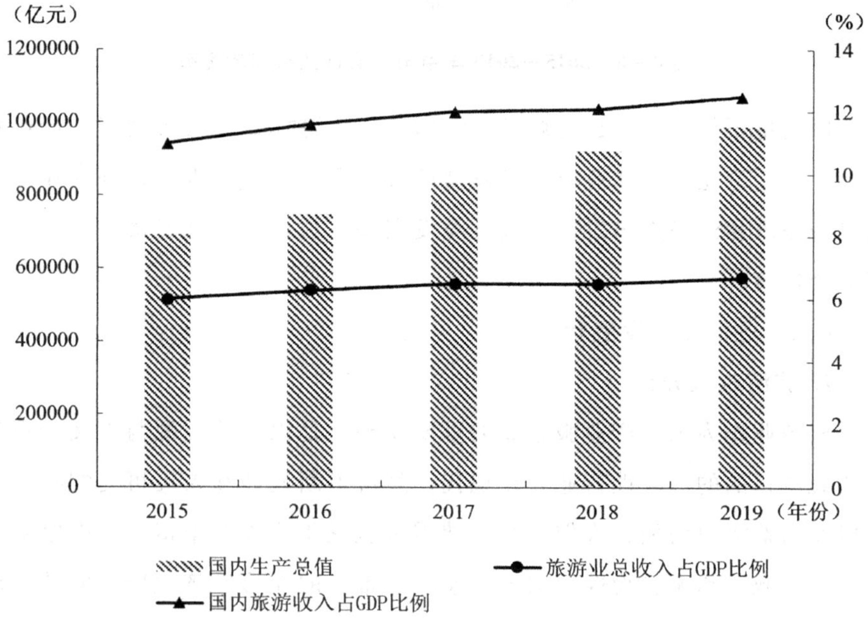

图 8-7　旅游业收入占 GDP 总量比值变动趋势

2. 旅行社发展情况

在旅游产业中，发展显著与产业转型的变化则是在线旅行社 OTA 的出现，极大程度上满足了消费者的咨询便利以及解决供应商的成本问题。并且 OTA 的发展也随着旅游业市场整体的发展而迅速增长，从图 8－8、图 8－9 可见国内旅行社发展数量变化以及 OTA 的发展趋势。

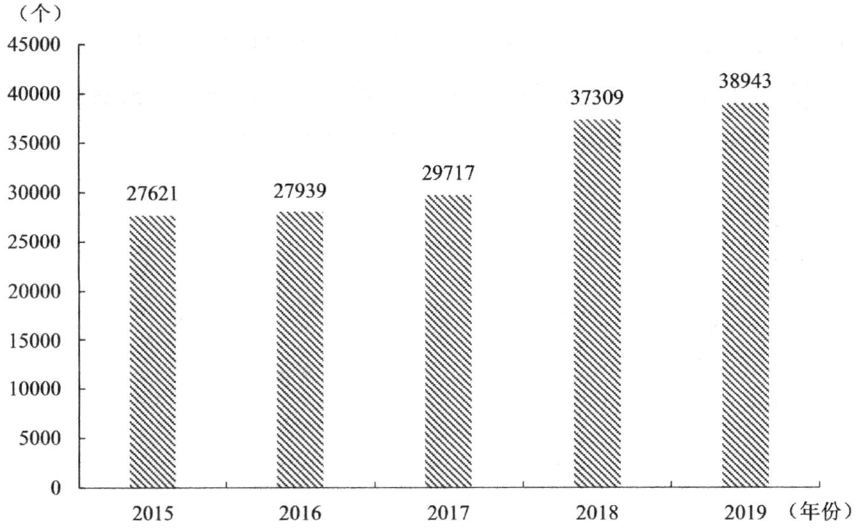

图 8－8　旅行社整体发展情况

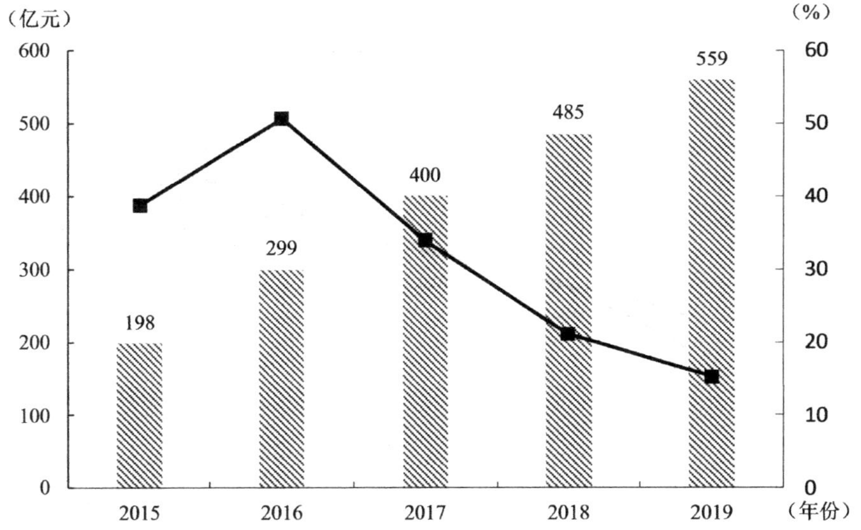

图 8－9　在线旅行社发展情况

作为中国旅游产业经济的重要组成部分，入境旅游和出境旅游是衡量国家综合实力、旅游发展水平、人们生活水平的重要标志。由图 8-10、图 8-11 的变化趋势可以看出，我国入境旅游市场近五年来发展较为稳定，由于我国经济实力、综合国力的逐步提升，境外客源逐渐稳定，入境需求增加，使旅游业市场进一步发展得到提升。而在出境旅游趋势中发现，出国浪潮的余温仍在，出境旅游需求仍在增加，保持良好的增长趋势，但涨幅较从前有所减缓，国内旅客的消费行为逐渐趋于理性。

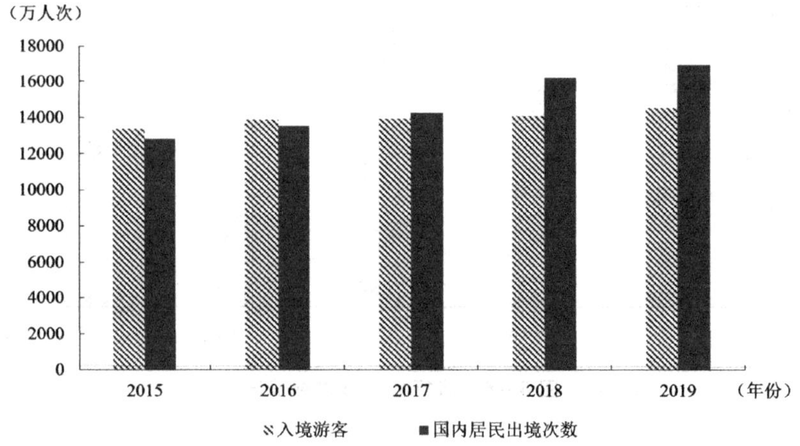

图 8-10　近年游客出行趋势

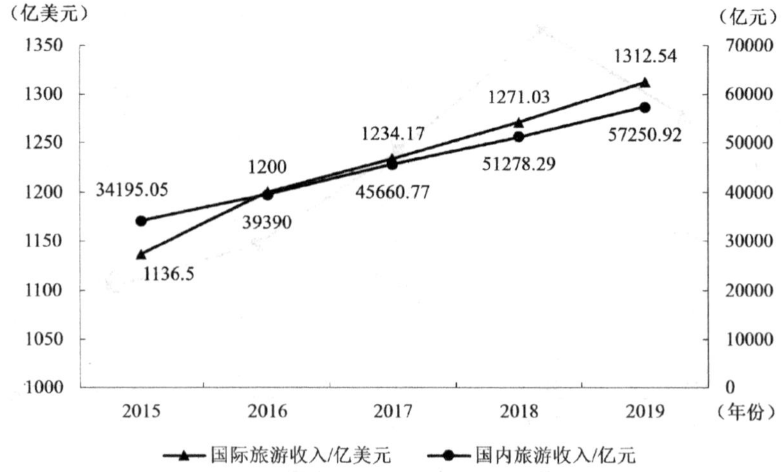

图 8-11　近年旅游收入情况

三、交通运输业发展状况

（一）供给面分析

1. 综合运输网络日趋完善，路线质量仍有上升空间

交通运输业是我国国民经济中的先行和基础行业，为我国消费升级和产业升级提供基础设施。目前，我国交通运输体系由铁路、公路、水路（内河、沿海和远洋）、民用航空和油气运输管道五种现代运输方式组成。

目前，我国交通运输业进入高速发展的阶段，交通基础设施网络日益完善。由表 8 -6 可知，截至 2019 年，我国综合交通运输体系日趋完善，铁路营业里程为 13.99 万公里，公路里程为 501.25 万公里，内河里程为 12.72 万公里，民航里程 948.22 万公里，国际航线里程为 401.47 万公里，管道运输里程为 12.66 万公里。

表 8 -6　　我国各计划年度末各类运输方式里程表　　单位：公里

单位	铁路营业里程	国家铁路电气化里程	公路里程	内河里程	民航里程	国际航线里程	管道里程
2000（“九五”计划末）	68700	14860	1679800	119300	1502880	508400	24650
2005（“十五”计划末）	75438	19400	3345200	123300	1998500	855900	44000
较 2000 年增幅（%）	9.81	30.55	99.14	3.35	32.98	68.35	78.50
2010（“十一五”计划末）	91178	32717	4008229	124242	2765147	1070167	78497
较 2010 年增幅（%）	32.67	128.47	14.20	2.22	92.29	123.74	38.48
2016	123992	80310	4696263	127099	6348144	2828015	113366
2017	126970	86553	4773469	127019	7483033	3245859	119288
2018	131651	92185	4846532	127126	8379833	3598911	122299
2019	139926	100447	5012496	127298	9482204	4014686	126600
较 2015 年增幅	15.67	34.38	9.51	0.23	78.33	67.67	16.46

在“十三五”期间，我国农村公路里程达到 404 万公里，通硬化路乡镇和建制村分别达到 99.6% 和 99.5%。我国国家铁路电气化里程在“十一

五”和“十二五”期间的增幅分别为 68.84% 和 128.47%，这十年也正是我国动车、高铁迅猛发展的十年，是铁路科技高速发展的十年（代晓敏和高志刚，2020）[65]。到目前为止，我国“四纵四横”高铁网络提前建成，铁路电气化进程速度逐步放缓，2019 年其增幅稳定在 34.38%。在“十二五”期间，我国民航里程和国际航线里程增幅分别为 92.29% 和 123.74%，在“十三五”期间仍保持较快增幅，但是由于受到中美贸易摩擦等原因，国际航线里程增幅有了大幅度的下降。

表 8－7 显示了不同年份我国公路里程中高速公路、一等公路、二等公路和等外公路的比例。首先，从 2000 年到 2019 年我国高速公路、一等公路的比例分别上升了 1.82 个和 1 个百分点，而二等公路、等外公路的比例分别下降 2.80 个和 7.05 个百分点。以上结果说明，我国公路网络结构得到优化，质量得到提升，也可以从侧面体现我国的工程技术的进步。但是，在公路中，二等公路和等外公路的比重仍较大，公路质量还有不少提升空间。

表 8－7　我国各类公路占比表

年份	2000	2005	2010	2015	2017	2019
高速公路	1.16%	2.12%	1.85%	2.70%	2.86%	2.98%
一级公路	1.43%	1.99%	1.61%	1.99%	2.20%	2.34%
二级公路	10.88%	12.77%	7.70%	7.87%	7.97%	8.09%
等外公路	13.31%	17.55%	17.55%	11.60%	9.11%	6.26%

图 8－12 显示了我国 2000—2019 年复线里程、电气化铁路里程和高铁里程的变化，我国电气化铁路和高铁里程占全部营业里程的比例越来越高。电气化里程占比从 2000 年的 25.34% 上升至 2019 年的 76.12%，共增长 50.78 个百分点。高铁里程占比从 2006 年的 1.05% 上升至 2019 年的 26.83%，共增长 25.78 个百分点。由此可见，我国铁路质量逐年提升，行业国际竞争力得到增强。

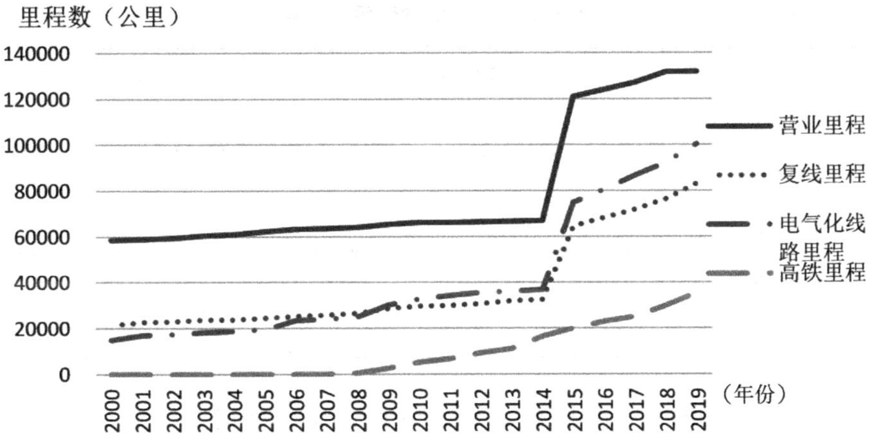

图 8-12　我国各类铁路里程统计

2. 交通投资持续稳定向好，公路铁路运输重点发展

回顾近 20 我国交通运输业固定资产的投资状况，我国交通运输业固定资产的投资额基本都在稳步增长，“十二五”“十三五”期间趋于稳定，增长率在 15% 左右，但是 2018 年与 2019 年固定资产投资额增长率有所回落，在 5% 左右，这可能与近两年我国经济下行，投资不足有关。相比较其他行业，交通运输业受到的经济冲击并不大，各地区也正大力建设交通基建项目，如城市轨道交通、机场等（周新军，2011）[66]。

我国的交通运输业投资主要是集中于道路运输业和铁路运输业两个方面，道路运输业与铁路运输业主要是针对国内需求的供给。道路运输业固定资产投资在整个交通运输业固定资产投资的 50% 至 80%，并且呈上升态势。铁路运输业固定资产投资在整个交通运输业的 12% 至 30% 之间波动，并且近年呈下降趋势。

为了缓解交通运输业在供需之间的矛盾，我国不断增加对于交通运输基础设施的投资额，为国民经济的发展与转型打下坚实的基础。近十年来，我国交通运输业固定资产投资额占全社会固定资产投资的比重保持到 7% 以上，到 2019 年达到 10.45%，说明在我国固定资产投资高速发展的 20 年，我国交通运输业的发展一直是在稳中求进，与其他国民经济产业共同发展。

表 8－8　　　我国交通运输业投资额占比表

	2000 年	2005 年	2010 年	2015 年	2016 年	2017 年	2018 年	2019 年
交通运输业固定资产投资（亿元）	2269	8010	23454	40835	45331	52939	55754	58586
全社会固定资产投资（亿元）	32918	88774	278122	562000	606466	641238	645675	560874
交通运输业占比（%）	6.89	9.02	8.43	7.27	7.47	8.26	8.64	10.45

3. 各区域间密度差异明显，中东部明显优越于西部

我国交通网络密度地区之间差异较大，东部地区交通网络密度明显优于西部地区。表 8－9 显示了我国 2000—2019 年不同地区铁路、公路和内河密度分布。在表 8－9 中，各地区铁路密度的标准差从 2000 年的 170.25 下降到 99.74，说明地区之间的差异有所减小，但差距仍然比较大。各地区公路密度标准差从 2000 年的 1232.23 上升到 4596.63，说明地区之间的差异越来越大。

表 8－9　　　我国各地区铁路、公路、内河密度表

铁路密度（公里/百平方千米）						
地区	2000 年	2005 年	2010 年	2015 年	2017 年	2019 年
华北地区	82.48	101.87	125.82	170.19	177.27	188.08
东北地区	152.82	169.88	178.76	216.47	218.13	232.66
华东地区	116.09	164.79	201.37	288.57	298.94	342.61
华中地区	118.59	168.69	200.77	246.11	254.58	304.78
华南地区	65.00	115.02	147.24	226.35	230.71	243.53
西南地区	27.35	36.25	42.23	55.00	62.59	65.38
西北地区	27.79	32.41	44.59	57.59	62.03	68.15
标准差	44.23	55.46	62.86	84.49	85.49	99.74

续表

公路密度（公里/百平方千米）						
地区	2000 年	2005 年	2010 年	2015 年	2017 年	2019 年
华北地区	1314.70	1607.73	3086.16	3468.09	3682.91	3767.30
东北地区	1662.82	2168.58	4364.00	4833.45	4981.47	5077.24
华东地区	3548.82	5280.98	11295.54	12808.34	13248.98	14224.18
华中地区	3243.33	4583.62	12029.36	13112.27	13759.75	14156.67
华南地区	3842.76	4411.16	6959.16	8019.47	8300.51	8360.36
西南地区	1217.20	1744.77	3414.88	4060.66	4260.98	4593.52
西北地区	427.17	733.91	1620.89	1921.11	1986.17	2078.27
标准差	1232.23	1647.99	3822.07	4202.94	4374.29	4596.63
内河密度（公里/百平方千米）						
地区	2000 年	2005 年	2010 年	2015 年	2017 年	2019 年
华北地区	11.91	19.02	19.02	19.02	19.02	19.02
东北地区	97.16	88.82	88.40	88.40	88.40	88.40
华东地区	570.86	661.19	662.23	664.59	664.03	662.63
华中地区	325.85	370.86	372.27	377.76	377.76	378.73
华南地区	438.40	391.10	391.54	404.47	134.44	403.60
西南地区	50.99	87.78	90.69	96.55	96.81	98.21
西北地区	9.90	7.63	8.10	9.07	9.20	9.20
标准差	211.43	228.60	228.75	230.52	221.51	229.83

从各地区的铁路密度来看，2000 年东北地区的密度最高，达 152.82 公里/百平方千米，到 2019 年华东地区占据显著优势，其铁路密度为 342.61 公里/百平方千米，象征着东北地区的没落和华东地区的崛起；至 2019 年，华东和华中地区的公路密度居第一、第二，分别为 14224.18 公里/百平方千米、14156.67 公里/百平方千米，约是西北地区的 6.84 倍。华中地区处于我国交通枢纽位置，所以其交通网络密度大；而东部地区则是由于经济发达，交通网络与经济发展相辅相成。

就各地区交通发展速度来说，得益于“西部大开发”等政策，西部地区的铁路密度发展较快，2000—2019 年铁路密度增长了 1.45 倍，公路密度增长 3.40 倍，是各地区中增长最快的，说明我国西部开发政策具有一定的成效。

（二）需求面分析

1. 客运需求总体保持稳定，便捷高效出行需求增加

图 8 - 13 显示了 2000—2019 年我国各类交通出行方式的客运量，自 2013 年以来，我国各类交通方式的出行需求逐渐保持稳定，稳定在 180 亿人次左右。在各类出行方式中，公路出行方式占比仍保持首位，但是其占比从 2000 年的 91.13% 下降至 2019 年的 73.91%。铁路出行方式占比占我国第二名，占比从 2000 年的 7.11% 上升至 2019 年 20.79%。占比排名第三的是民航出行方式，其占比从 2000 年的 0.45% 上升至 2019 年的 3.75%，说明我国居民的出行方式日趋多样化。

结合图 8 - 13 和表 8 - 10，自 2008 年以来，高铁客运量占铁路客运量的比重逐年上升，到近两年已经超过 60%，并且仍具有上升的空间。除此之外，民用航空的客运量占同客运量比重也会逐年攀升。由此可见，我国居民在出行时会选择一些更便捷、高效和舒适的方式，比如高铁和飞机。

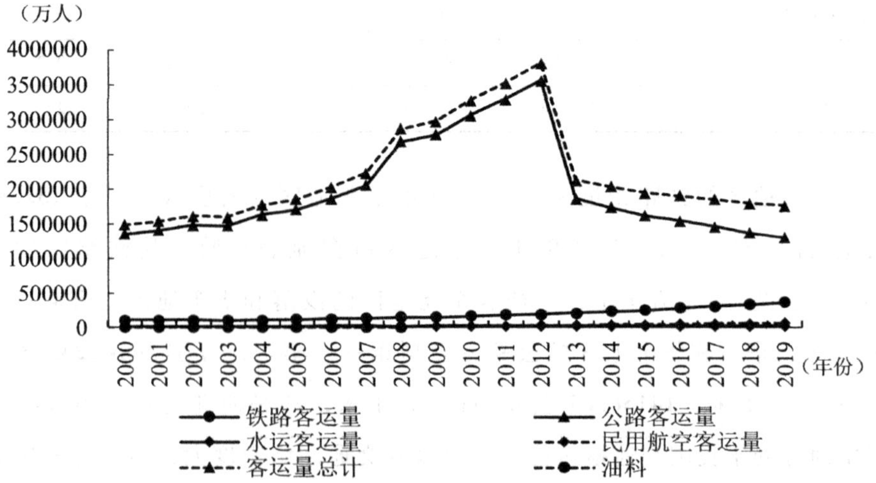

图 8 - 13　2000—2019 年各类交通出行方式客运量统计

表 8－10　　2008—2019 年我国高铁客运量表

年份	客运量（万人）	占铁路客运量比重（%）
2008	734	0.50
2009	4651	3.05
2010	13323	7.95
2011	28552	15.33
2012	38815	20.50
2013	52962	25.15
2014	70378	30.54
2015	96139	37.93
2016	122128	43.40
2017	175216	56.82
2018	205430	60.87
2019	235833	64.43

2. 货运结构不断调整优化，多式联运发展空间巨大

据图 8－14 可知，近年来，我国货运结构不断调整，虽然公路运输仍占比超过 70%，但是水运货运量占比有所上升。2019 年全年共完成货运量 4713624 万吨，其中铁路货运量占比 9.31%，比上年度下降 1.5 个百分点；公路货运量占比 72.88%，比上年度下降 3.91 个百分点；水运货运量占 15.85%，较上年增加 2.21 个百分点。由此可见，我国运输结构向着成本更低、更环保的方向发展。

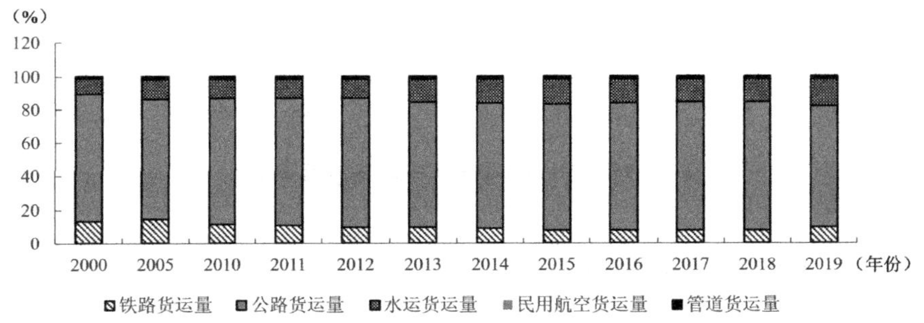

图 8－14　2000—2019 年各类交通出行方式货运量统计

近几年，我国物流模式正在不断革新，国家正大力支持多式联运发展。随着“运贸一体化”和“仓贸一体化”模式的应用，多式联运服务延展更广，多式联运在存量市场基础上，带动增量需求的效应也开始显现。图8－15显示了我国2012—2018年多式联运的发展状况，自2015年我国颁布《关于开展多式联运示范工程的通知》以来，我国多式联运货运量逐年上升，从2012年的8.55亿吨上升职2019年的12.97亿吨，其占总货运量的比重也从2.09%上升到2.91%，仍低于3%。根据交通运输部等18部委联合发布的《关于进一步鼓励开展多式联运工作的通知》的要求，我国将力争实现2020年多式联运货运量比2015年增长1.5倍，据此计算，2020年我国多式联运货运量将达到30.28亿吨。但是，就2018年的状况来看，我国2019年难以完成以上目标。对比发达国家，其主要港口海铁联运占比达50%。因此，我国的多式联运发展仍有巨大的发展空间，与发达国家仍有较大的差距。

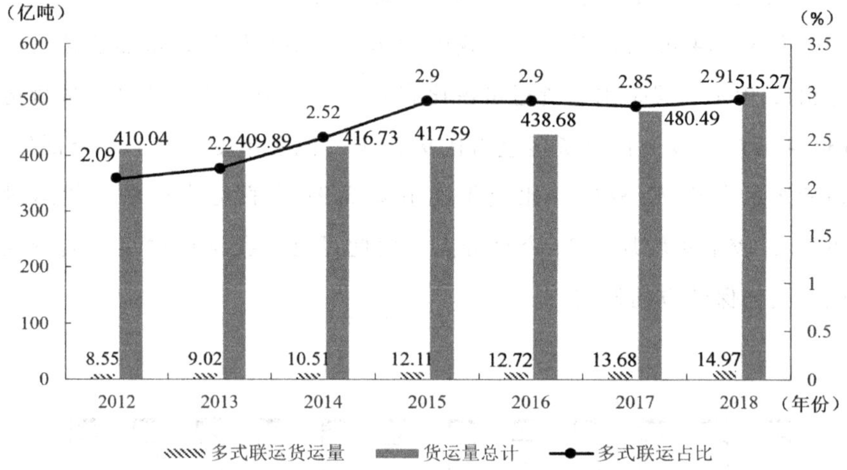

图8－15 2012—2018年多联货运运量统计

四、租赁和商务服务业

（一）租赁业

租赁业包括机械设备经营租赁、文体设备和用品出租、日用品出租。

本书将金融业与租赁业联合起来研究双循环视角下融资租赁行业的服务优化升级。

随着社会经济的高度发展，融资租赁业发展状态良好。20 世纪 80 年代初期，我国融资租赁行业破土而出的标志是融资租赁业务首次在我国出现。由于 20 世纪 80 年代初期到 90 年代中期融资租赁行业受到了政府相关部门的支持与鼓励，发展规模迅速扩大。从 2014 年至今，针对融资租赁行业相继出台了一些管理办法，对行业发展起到了一定的指导作用。从当前我国融资租赁行业发展状况来看，融资租赁业务和规模仍在不断发展扩大。

我国融资租赁企业大致分为以下三类：首先是银行系金融租赁公司。此类企业最大优势在于可以获得充足的资金支持，因为其资金端以银行股东为依托，且融资成本相对较低。而在资产端，租赁公司不用为客户来源而发愁，其业务主要布局在交通、传播、大型设备等重资产行业。此类企业劣势也由出身所决定，绝大多数银行系融资租赁公司在融资租赁专业业务能力方面有所欠缺，专业人员不足、业务体系信贷化等矛盾突出。

专业化厂商系融资租赁公司企业发起力量大多为设备制造厂商，定位于“协助设备商拓展销售市场”，因此更贴近租赁业务“以融物方式实现融资的目的”之本质。其优势在于拥有大量的产业客户资源，根植整个上下游产业链，兼具技术优势和金融属性。业务拓展主要在经营体系内部及相关客户群体，在机械领域、医疗领域、汽车领域及电力设备领域等有丰富的融资租赁经验，竞争实力加强，专业化厂商系融资租赁大多业务为直租模式，与其他信贷化回租业务形成差异化。此类企业发展主要劣势在于，系统内产品体系与客户对专业化厂商系融资租赁发展有一定的限制，行业壁垒较高，服务对象有一定的局限性，服务行业相对单一。

独立第三方系融资租赁股东大部分都是大型外贸、物流及综合型企业，其主要依靠股东提供的资源，资产布局行业主要有医疗设备、工程机械、教育、印刷等中小型企业，涉及的行业种类较为丰富，基本具备全行业作业、全国作业的基础条件。但是与银行系及专业化厂商相比，独立第三方系融资租赁发展最大掣肘点在于资本实力相对薄弱，没有明确的市场定位，融资渠道比较单一等方向。未来的转型方向在于明确的战略引领、拓展直接融资间接融资等多方市场，以及体系化规范化作业模式的构建，只有如此才能形成企业长久发展的经营基础和内生逻辑，方有机会在金融逐步开放的市场中占据一席之地。

近年来，我国的租赁业扩张迅速，已发展成为仅次于美国的世界第二大租赁国。截至 2018 年年底，我国的租赁业务总量已经达到 2544.2 亿美元，而美国租赁业务总量为 4284 亿美元。2014—2017 年，与英国、美国等发达国家的业务增速相比，我国租赁业务量增速远高于他们，且均超 20%；2018 年我国租赁市场业务量从 2017 年的 2656.8 亿美元下降 4.254% 至 2544.2 亿美元，增速由正转负，我国租赁行业进入增长放缓发展时期。另外，与美国等发达国家相比，虽然近年来我国租赁市场渗透率缓慢上升，但仍有很大的空间可以提升。2018 年美国租赁市场渗透率为 21.5%，英国为 32.9%，而我国租赁市场渗透率（即当年租赁市场业务量/当年固定资产投资额）较低，仅为 6.9%，仅略高于日本的 5.2%。

2019 年融资租赁公司扩张速度有所放缓。一方面因为监管体制的调整和转移，新企业的审批进度处于停滞状态，相关政策仍在探索中；另一方面因为宏观经济不景气，租赁行业的信用风险增加，融资成本上升，企业扩张步伐放慢，因此与 2011—2016 年的迅速发展期相比，融资租赁企业数量增速明显下降，步入了增长放缓期。2019 年年底我国融资租赁公司总数量为 12130 家，比 2018 年年底的 11777 家增长 3%，年增长速度由 29.56% 降至 3%。截至 2020 年 3 月底，金融租赁公司数量为 70 家，占 0.58%；内资租赁公司仅 406 家，占比 3.34%，公司总数为 12145 家；而外资租赁公司有 11669 家，行业公司数占 96.08%，是我国租赁行业的主要组成部分。

在 2019 年业务规模的增速已有所放缓的基础上，加上 2020 年受到疫情影响，租赁行业及其投向行业复工较晚，短期内业务受到一定的冲击。从业务合同余额来看，截至 2020 年 3 月底，全国融资租赁合同余额从

2019 年年底的 66540 亿元下降了 2.80%，即下降 1860 亿元至 64680 亿元人民币。其中金融租赁企业的业务总量 25030 亿元，内资租赁企业的业务总量为 20190 亿元，外资租赁企业的业务总量为 19460 亿元，它们的业务总量占比分别 38.70%、31.22%、30.09%。

（二）商务服务业

商务服务业包括法律服务、企业管理服务、广告业、咨询与调查、人力资源服务等。本书以人力资源服务行业为代表来分析。

中国是劳动力资源大国，人力资源服务业具有劳动密集配置的特点。在数据的推动下，劳动力市场变化颇大。首先，从需求上看，正从数量型向质量型快速转变。也就是说，相当多劳动者将向技能、知识、创新方向转型，其中贫困地区的劳务力将从体力型到技能型快速转型。向外输出占全国农民工新增 50% 以上的是贫困地区的劳动力。其次，从供给上看，正在从无限供给向有限供给的快速转变。2010 年，农民工新增 1245 万人，以后逐年回落，2019 年仅新增 214 万人。2020 年，职业技术院校的扩招，导致初高中的农村毕业生大量聚集在职业技术院校中，这样既能缓解就业压力，又能为经济高质量发展储备人力资源。最后，从劳动的形态上看，与网络相关服务等新业态的发展使大量新生代劳动者快速投入其中。

1. 人才招聘趋势

（1）企业招聘需求复苏，民企扩招趋势明显。

受疫情影响，2020 年上半年，六成左右企业表示减少、暂缓或冻结了招聘。随着经济复苏和政策红利，企业经营压力有所缓解，2020 年下半年有 35% 的企业表示扩大了招聘，企业招聘需求有所复苏。

从企业计划招聘的人员类型来看，销售、研发以及蓝领、一线服务人员仍是扩招的主要对象。另外，超半数企业针对职能人员采取减少、暂缓和冻结招聘的举措，职能人员用人需求受影响较大。高管人员、中层管理人员企业扩招比例较低，招聘计划较为保守。市场招聘趋势反映了企业在后疫情时期转型变革的背景下，对于直接的业务、研发和生产类岗位更为关注，而对于职能支持和管理类岗位，则采取以精简为主、提升效率的组织管理趋势。

从不同性质企业来看，56%的民营企业表示在2020年下半年扩大招聘趋势最为明显；61%的日资企业则预计在2020年下半年减少、暂缓或冻结招聘。

整体来看，民企在应对疫情带来的影响时表现得更为灵活。2020年上半年受疫情影响，近半数民营企业缩紧人员编制，在各类型企业中占比最高，2020年下半年随着内外部市场回暖，用人需求和招聘策略及时调整，民企扩招需求在各类型企业中最高。而日资企业的人员招聘策略则表现得更为谨慎和保守，2020年上半年疫情冲击下，仅16%的日企缩紧人员编制，2020年下半年经营逐步恢复，但扩招需求并不明显。

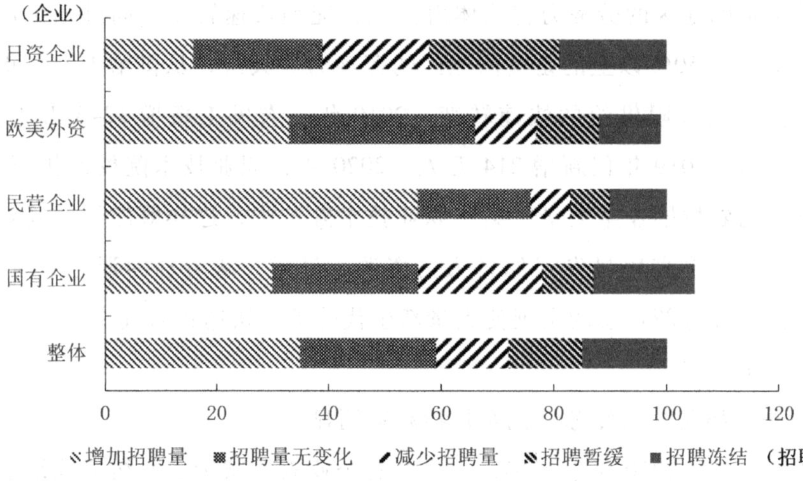

图8-16　2020年下半年不同性质企业招聘计划

（2）高科技企业招聘需求增加。

从不同行业企业来看，64%的高科技企业表示2020年下半年增加了招聘量，在各行业中扩招趋势最为明显，这和后疫情时期经济发展新动能的新基建拉动有关。新基建相关的技术技能人才，是高科技企业的热招岗位，同时也是招聘难度较大的紧缺人才。

2020年下半年，制造业、销售贸易/消费品等传统行业招聘计划受影响较大，有近半数企业表示2020年下半年减少、暂缓或冻结了招聘。在疫情的影响下，传统企业加速线上化和数字化转型，人员招聘需求以新兴技术和数字化人才为主，例如数字化营销、线上产品运营、视频直播等岗位人才。

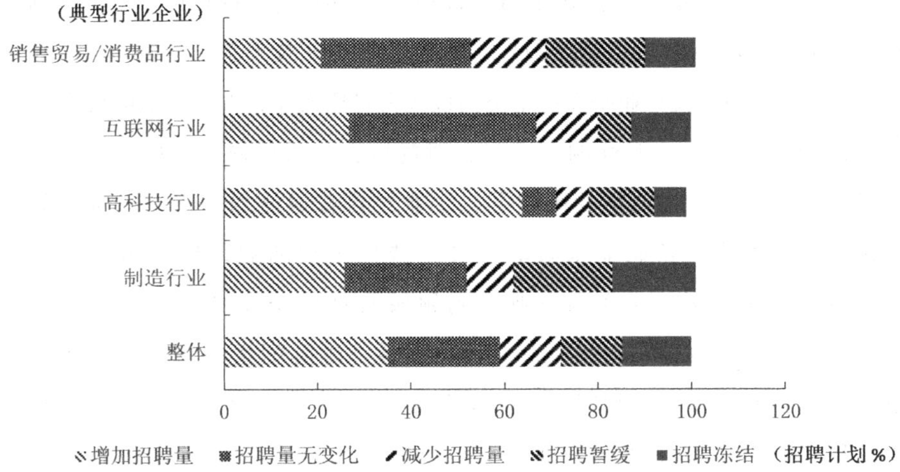

图 8－17　2020 年下半年典型行业企业招聘计划

2. 人才流动趋势

（1）2020 年上半年员工流动放缓。

从 2020 年受疫情影响人才整体流动趋势来看，员工流动更为谨慎。从具体离职率水平来看：2020 年上半年员工主动离职率平均为 7.5%，相比 2019 年上半年的 9.9% 有所降低。而 2020 年上半年的被动离职率平均为 3.3%，较 2019 年上半年的 2.6% 有所上升，这也意味着疫情期间，企业普遍实施控本提效，组织人员结构优化力度加大。

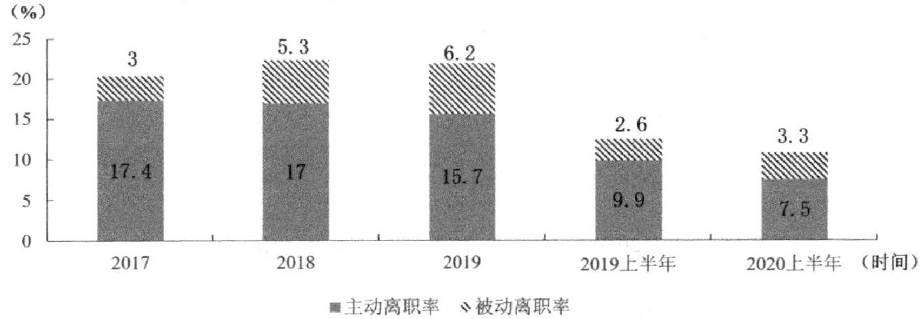

图 8－18　2017—2020 整体离职率

（2）个别行业员工主动离职率下降明显。

受疫情影响，各行业2020年上半年员工主动离职率除高科技行业略有提升外，其他行业的主动离职率相比2019年同期均有不同程度下降。受新基建、数字化经济等增长新动能拉动，以及西方国家技术垄断的影响，科技创新备受重视，高科技行业研发技术类岗位成为热招人才，人才流动依然活跃。

2020年上半年，互联网、汽车、消费品、交通运输行业员工主动离职率降幅较为显著。在疫情的影响下，企业经营普遍遭遇冲击，控本提效组织优化力度加大，招聘需求减弱，员工选择主动离职跳槽的风险有所增加，主动流动放缓。互联网行业不同领域及规模企业受疫情影响有所差异，游戏、线上教育、在线医疗、视频直播、生鲜配送等领域受到积极影响，相关领域人才流动相对活跃。但很多受疫情冲击较大、企业经营相对不太稳定的中小型互联网公司，员工离职多为组织人员优化下的被动选择，员工主动离职意愿下降，以求“稳”为主，整体来看，互联网行业员工主动离职率有所下降。

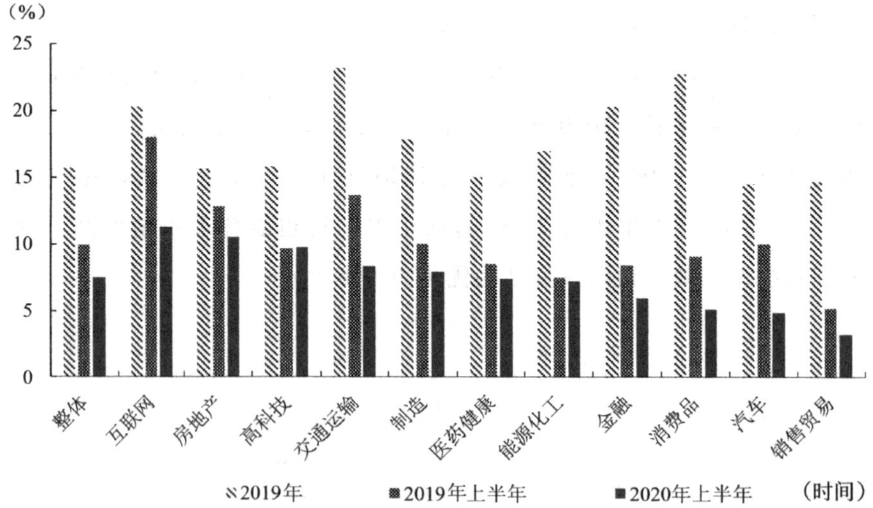

图8－19 2019—2020年上半年行业整体主动离职率

（三）租赁和商务服务业整体

租赁和商务服务业增加值当季值2020年第一季度比去年同期下降

6.88%，2020 年第二季度比去年同期下降 5.56%，2020 第三季度相对去年同期下降 4.85%。很显然，该行业的产值在经历疫情之后在逐渐回升。

表 8－11　　2019—2020 前三季度行业增加值表　　单位：亿元

指标	2019 年第一季度	2020 年第一季度	2019 年第二季度	2020 年第二季度	2019 年第三季度	2020 年第三季度
租赁和商务服务业增加当季值	7665.1	7137.9	7596.7	7174.4	8409.1	8001.0
租赁和商务服务业增加累计值	7665.1	7137.9	15261.8	14312.3	23670.9	22313.3

五、软件与信息技术服务业发展状况

（一）行业规模

根据工业和信息化部数据，2011—2019 年我国软件与信息技术服务业规模持续扩大，同比增速高于 GDP 和第三产业增速，2020 年 1—10 月，我国软件业实现业务收入 65542 亿元，同比增长 11.7%。

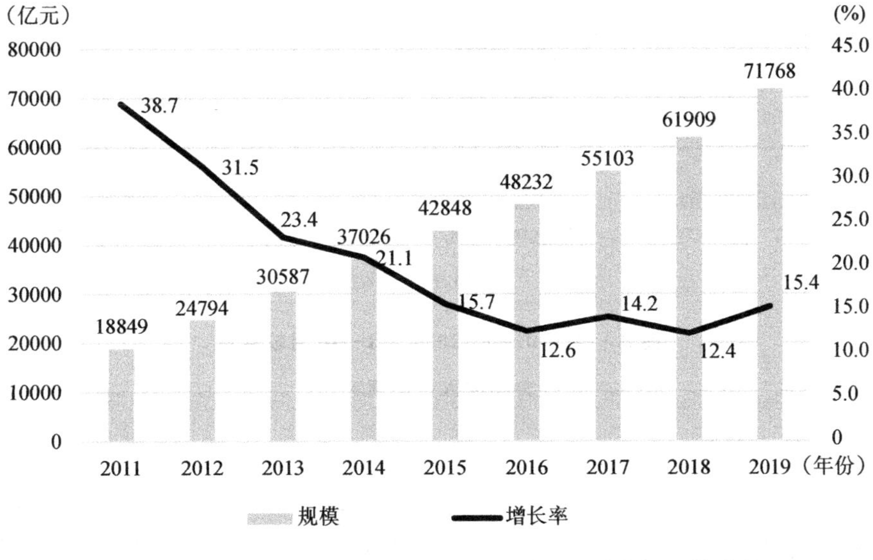

图 8－20　2011—2019 年中国软件与信息技术服务业规模增长

（二）行业分类

软件与信息技术服务业是指利用计算机、通信网络等技术对信息进行生产、收集、处理、加工、存储、运输、检索和利用，并提供信息服务的业务活动。

其细分行业包括软件产品、信息技术服务、信息安全、嵌入式产品四大类。从软件业分类收入占比情况来看，信息技术服务占主导，比重在60%左右，软件产品次之，随后为嵌入式软件，信息安全行业占比最低。

从细分行业收入增速来看，软件业整体增速为11.7%，其中信息技术服务增速最快，软件产品次之，随后为信息安全行业，嵌入式软件行业的增速最低。

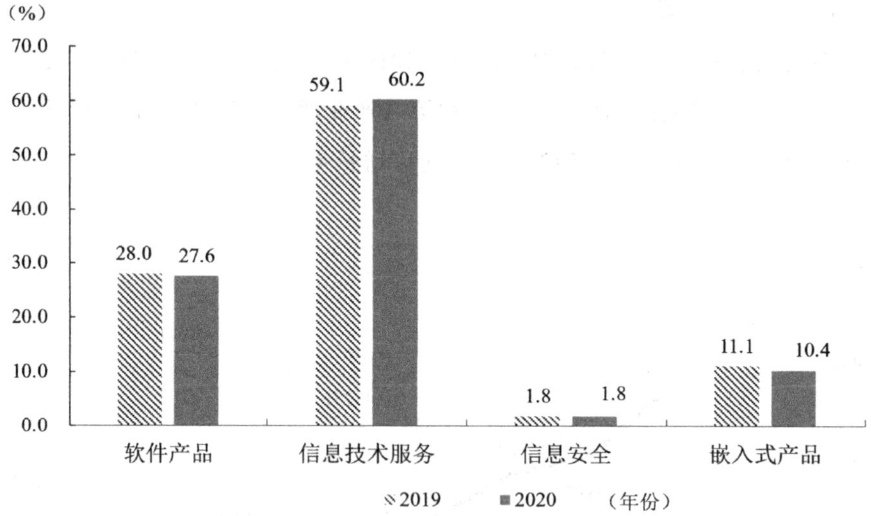

图8－21　2019年/2020年1—10月软件业分类收入占比情况

（三）区域差异

我国软件业地区发展不均衡较为明显，主要分布在东部地区。东部地区软件业收入占八成以上，其次为西部地区，约占一成，中部地区和东部地区软件业收入比重较低。

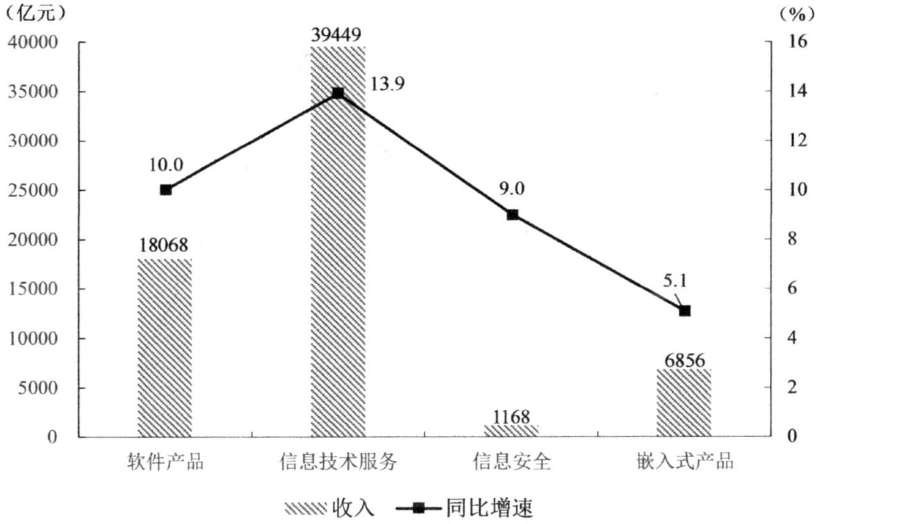

图 8－22　2020 年 1—10 月软件业分类收入及增速

从软件业地区收入增长来看，西部和东部收入增速较快，中部地区收入增速低，东北地区收入出现负增长。

分省市来看，2020 年 1—10 月，广东省、北京市、江苏省和浙江省等省市的软件业收入在全国居于前列，且保持较高的增速。

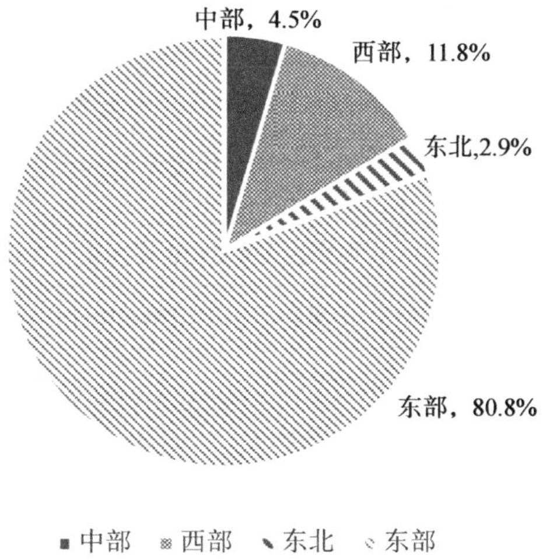

图 8－23　2020 年 1—10 月软件业地区收入比重

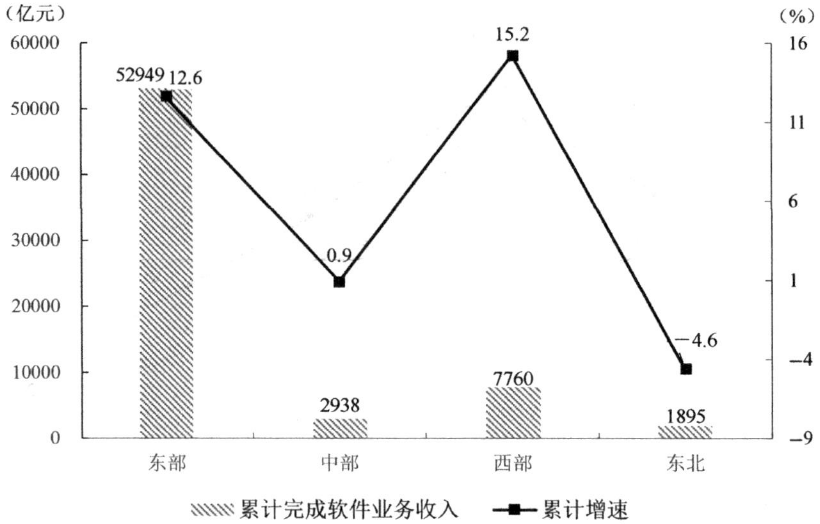

图 8-24　2020 年 1—10 月软件业分地区收入增长情况

表 8-12　2020 年 1—10 月我国软件业分地区分行业收入及利润情况

单位：万元

地区	软件业务收入		（一）软件产品收入		（二）信息技术服务收入	
	本期累计	同比增减%	本期累计	同比增减%	本期累计	同比增减%
东部地区	529490455	12.6	137454443	11.3	322650144	14.7
中部地区	29377117	0.9	13735744	1.0	13466646	0.6
西部地区	77595784	15.2	21442087	11.9	49595181	17.7
东北地区	18952854	-4.6	8046836	0.8	8782183	-7.3
地区	（三）信息安全收入		（四）嵌入式系统软件收入		利润总额	
	本期累计	同比增减%	本期累计	同比增减%	本期累计	同比增减%
东部地区	9312820	11.2	60073048	5.5	68927655	7.1
中部地区	186175	2.4	1988552	1.5	2730999	2.1
西部地区	1062625	-1.5	5495891	10.1	7486224	13.6
东北地区	1118397	4.0	1005439	-25.4	1113220	-3.1

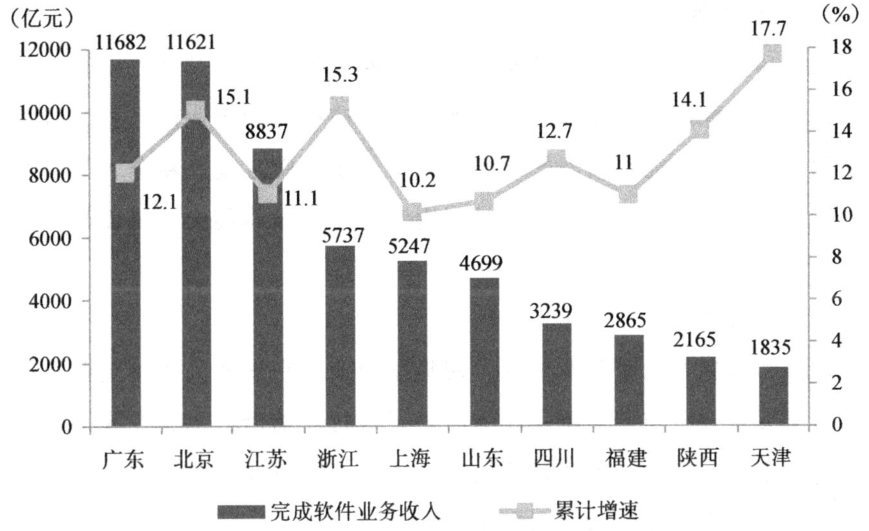

图 8－25　2020 年 1—10 月软件业务收入前十位省市增长情况

（四）行业产业链

软件和信息技术服务业的上游为计算机、服务器等硬件产品供应商及操作系统、数据库等软件产品供应商，下游为电信、金融、交通、政府等信息化企业或需要软件和信息技术服务的机构和个人，客户基础十分广泛（杜振华和米师悦，2018）[67]。上游企业直接影响着软件和信息技术服务业的成本和质量，其供应的稳定性对行业的稳定有序发展也至关重要。下游机构和个人决定了行业发展的规模，需求是软件和信息技术服务业发展的驱动力。随着我国社会信息化程度的日益提高，软件和信息技术服务业仍有广阔的发展前景。

（五）行业壁垒

1. 资质壁垒

部分软件和信息技术服务业的细分行业如网络安全、云计算等由于涉及国家安全和企业机密，需要获得相关部门的资质证书才允许从事经营，监管机构对申请企业资质的审核较为严格，获取经营资质难度较高。除此以外，部分客户尤其是大型客户在选择供应商时会特别考察供应商的资质。

2. 技术壁垒

软件和信息技术服务业是典型的技术密集型行业，其特点是行业技术更新快、技术深度高、技术竞争激烈。从事该行业的企业应当具有持续的技术创新能力，才能在激烈的市场竞争中立于不败之地。新进入的企业若无足够的技术积累或者不能在短时间内掌握核心技术能力，将面临较大的技术壁垒。

3. 人才壁垒

软件和信息技术服务业是智力密集型行业，高素质人才对企业和行业的发展至关重要。前端的研发环节需要了解行业前沿技术、专业知识扎实的技术人才，后端的销售和管理也需要具有丰富行业经验的人才。对该行业内的企业来说，如何吸引并留住高素质人才，如何激发人才的积极性，让“人尽其才”，为企业创造最大的价值是其发展的关键。

4. 品牌壁垒

随着软件和信息技术服务业的发展，部分企业经过多年在消费者市场的深耕细作，已经在消费者中树立了鲜明可靠的企业形象、积累了良好的口碑、收获了一批忠诚的用户，品牌日益成为消费者选择供应商时一个重要的考虑因素。新进入者需要考虑如何克服消费者的品牌认知壁垒。

5. 资金壁垒

软件和信息技术服务业中的云计算行业属于资金密集型。云计算最核心的底层基础设施，包括数据中心、网络带宽及存储设备等构建需要极大的资金投入，进入门槛高。新进入的企业一方面需要有充足的资金储备，另一方面可能要面临长时间的亏损。

六、金融业发展状况

（一）2015—2019 年金融业发展状况

金融业的主要作用就是汇集资金和提供资金。从资金来源与运用的角度，对 2015—2019 年金融业的发展情况进行如下分析。

表 8－13 是近 5 年来金融机构资金来源的渠道，从表中可以看到金融

机构资金主要来源于各项存款，尽管各项存款占总来源的占比近几年在缓慢下降，但在2019年存款还是占资金来源的83.25%，而金融债券只占3.33%，可以看出，我国资金来源比较单一，主要还是各种项目的存款，而债券等发展得还比较缓慢。

表8-13　　金融机构资金来源

指标	2019年	2018年	2017年	2016年	2015年
金融机构人民币信贷资金来源（亿元）	2317003	2109164	1931934	1759952	1541203
金融机构资金来源各项存款（亿元）	1928785	1775226	1641044	1505863	1357021
金融机构资金来源金融债券（亿元）	82924	65433	47999	31578	10061
金融机构资金来源流通中货币（亿元）	77189	73208	70645	68303	63216
金融机构资金来源对国际金融机构负债（亿元）	6	7	9	2406	823

表8-14是近5年来金融机构资金运用的情况，从表中可以看出，与资金来源相一致的是，资金运用中占大头的是各项贷款业务，而贷款业务占资金运用的比例在近5年逐渐升高，从2015年的60.96%上升到2019年的66.10%。相比之下，2019年债券投资、股权投资以及黄金、外汇分别占资金运用的16.64%、7.93%、0.12%、9.16%。

表8-14　　金融机构资金运用情况

指标	2019年	2018年	2017年	2016年	2015年
金融机构人民币信贷资金运用（亿元）	2317003	2109164	1931934.41	1759952.28	1541203.7
金融机构资金运用各项贷款占比	66.08%	64.62%	62.18%	60.57%	60.96%
金融机构资金运用有价证券及投资占比	16.64%	15.81%	15.24%	14.07%	12.82%
金融机构资金运用股权及其他投资占比	7.93%	9.30%	11.26%	12.55%	8.72%
金融机构资金运用黄金占款占比	0.12%	0.12%	0.13%	0.14%	0.15%
金融机构资金运用外汇占款占比	9.16%	10.08%	11.12%	12.47%	17.25%

（二）近期金融业发展状况

2020年新冠肺炎疫情在我国暴发，我国经济受到较大的冲击，该部分将对疫情前后我国产值、货币供应量、金融机构以及金融市场的指标进行分析。

表 8－15 是我国近 7 个季度的国内生产总值及增长速率。从表中可以看到，我国国内生产总值在 2020 年第一季度同比下降了 5.3 个百分点，但第二、三季度开始转好，同比增长率逐渐上升，分别为 3.11%、5.54%。第二季度开始环比增长率也较上一年份涨幅更大。因而从宏观层面上看，在疫情期间，我国总体经济表现较差，但疫情结束之后，总体经济恢复程度较好。

表 8－15　　　　国内生产总值及变化

指标	2020 年第三季度	2020 年第二季度	2020 年第一季度	2019 年第四季度	2019 年第三季度	2019 年第二季度	2019 年第一季度
国内生产总值当季值（亿元）	266172	250110	206504	278019	252208	242573	218062
国内生产总值当季值环比增长（%）	6.42	21.12	0.00	10.23	3.97	11.24	0.00
国内生产总值当季值同比增长（%）	5.54	3.11	－5.30	7.42	7.56	8.31	7.93

表 8－16 是具体到第三产业和金融业的增加值及其变化。从表中可以看到，2020 年第一季度，第三产业增加值同比下降 3.77%，而从 2020 第二季度开始，第三产业增加值开始同比增长，第二、三季度同比增长率分别为 3.29%、5.92%。而金融业一直处于增长状态，第一、二、三季度，金融业同比增长 6.00%、6.60%、7.90%。这说明疫情期间对第三产业总体有较大影响，但对金融业的影响较小，金融业产值增加值总体上还是呈现一个上升趋势。

表 8－16　　　　第三产业增加值及变化

指标	2020 年第三季度	2020 年第二季度	2020 年第一季度
第三产业增加值当季值（亿元）	142594.7	135122.3	122680.1
第三产业增加值环比增长	5.530101249	10.14198717	0
第三产业增加值同比增长	5.92%	3.29%	－3.77%
金融业增加值同比增长	7.90%	6.60%	6.00%

表 8－17 是近 13 个月货币供应的具体数量及增长率，图 8－26 应量增长率变动的折线图。其中 M0 是流通中的现金；M1 是狭义货币，具体是 M0、企业单位活期存款、机关团体部队存款以及农村存款的和；M2 是广义货币，具体公式是 M2＝M1＋企业单位定期存款＋自筹基本建设存款＋个人储蓄存款＋其他存款。具体来说，M1 反映着经济中的现实购买力；M2 不仅反映现实的购买力，还反映潜在的购买力。

表 8－17　　近 13 个月货币供应量

指标 时间	货币和准货币（M2）供应量期末值（亿元）	货币和准货币（M2）供应量同比增长（%）	货币（M1）供应量期末值（亿元）	货币（M1）供应量同比增长（%）	流通中现金（M0）供应量期末值（亿元）	流通中现金（M0）供应量同比增长（%）
2020 年 10 月	2149700	10.5	609200	9.1	81000	10.4
2020 年 9 月	2164085	10.9	602312.12	8.1	82370.87	11.1
2020 年 8 月	2136837	10.4	601289.1	8	80042.71	9.4
2020 年 7 月	2125458	10.7	591192.64	6.9	79867.21	9.9
2020 年 6 月	2134949	11.1	604317.97	6.5	79459.41	9.5
2020 年 5 月	2100184	11.1	581111.06	6.8	79706.83	9.5
2020 年 4 月	2093534	11.1	570150.48	5.5	81485.21	10.2
2020 年 3 月	2080923	10.1	575050.29	5	83022.21	10.8
2020 年 2 月	2030830	8.8	552700.73	4.8	88187.05	10.9
2020 年 1 月	2023066	8.4	545531.79	0	93249.16	6.6
2019 年 12 月	1986489	8.7	576009.15	4.4	77189.47	5.4
2019 年 11 月	1961430	8.2	562486.52	3.5	73973.82	4.8

从表 8－17 和图 8－26 中可以看到，M0 供应量从 2019 年 11 月到 2020 年 1 月，环比增长率逐渐升高，达到顶峰，而从 2020 年 2 月开始，M0 的增长率都基本为负，表明在此之后 M0 的供应量一直在下降；M1 的波动较大，但供应量基本上还是增长大于下降，而在 2020 年 1 月份的供应量较上个月明显下降了 0.05 个百分点；M2 基本上都是增长的，基本上 4 个月为一个循环周期，增长率逐渐升高再下降。在 2020 年 1 月、3 月到 7 月，M1 和 M2 的增长速率差别还挺大的，尤其是在 1 月，M2 的增长速率明显高于

M1，说明存在投资过旺而需求较少的情况。

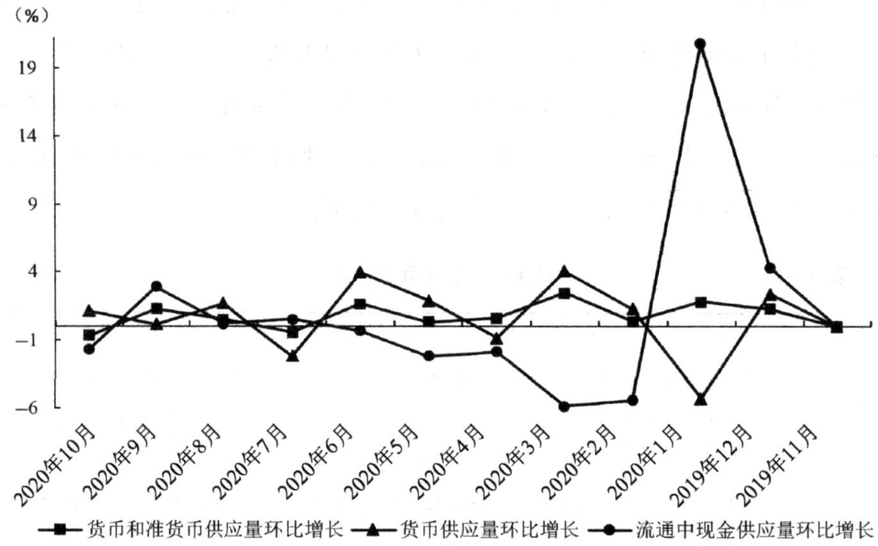

图 8－26　货币供应量增长率折线

表 8－18 是金融业的资产负债统计，主要是银行业、保险业和证券业在 6 个季度的资产、负债和所有者权益。资产负债数据有助于衡量行业能力、财务风险与债务能力。从表中可以看出，我国金融机构总资产中，银行业资产占很大一部分比例，高达 91%，证券业占 2.5% 左右，保险业占 6.4% 左右。金融机构总资产在 2020 年第一季度有一个较高的增长幅度，比上一季度多了 13.98 亿，其中绝大部分是机构负债的增多。表 8－19 是金融机构的杠杆率。可以看到，金融业的杠杆率总体是在 11 倍左右，具体到各个行业，银行业杠杆率最高维持在 12 倍左右，证券业和保险业分别在 4 倍、8.5 倍左右。

表 8－18　　金融机构资产负债统计　　单位：亿万元

	2019 年 1 月	2019 年 2 月	2019 年 3 月	2019 年 4 月	2020 年 1 月	2020 年 2 月
金融机构总资产	302.71	308.96	312.46	318.69	332.94	340.43
银行业	275.82	281.58	284.67	290	302.39	309.41
证券业	7.78	7.88	7.83	8.12	8.83	9.04

续表

	2019年1月	2019年2月	2019年3月	2019年4月	2020年1月	2020年2月
保险业	19.11	19.5	19.96	20.56	21.72	21.98
金融机构总负债	275.85	281.66	283.94	289.43	302.59	310.01
银行业	253.41	258.8	260.79	265.54	276.91	283.93
证券业	5.58	5.66	5.57	5.81	6.46	6.66
保险业	16.85	17.21	17.58	18.08	19.22	19.41
金融机构所有者权益	26.87	27.3	28.52	29.25	30.35	30.43
银行业	22.41	22.78	23.88	24.47	25.48	25.48
证券业	2.2	2.22	2.26	2.31	2.38	2.38
保险业	2.26	2.3	2.38	2.48	2.5	2.57

表8-19　　金融机构杠杆率　　单位:%

时间	2019年1月	2019年2月	2019年3月	2019年4月	2020年1月	2020年2月
金融机构杠杆率	11.27	11.32	10.96	10.90	10.97	11.19
银行业杠杆率	12.31	12.36	11.92	11.85	11.87	12.14
证券业杠杆率	3.54	3.55	3.46	3.52	3.71	3.80
保险业杠杆率	8.46	8.48	8.39	8.29	8.69	8.55

表8-20、图8-27和图8-28是2020年1月到10月的股票市场运行情况分析。从数据可以看出，从1月到10月股票交易量可以划分为4个阶段，第一个阶段是1月到3月，股票交易量是呈现上升趋势，从3月到5月呈现下降趋势，从5月到7月呈现上升趋势，从7月到10月又开始下降。从1月到10月股票市场走势大致也可以划分为3个阶段，第一个阶段是1—3月，股票指数大体上是呈现下降趋势的，说明疫情期间对于股价影响很大，各类行业都受到了较大的冲击。第二阶段从4—8月，股票指数呈现上升趋势，疫情好转之后，股价在慢慢上升，市场经济好转。第三阶段是8—10月，股票指数有轻微波动。结合股价和股票交易量，在1—3月，疫情期间应该股票存在大量抛售情况，4月之后，疫情情况好转，股价上升交易量下降，股票市场形势较好。

表 8-20 股票市场统计

时间	股票筹资额（亿元）	成交量（百万股）	成交金额（亿元）	上证综合指数	深证综合指数
2020 年 1 月	704	983634	112290	2977	10682
2020 年 2 月	447	1677782	196723	2880	10981
2020 年 3 月	252	1732748	191003	2750	9962
2020 年 4 月	596	1218812	131838	2860	10722
2020 年 5 月	433	943057	112487	2852	10746
2020 年 6 月	907	1197017	145230	2985	11992
2020 年 7 月	1516	2324706	301963	3310	13638
2020 年 8 月	1850	1709486	222966	3396	13758
2020 年 9 月	1333	1373783	169872	3218	12907
2020 年 10 月	1060	842571	119702	3225	13237

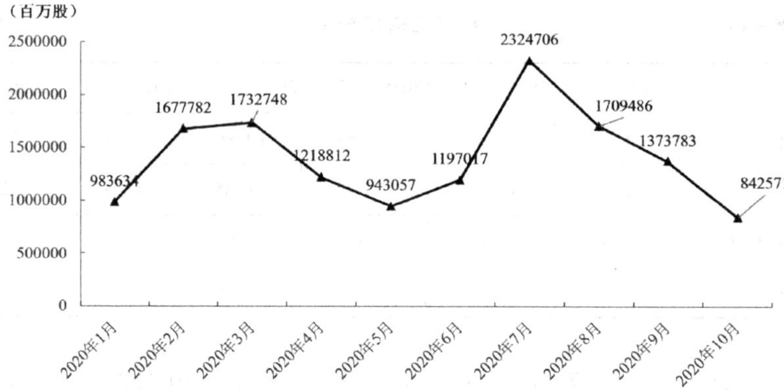

图 8-27 股票成交量变化

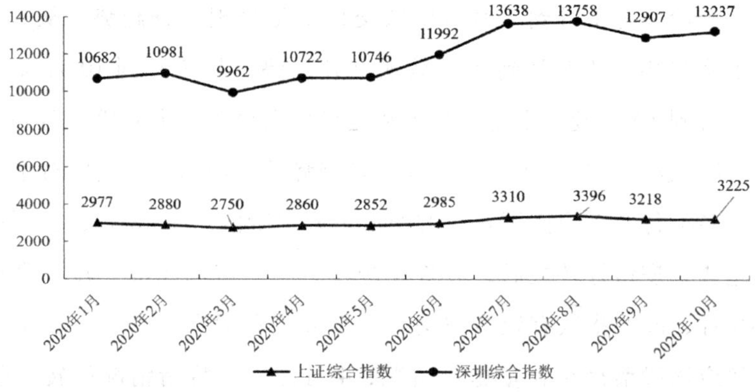

图 8-28 2020 年 1—10 月股票指数

表 8-21 是债券市场从 2020 年 1—10 月，政府债券、金融债券以及公司信用类债券的发行情况。从表中可以看出，政府债券的发行受疫情冲击较大，1—4 月政府债券发行量呈现降低的趋势，而后发行量才开始上升，金融债券和公司信用类债券在 1 月和 2 月发行量较少，3 月之后基本回到正常水平。从债券发行情况，可以看到，疫情期间企业受疫情影响，融资需求较少。

表 8-21　　债券市场发行情况　　单位：亿元

时间	政府债券	金融债券	公司信用类债券
2020 年 1 月	9551	11433	9411
2020 年 2 月	6329	22792	8080
2020 年 3 月	7575	28612	16861
2020 年 4 月	7234	23422	17304
2020 年 5 月	19798	19967	9209
2020 年 6 月	9715	21572	11212
2020 年 7 月	11728	26049	9724
2020 年 8 月	17657	29539	12808
2020 年 9 月	15071	28721	12531
2020 年 10 月	12260	24867	11714

表 8-22 是 2020 年 1 月到 11 月银行公布的贷款市场报价利率（LPR），从 2020 年 1 月开始，一年期的 LPR 从 4.15% 降到了 2020 年 2 月、3 月的 4.05%，在 2020 年 4 月降到了 3.85% 并维持到了 2020 年 11 月，五年期的 LPR 也从 4.80% 降到了 4.65%，银行降低贷款利率会引导整个贷款市场利率下降，有助于个人和企业进行贷款融资。

表 8-22　　LPR

时间	2020.1.2	2020.2.20	2020.3.2	2020.4.20-2020.11.20
LPR（一年期）	4.15%	4.05%	4.05%	3.85%
LPR（五年期）	4.80%	4.75%	4.75%	4.65%

七、教育发展状况

（一）教育发展状况总览

1. 高等教育经费状况

随着我国经济的高速发展，教育事业的发展也取得了巨大进步，从图8-29中我们可以看出，从2010—2019年我国的财政性教育经费增加了约25000亿元，教育经费占GDP的比重从2010年的3.66%增长到目前维持在4%以上。从中我们可以得出，我们国家越来越重视教育事业的发展，对教育事业的投入也越来越大。在未来随着我国“教育兴国，人才强国”战略的实施，我国在未来必将更加重视教育事业的发展。

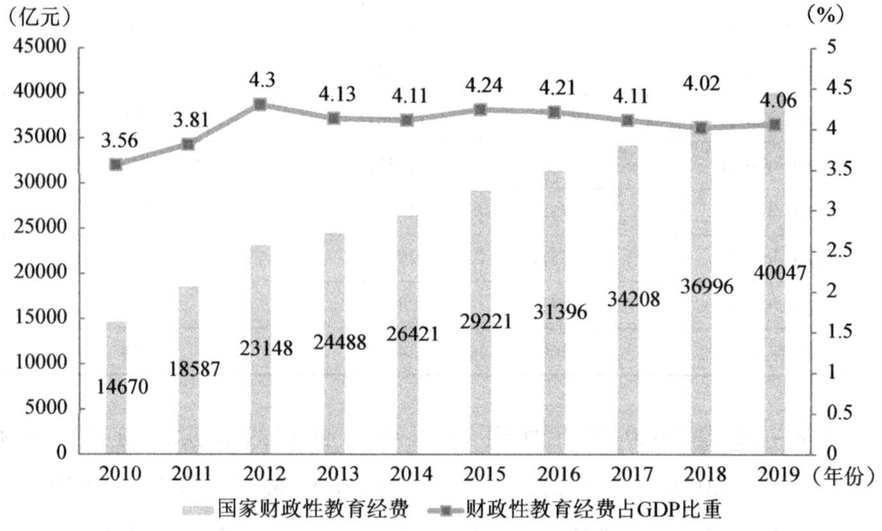

图8-29 国家教育经费情况

高等教育作为教育事业中极为重要的一环，它的培养目标是为社会发展提供所需要的人才，因此高等教育输出的学生的质量极为重要。我国的高等教育经费在2010—2019年总体呈现上升的趋势，整体上升了约14000亿元。高等教育经费在总教育经费中的占比始终在55%，在最高时甚至达到了接近75%。这说明国家对高等教育中投入极大，高等教育在国家整体的教育行业中占有极为重要的地位。

综合上述分析，随着我国的经济不断发展，国家越来越意识到人才培养的重要性，对人才的培养投入了极大的资源。尤其是在直接负责人才供给的高等教育中，国家投入的资源比重最大，重视程度最高。

2. 高等教育教学条件

由于国家极为重视高等教育事业的发展，对高等教育事业投入了大量的资源。因此本书从硬件设置的角度选取两个衡量指标来衡量高等教育的条件，其中一个指标为普通高等学校的校舍建筑面积，另一个指标为高校的教学仪器设备总价值。图 8－30 展示了上述两个指标在 2010—2019 年的变化情况，从图中我们可以看出，从 2010—2019 年我国的高等教育学校的校舍占地面积和教学科研仪器总价值均在不断上升，在这十年间校舍的占地面积增加了约 36%，教学科研仪器的总价值增加约 167%。

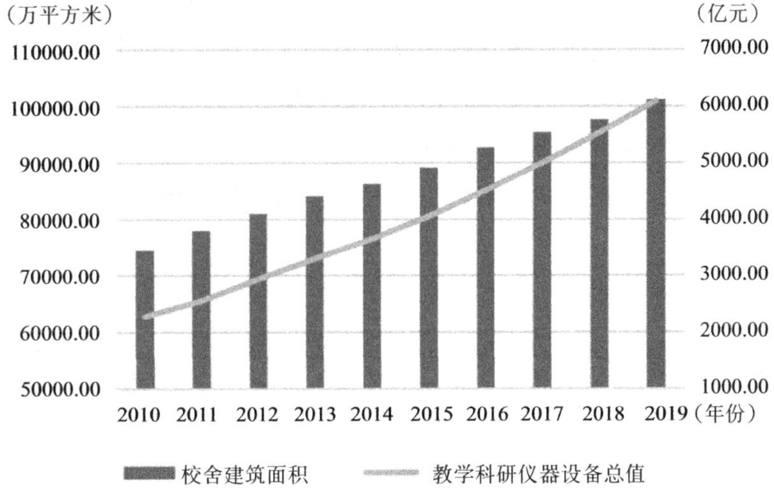

图 8－30　高等教育教学条件

这两个硬件方面的指标变化也说明，随着我国更加重视高等教学的发展，高等教育整体的教学质量在不断上升，教学条件和教学设备在不断改善和提高，硬件条件的提升也为人才培养整体质量的提高提供了物质基础。

（二）高等教育分等级分析

在该部分，本书对我国的高等教育行业从宏观层面进行分析，本书选取了 2010—2019 年我国高等教育行业的数据，高等教育行业将从普通本专科、研究生教育和成人高等教育三个层面进行总体分析。

1. 普通本专科

(1) 院校数量状况。

根据培养目标的不同，我国的普通高等教育院校可以划分为本科院校和高职（专科）院校。本科注重培养学生的理论专业通识教育，而专科则注重培养学生实际工作的专业化技能。我国的普通本科和专科院校数量变化如图 8－31 所示。

从图 8－31 中我们可以看出，2010—2019 年，我国的本专科院校数量均呈现稳步的上升趋势，普通本科的数量从 2010 年的 1112 所变为了 2019 年的 1265 所，增加了约 14%。高职（专科）院校则从 2010 年的 1246 所变为 2019 年的 1423 所，也增加了约 14%。本专科院校数量的不断增加，可以在一定程度上说明我国普通本专科的招生规模在不断扩大，高等教育行业呈现不断扩张发展的态势。同时，我们也可以看出，高职（专科）院校的数量始终大于普通本科院校的数量，且数量一般在 100 所以上，这说明从院校数量上来说，我国高职（专科）学校办学规模始终大于普通本科院校。

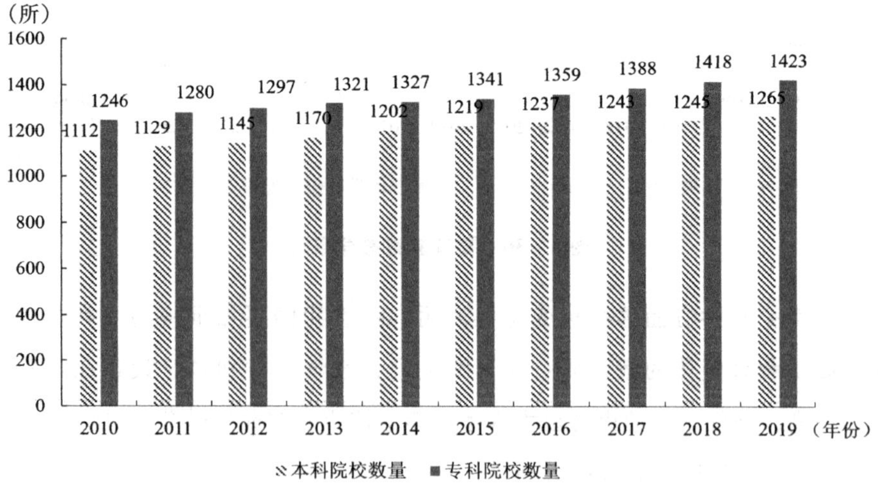

图 8－31 普通专科院校数量变化

(2) 学生和教职工数量。

衡量学校办学规模的指标还包括学校的学生数量和教职工数量，其中学生可以分为招生数量、毕业生数量和在校生数量，学校教职工数量则使用学校的专任教师数量来进行衡量。在进行各变量的描述性统计之前，本书选取了普通高等学校的毕业生数量这一变量，对该变量进行了如图 8 - 32 所示的趋势描述统计。

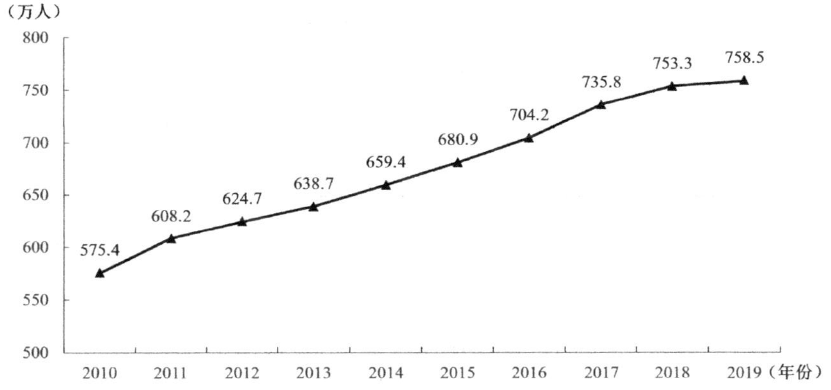

图 8 - 32 普通高等院校毕业生数量

图中的结果显示，从 2010—2019 年我国普通高等学校的毕业生数量不断逐年增加，在 2010 年普通高等学校毕业生数量最小，2019 年数量最大，其余各变量的年度统计也均符合该特征，因此，为了节省空间，其余各变量的年度统计将不作报告。各变量的描述性统计如表 8 - 23 所示。

表 8 - 23 普通本专科学生和教师数量描述性统计 单位：万人

变量名称	均值	平均增长率	最小值	四分之一分位数	中位数	四分之三分位数	最大值
普通高校毕业生数量	673.91	3.18%	575.43	624.73	670.13	735.83	758.53
普通本科毕业生数量	340.26	5.24%	259.05	303.85	349.99	384.18	394.72
高职专科毕业生数量	333.66	1.58%	316.37	318.75	325.41	351.65	366.47
普通高校招生数量	740.72	3.83%	661.76	688.83	729.62	761.49	914.9

续表

变量名称	均值	平均增长率	最小值	四分之一分位数	中位数	四分之三分位数	最大值
普通本科招生数量	390.58	2.28%	351.26	374.06	386.42	410.75	431.29
高职专科招生数量	350.13	5.58%	310.5	318.4	340.6	350.74	483.62
普通高校在校生数量	2588.5	3.58%	2231.8	2391.3	2586.5	2753.6	3031.5
普通本科在校生数量	1536.4	3.83%	1265.6	1427.1	1558.9	1648.6	1750.8
高职专科在校生数量	1052	3.26%	958.85	966.18	1027.6	1105	1280.7
普通高校专任教师数量	154.28	2.96%	134.31	144.03	155.35	163.33	174.01
普通本科专任教师数量	108.74	3.10%	93.549	101.4	110.4	115.05	122.53
高职专科专任教师数量	45.307	2.73%	40.41	42.338	44.644	48.207	51.444

表8-23中各项指标的最小值为该指标在2010年的数值，最大值为2019年的数值。近十年普通本科的毕业生人数平均为340万人/年，普通本科的毕业生数量从最初的259.05万人增加到2019年的394.72万人，年均增长率为5.24%。而高职专科毕业生近十年的平均值为333.66万人/年，高职专科毕业生由最初的316.37万人增加到了366.47万人，年均增长率为1.58%。上述结果说明，随着我国高校规模的不断扩张，毕业生的人数屡创新高，高校毕业生的就业压力也在不断提升。从另一个角度也说明随着我国经济的不断发展，我国对于劳动力的需求也在不断增长，因此需要更多的高校毕业生就业来推动经济的增长。

与本科毕业生增长率大于高职专科毕业生增长率不同的是，2010—2019年高职专科的招生数量平均增长率为5.38%，大于本科的招生数量平均增长率2.28%。普通本科的招生数量也由最初的大于高职专科招生数量，变为最后的小于高职专科招生数量。可以发现，我国已经意识到了本科和专科人才培养的数量和社会需求之间存在着不平衡，社会的劳动力的需求大部分都是具有实践和某一特定专业技能的人，因此我国对于高职专科招生扩张的程度要显著大于普通本科招生，以满足社会的劳动力需求，提高整个社会的生产效率。这也预示着我国将愈发注重高职专科人才的培养，普通本科和高职专科的培养模式之间的差异程度也将进一步加大。从本科和高职专科的在校生人数的最小值、四分位数、中位数和最大值也能看出，二者的在校生人数间的差距经历了从小变大再变小的过程，印证了上文关于扩大高职专科招生的观点。

从高校的专任教师数量来看，高职专科的专任教师均值仅为45.307万人，而普通本科的专任教师均值为108.74万人，若从师生比的角度来看，高职专科的师生比均值为23.21人，而普通本科的师生比均值为14.12人，说明高职专科每位老师比普通本科每位老师教授的学生要多约10人，这也说明了目前我国高职专科老师的相对比较缺乏。尽管根据前文，高职专科的学校数显著大于普通本科，但是高职专科师资相对比较缺乏，我国未来要扩张高职专科的教育规模需要更加主动高职专科的师资的培养，培养更多高质量的高职专科教师才能满足高职专科招生规模扩张的需求。

2. 研究生教育

研究生教育作为我国高等教育金字塔最顶层的设计，旨在培养在特定领域具有高专业素养的人才。研究生教育的水平和质量直接关系到我国在尖端领域的研究水平和发展质量，甚至还有可能影响到我国的经济水平和国际地位。随着我国经济的不断发展，各种行业都发展到了一个较高的水平，这也就导致各个行业对于研究生的需求越来越大。

（1）研究生培养机构数量。

图8－33报告了2010—2019年，研究生培养机构数量的变化状况。从图8－33中我们可以看出，我国的研究生教育机构经历了比较复杂的变化过程，但是从总体趋势上看，研究生教育机构数量尽管在2010—2011年和2013—2014年经历了短暂的数量的下降，但研究生教育机构的数量总体是增加的。如果我们仅从研究生教育机构的数量上看，我们可能并不能得出我国研究生培养规模增大的结论。接下来本书将从研究生数量的角度探讨研究生培养的规模变化情况。

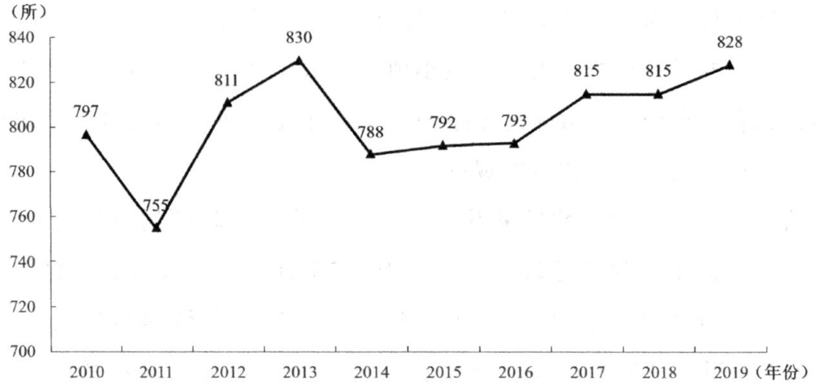

图 8－33　研究生培养机构数量

（2）研究生学生数量。

表 8－24 报告了我国 2010—2019 年研究生数量的状况。从表 8－24 的结果中我们可以看出，2010—2019 年，不论从研究生毕业生数、研究生招生数还是研究生在校生数来看，我国的研究生培养规模都是逐年增加的。具体来看，研究生的招生人数从 2010 年的 53.82 万人增加到了 2019 年的 91.65 万人，增加了约 70%。其中硕士研究生的招生人数增加了约 71%，博士研究生的招生人数增加了约 65%。研究生的毕业生数量从 2010 年的 38.36 万人增加到了 2019 年的 63.97 万人，增加了约 66.76%。其中硕士研究生毕业人数增加了约 72%，博士研究生毕业人数增加了约 28%。

表 8－24　研究生学生情况　　单位：万人

年份	研究生毕业生数	硕士毕业生数	博士毕业生数	研究生招生数	硕士招生数	博士招生数	研究生在校生数	硕士在校生数	博士在校生数
2010	38.36	33.46	4.9	53.82	47.44	6.38	153.84	127.95	25.9
2011	41.57	37.12	4.45	54.11	48.22	5.89	158.85	134.04	24.8
2012	48.65	43.47	5.17	58.97	52.13	6.84	171.98	143.6	28.38
2013	51.36	46.05	5.31	61.14	54.09	7.05	179.4	149.57	29.83
2014	53.59	48.22	5.37	62.13	54.87	7.26	184.77	153.5	31.27
2015	55.15	49.77	5.38	64.51	57.06	7.44	191.14	158.47	32.67

续表

年份	研究生毕业生数	硕士毕业生数	博士毕业生数	研究生招生数	硕士招生数	博士招生数	研究生在校生数	硕士在校生数	博士在校生数
2016	56.39	50.89	5.5	66.71	58.98	7.73	198.11	163.9	34.2
2017	57.8	52	5.8	80.61	72.22	8.39	263.96	227.76	36.2
2018	60.44	54.36	6.07	85.8	76.25	9.55	273.13	234.17	38.95
2019	63.97	57.71	6.26	91.65	81.13	10.52	286.37	243.95	42.42

因此根据上述分析，我国研究生整体的培养规模在近十年得到了显著的提升，其中硕士研究生的培养规模增加幅度显著大于博士研究生的培养规模增加幅度，研究生培养规模的增加将有利于我国经济朝着高水平发展，同时也为我国产业升级提供了人力资源和技术的保障。

3. 成人教育

成人教育不同于普通高等教育，它的主要对象是已经在社会中具备了一定技能和工作经验的成人，通过成人高考、自学考试和网络教育等方式获得成人继续教育的学历，因为成人教育的主要对象是已经具备了工作经验的成年人，因此它是我国发展全民教育的重要形式之一。图 8－34 展示了我国成人教育总学校数 2011—2019 年的变化情况，表 8－25 则展示了成人教育中成人本专科和网络本专科学生情况。

（1）成人教育学校数量。

从图 8－34 中我们可以看出，我国的成人教育学校数 2010—2019 年呈现逐年下降的趋势，由 2010 年的 365 所下降到了 2019 年的 268 所，减少了大约 100 所学校，其中在 2012—2013 年减少了约 50 所成人教育学校。但从学校数量上来看，成人教育目前的教育规模正在缩减，但从数据来看，成人教育学生培养的数量并未减少，成人教育的规模反而有所扩大。成人教育的学校数量减少可能是由于成人教育的教育形式发生了变化，从线下教育更多地转为了线上教育，从而院校间产生了优胜劣汰，一部分院校被淘汰而另一部分院校规模越做越大。

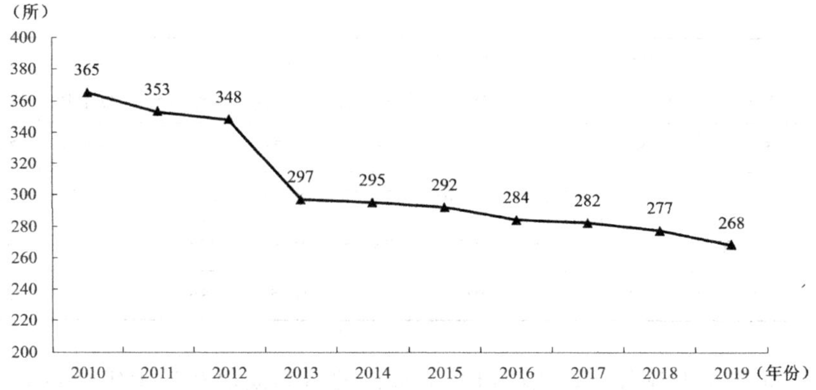

图 8-34 成人高等教育总学校数

表 8-25 成人教育本专科学生情况 单位：万人

年份	成人本专科毕业生数	网络本专科毕业生数	成人本专科招生数	网络本专科招生数	成人本专科在校生数	网络本专科在校生数
2010	197.29	110.55	208.43	166.37	536.04	453.14
2011	190.66	129.93	218.51	187.15	547.50	492.48
2012	195.44	136.09	243.96	196.45	583.11	570.41
2013	199.77	156.08	256.49	220.07	626.41	614.64
2014	221.23	166.13	265.6	206.19	653.12	631.45
2015	236.26	179.98	236.75	203.4	635.94	628.47
2016	244.47	187.48	211.23	229.61	584.39	644.93
2017	247.04	177.79	217.53	286.11	544.14	735.93
2018	217.74	194.92	273.31	320.91	590.99	825.66
2019	213.14	232.31	302.21	288.55	668.56	857.83

(2)成人教育学生数量。

表 8-25 中的成人教育本专科学生数量情况，成人本专科和网络本专科的招生数量均总体呈现上升趋势，其中成人本专科招生数从 2010 年的 208.43 万人增长为 2019 年的 302.21 万人，增长了约 45%。网络本专科招生数 2010 年的 166.37 万人增长为 2019 年的 288.55 万人，增长了约 73%。而成人本专科的毕业生人数 2010—2019 年仅增长了约 8%，网络本专科的毕业生人数 2010—2019 年增长了约 110%。

综合上述数据的分析，首先，本书可以得出随着网络技术的不断发展，网络教育逐渐成为成人高等教育的重要组成部分，且学生规模不断迫近成人本专科线下教育的学生规模，甚至有反超的趋势。其次，网络教育无论从招生数还是毕业生数均显著增加，且大于成人本专科的相关指标。网络教育在成人教育中迅速扩张得益于信息技术的发展，同时成人教育对象大部分已经就业，因此网络教育是其接受成人教育成本最低的途径，这也能够间接解释网络教育规模的迅速扩张。网络教育的迅猛发展使一部分成人高等学校规模不断扩张，而另一部分网络教育不发达的学校则招生困难最终被迫关停。这也能够部分解释成人高等教育总学校数不断减少。最后，可以看出，尽管成人本专科的招生人数在十年间增加了约45%，但是毕业生人数仅增加了8%，毕业生的人数增长显著低于招生人数的增加。此外还可以得出成人高等教育的毕业难度也在不断提升，成人教育的“文凭”含金量在不断提升。

（三）高等教育行业分地区分析

1. 分省份高等教育学校数量分析

我国的东部和西部之间的经济发展存在着不平衡，东部经济发展水平高，吸引了更多的人才，因此东部的教育水平普遍高于西部地区。自从国家提出西部大开发战略和“一带一路”倡议以来，我国的各种资源不断向西部地区倾斜，西部地区的经济发展取得了长足的进步。本书将从高等教育的角度研究目前我国不同地区的高等教育发展水平，从而为我国分地区的高等教育发展提供政策建议。根据2019年我国高等教育学校分省份的分布情况显示，我国高等教育的院校主要分布在中东部地区的各个省份，西部地区各省份的高等教育院校的数量普遍在55所以下，显著低于中东部地区。这说明从院校数量上来看，尽管我国提出了多项政策极力发展西部地区，但目前西部地区的高等教育发展水平与中东部地区依然存在着较大的差距，西部地区和中东部地区院校数量的差距也就造成了西部地区的培养的人才数量少于东部地区，从而导致西部地区的人才数量相对于东部地区较为缺乏，经济发展水平也较东部地区落后。

上述结果也表明，我国仍然需要进一步坚定不移地发展西部地区，首先应当发展西部地区的教育事业，将高等教育培养出来的人才留在西部，有了促进发展需要的人才之后西部地区才能稳定持续高质量地发展。

2. 分省份教师质量分析

高等教育的教师质量也是衡量教育发展水平的重要指标，高质量的教师数量越多，学生培养质量相应也会越高。因此选取我国不同省份高等教育中正高级职称的教师数量来衡量省份的教师质量，根据我国正高级职称的教师数量在不同省份间的分布情况显示，我国西部各省的高校中正高级职称的教师数量普遍为5500人以下，而中东部地区省份的正高级职称教师则普遍高于5500人。这说明西部地区高校教师的质量普遍低于中东部地区，教师的质量也间接决定了高校培养出来的学生的质量，因此西部地区高等院校教师的质量也是西部地区教育水平低于中东部地区的重要原因。随着我国继续坚定地发展西部大开发战略和“一带一路”倡议，将更多的优秀师资转移到西部，让优秀的人培养更优秀的人。进一步地将培养出来的高质量人才留在西部，西部的经济才能够持续不断地发展，与东部地区的差距也会不断缩小。

综合上述的分析，我国目前东西部高等教育发展依然存在着较大的差距，西部地区的高等教育规模和高等教育水平都要低于东部地区。高等教育能够为西部地区的经济发展提供人才供给的保障，因此我国不仅要缩小东西部地区的经济差距，更应当缩小东西部地区的教育差距，尤其是高等教育的差距。西部地区的教育发展起来了，才能培养出更多建设西部地区的人，更多高质量的人才愿意留在西部才能为西部地区经济的发展提供稳定持续的动力。

八、卫生、社会保障与社会福利业发展状况

（一）统计数据

1. 医疗卫生机构及床位数

（1）2019年全国医疗卫生机构及床位数。

从表8-26可以看出，我国的卫生行业主要由医院和基层医疗卫生机

构组成。从机构数量上来看，医院占比非常小，仅为3%左右，基层医疗卫生机构占比大约为97%，医院主要包括公立医院和民营医院，其中民营医院占多数。但从床位数来看，医院占比大约80%，其中公立医院占比大约60%。我国的医院分为三级，从数量上来看，三级医院占比约为11%，二级医院占比约为40%，一级医院占比约为49%，但从床位数来看，三级医院提供的床位数占比约为44%，二级医院占比约为44%，一级医院占比约为12%。

表8-26　　2019年全国医疗卫生机构及床位数

机构类别	机构数（个）	床位数（张）
总计	1007545	8806956
医院	34354	6866546
公立医院	11930	4975633
民营医院	22424	1890913
医院中：三级医院	2749	2777932
二级医院	9687	2665974
一级医院	11264	651045
基层医疗卫生机构	954390	1631132
社区卫生服务中心（站）	35013	237445
乡镇卫生院	36112	1369914
村卫生室	616094	—
诊所（医务室）	240993	400
专业公共卫生机构	15924	285018
专科疾病防治机构	1128	41077
妇幼保健机构	3071	243232
卫生监督所（中心）	2869	—
计划生育技术服务机构	4275	—
其他机构	2877	24260

对于基层医疗卫生机构来说，村卫生室和诊所占比约为90%，但它们的床位数几乎为0，基层医疗卫生机构的床位数主要集中在乡镇卫生院，

占比约为84%，但如果与医院提供的床位数相比，乡镇卫生院仅提供全国床位数的4%。

从以上分析可见，我国医疗卫生机构的分布像一个金字塔，位于底部的村卫生室和诊所数量最多（80%），但设备条件最差，几乎没有床位，只能提供简单的医疗服务；位于中间的乡镇卫生院、社区卫生服务中心（站）、一级医院数量也较多（8%），拥有较少的床位（25%）；而位于塔尖的医院，尤其是二级以上医院数量极少（1%），但却拥有最好的医疗设备条件，提供了最多的床位（60%）。

（2）近五年医疗机构及床位数变化情况。

从图8－35可以看出，近五年来我国医院数量大幅度增加，增幅达到21.4%，基层医疗卫生服务中心数量变化幅度约为0。可见近五年来，基层医疗卫生机构数量变化不大，而医院数量大幅增加。

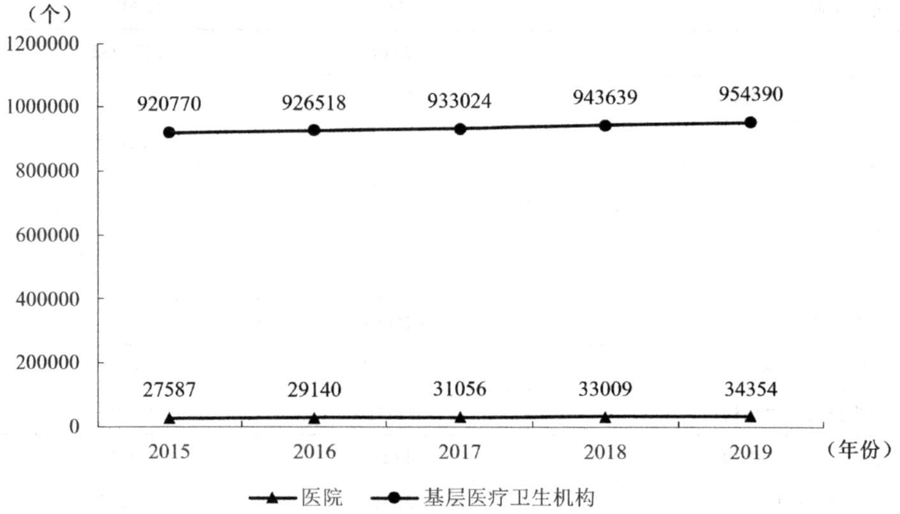

图8－35　全国医疗卫生机构数

从图8－36可以看出，近五年来我国医疗机构床位数一直呈增加趋势，从2015年的701万张增加到2019年的880万张，增长率达到了26%，说明我国医疗卫生机构的床位数近五年来由于医院数量的大幅增加而增加。

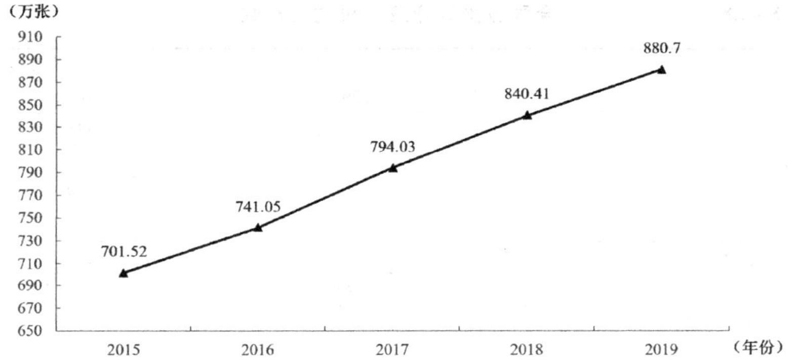

图 8－36　全国医疗机构床位数

2. 卫生人员总数

（1）2019 年全国卫生人员数量及分布情况。

从表 8－27 可以看出，在全国的卫生人员数量中，卫生技术人员最多，药师最少，其他技术人员、后勤以及管理人员差别不大，但是相比起护士，还是少的。护士中，职业、注册的占比较高，而乡村医生和卫生员占比极低，仅为 8%。

表 8－27　　2019 年全国卫生人员数量　　单位：万人

指标	数量
卫生人员总数	1292.8
卫生技术人员	1015.4
执业（助理）医师	386.7
执业医师	321.1
注册护士	444.5
药师	48.3
技师	53.6
乡村医生和卫生员	84.2
其他技术人员	50.4
管理人员	54.4
工勤技能人员	88.4

从表 8－28 中可以看出，全国卫生技术人员有 64% 属于医院，有 50% 的卫生技术人员属于公立医院，仅有 29% 属于基层医疗卫生机构，其中社区卫生服务中心（站）占比 5%，乡镇卫生院占比 12%。

表 8-28　　全国各类医疗卫生机构人员数　　单位：万人

	人员数	卫生技术人员
总计	1292.8	1015.4
医院	778.2	648.7
公立医院	600.2	509.8
民营医院	178.1	138.9
基层医疗卫生机构	416.1	292.1
社区卫生服务中心（站）	61.0	52.5
乡镇卫生院	144.5	123.2
专业公共卫生机构	89.6	70.0
专科疾病防治机构	18.8	14.0
妇幼保健机构	48.7	40.5
卫生监督所（中心）	7.9	6.5
其他机构	8.9	4.6

（2）近五年来全国卫生人员总数变化情况。

从图 8-37 中可知，近五年来人数最多的是注册护士，五年来增幅达到 37%；执业（助理）医师次之，五年来增幅达到 27%；其他人员人数最少，五年来仅增长 7%。增长速度最快的是注册护士，执业（助理）医师次之，其他人员变动幅度最小。

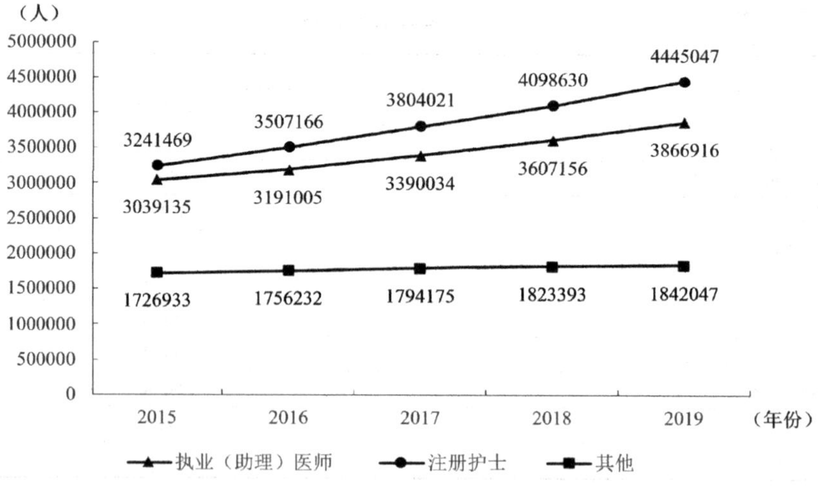

图 8-37　近五年来全国卫生技术人员数量变动

3. 卫生总费用

（1）2019 年全国卫生总费用分布情况。

从图 8－38 可以看出，2019 年我国卫生总费用中政府支出占比为 27%，社会支出占比为 45%，个人支出占比为 28%，说明我国大部分的卫生支出都由政府和社会负担，个人负担的比例不大。

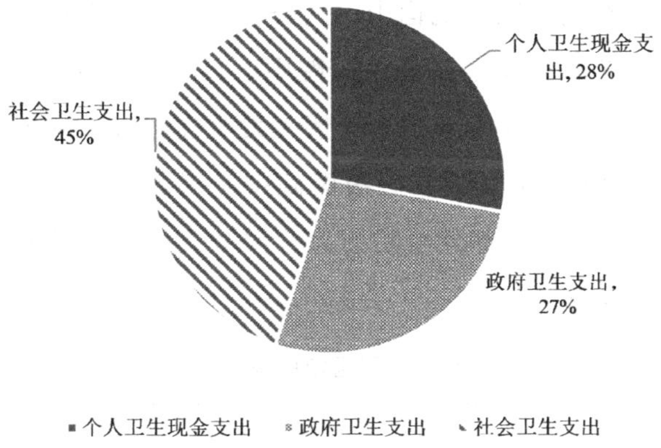

图 8－38　2019 年全国卫生总费用分布情况

（2）近五年来全国卫生总费用变化情况。

从图 8－39 可以看出，2016 年与 2015 年相比卫生总费用支出差别不大，从 2017 年开始，卫生费用大幅增加，其中，政府卫生总费用五年来增幅达到 39%，社会卫生总费用增幅达到 84%，个人卫生总费用增幅为 52%，三者增幅都非常大。

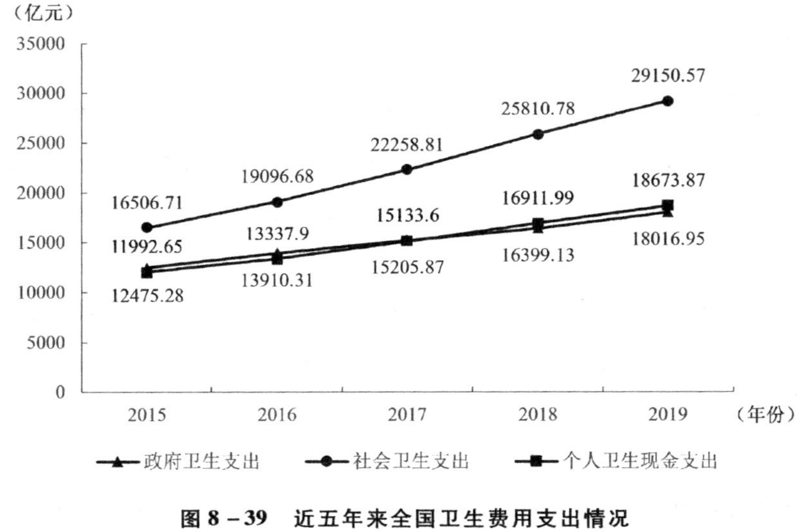

图 8－39　近五年来全国卫生费用支出情况

4. 门诊和住院量

（1）2019 年全国门诊和住院服务总量。

从表 8 - 29 中可以看出，2019 年全国诊疗人次中有 44% 发生在医院中，有 55% 发生在基层医疗机构中。从公立医院和民营医院角度来看，医院中的诊疗人次有 85% 发生在公立医院中，仅有 15% 发生在民营医院中。从医院分级角度来看，有 54% 的诊疗服务发生在三级医院中，有 35% 发生在二级医院中，仅有 6% 发生在一级医院中。因此，我国的公立医院和二级及以上的医院承担了大部分医院的诊疗服务，民营医院和一级医院仅承担了很少的诊疗服务。

表 8 - 29　　　　2019 年全国医疗服务工作量

机构类别	诊疗人次数（亿人次）	入院人数（万人）
医疗卫生机构总计	87.2	26596
医院	38.4	21183
公立医院	32.7	17487
民营医院	5.7	3696
三级医院	20.6	10483
二级医院	13.4	8380
一级医院	2.3	1151
基层医疗卫生机构	45.3	4295
其他机构	3.5	1118
非公医疗卫生机构	19.8	3765

从入院人数角度来看，提供了 44% 诊疗服务的医院提供了 80% 的住院服务，而提供了 55% 的诊疗服务的基层医疗卫生机构仅提供了 16% 的住院服务，说明虽然基层医疗机构提供了一半以上的诊疗服务，但绝大部分病人最终仍然在医院中住院。

从公立医院和非公立医院角度来看，公立医院的入院人数占比为 82%，民营医院占比仅为 18%。从医院分级来看，三级医院的入院人数占比为 52%，二级医院占比为 42%，一级医院占比仅为 6%。

（2）近五年来全国门诊和住院服务变化情况。

从图 8 - 40、图 8 - 41 可以看出，2015—2019 年，我国医疗机构门诊量持续增加，共增长了 13.3%。全国医疗卫生机构住院量也持续增长，总增长了 26.3%。可见由于医疗机构和床位数的大量增加，我国医疗机构门诊数量和住院量也都大量增加。

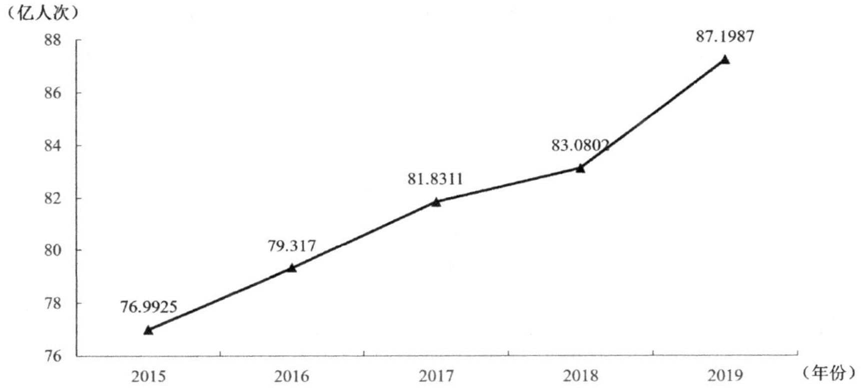

图 8-40　全国医疗卫生机构门诊量变化情况

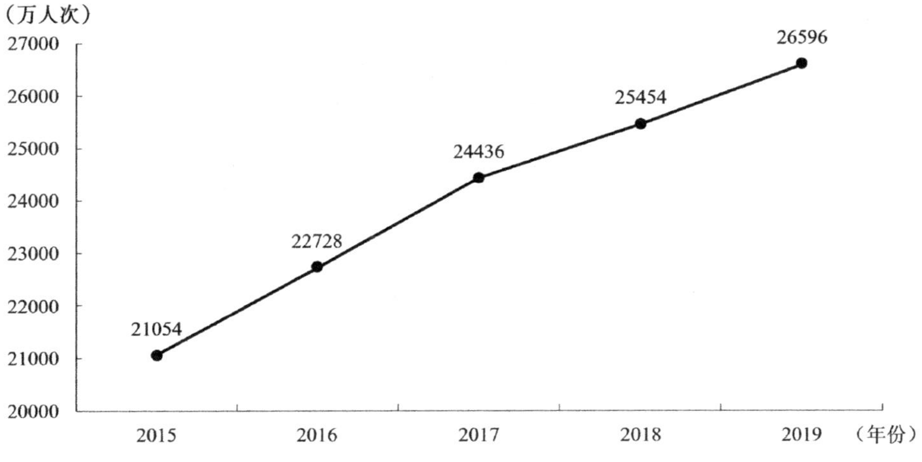

图 8-41　全国医疗卫生机构住院量变化情况

5. 医院病人门诊和住院费用

从表 8-30 中可以看出，除了按可比价格计算的三级医院的人均住院费用在 2018 年和 2019 年下降了 0.4% 和 0.2% 之外，医院整体次均门诊费用、人均住院费用、日均住院费用均有所增加，增幅在 1.7%—8.2%。

表 8-30　　　　医院病人门诊和住院费用

指标	医院		公立医院		三级医院		二级医院	
	2018 年	2019 年	2018 年	2019 年	2018 年	2019 年	2018 年	2019 年
次均门诊费用（元）	274.1	290.8	272.2	287.6	322.1	337.6	204.3	214.5
上涨%（当年价格）	6.7	6.1	5.9	5.7	5.2	4.8	3.7	5.0
上涨%（可比价格）	4.5	3.1	3.7	2.7	3.1	1.9	1.5	2.0
人均住院费用（元）	9291	9848	9976	10484	13313	13670	6002	6232
上涨%（当年价格）	4.5	6.0	4.3	5.1	1.7	2.7	3.5	3.8
上涨%（可比价格）	2.4	3	2.2	2.1	-0.4	-0.2	1.4	0.9
日均住院费用（元）	1002	1079	1067	1154	1390	1492	681.7	716.4
上涨%（当年价格）	4.6	7.6	4.9	8.2	4.2	7.4	2.4	5.1
上涨%（可比价格）	2.4	4.6	2.8	5.1	2.0	4.3	0.3	2.1

从表 8-31 中可以看出，除了按可比价格计算的社区卫生服务中心的人均住院费用在 2018 年下降 1.8%之外，基层医疗卫生组织整体次均门诊费用、人均住院费用、日均住院费用均有所增加，增幅在 1.7%—13.1%。

表 8-31　　　　基层医疗卫生机构病人门诊和住院费用

指标	社区卫生服务中心		乡镇卫生院	
	2018 年	2019 年	2018 年	2019 年
次均门诊费用（元）	132.3	142.6	71.5	77.3
上涨%（当年价格）	13.1	7.8	7.5	8.1
上涨%（可比价格）	10.8	4.7	5.3	5.1
人均住院费用（元）	3194	3323	1834	1969.6
上涨%（当年价格）	4.4	4.1	6.8	7.4
上涨%（可比价格）	2.3	1.1	4.6	4.4
日均住院费用（元）	323.2	344.1	285	303.9
上涨%（当年价格）	0.3	6.5	4.9	6.5
上涨%（可比价格）	-1.8	3.5	2.7	3.5

从以上两表可以看出，医院的门诊费用和住院费用均高于基层医疗卫生组织的门诊和住院费用。而 2019 年全国医疗卫生机构的门诊费用和住院费用都比 2018 年有所上涨。

6. 中医药领域发展情况

我国中医类医疗卫生机构数量显示出较少的情况，但从表 8-32 中可以看出，2019 年中医类卫生机构数增长很快。2019 年全部中医类医疗卫生机构数比 2018 年增长了 8.35%，其中，增长幅度最大的是中医门诊部，增幅达到 11.1%。

表 8-32　　全国中医类医疗卫生机构数及床位数

指标	机构数（个）		增长率（%）	床位数（张）		增长率（%）
	2018 年	2019 年		2018 年	2019 年	
总计	60738	65809	8.35	1234237	1328752	7.66
中医类医院	4939	5232	5.93	1021548	1091630	6.86
中医医院	3977	4221	6.14	872052	932578	6.94
中西医结合医院	650	699	7.54	110579	117672	6.41
民族医医院	312	312	0.00	38917	41380	6.33
中医类门诊部	2958	3267	10.45	548	536	-2.91
中医门诊部	2495	2772	11.10	423	402	-4.96
中西医结合门诊部	436	468	7.34	112	124	10.71
民族医门诊部	27	27	0.00	13	10	23.08
中医类诊所	52799	57268	8.46	—	—	
中医诊所	43802	48289	10.24	—	—	
中西医结合诊所	8389	8360	-0.35	—	—	
民族医诊所	608	629	1.81	—	—	
中医类研究机构	42	42	0.00	—	—	
中医药研究院	33	33	0.00	—	—	
中西医结合研究所	2	2	0.00	—	—	
民族医学研究所	7	7	0.00	—	—	
其他中医类临床科室	—	—	—	212141	236586	11.52

从中医类医疗卫生机构床位数角度来看，全部床位数的增幅达到 7.66%，其中，中西医结合门诊部的床位数增幅达到 10.71%。

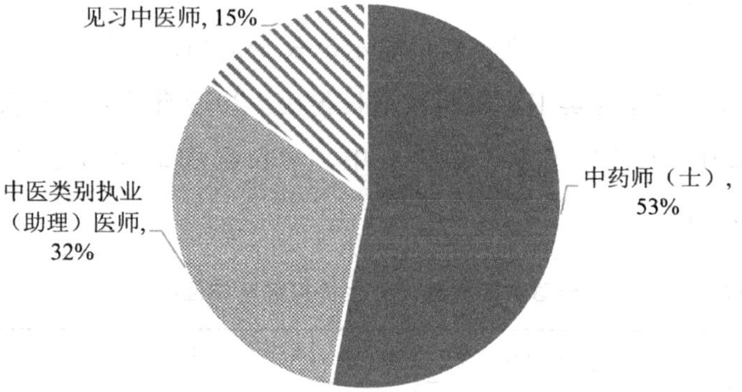

图 8－42　全国中医药人员分布情况

从表 8－32 中可知，2019 年中医药人员总数的增速也很快，达到了 7.27%，但增速低于中医药医疗机构总数的增速，说明虽然我国中医药人员增速比不上中医药医疗机构增速。在中医药人员中，增加最快的是中医类别执业（助理）医师，增幅达到 8.70%，这一增幅超过了中医类医院的增幅，但低于中医类门诊部的增幅。

（二）近年来我国卫生行业的改革与发展

从表 8－33 中可以看出，政府对卫生行业非常重视，改革的方向主要有以下几个方面。

表 8－33　　近年发布的部分有关医药行业政策

主题	发布时间	发布部门	颁布文件
中医药	2019 年 10 月 26 日	国务院	关于促进中医药传承创新发展的意见
药品管理法	2019 年 8 月 26 日	中国人大	中华人民共和国药品管理法
疫苗管理法	2019 年 6 月 30 日	中国人大	中华人民共和国疫苗管理法
国家试点集中采购	2019 年 1 月 17 日	国务院	关于印发国家组织药品集中采购和使用试点方案的通知
互联网＋医疗健康	2018 年 4 月 28 日	国务院	关于促进“互联网＋医疗健康”发展的意见

续表

主题	发布时间	发布部门	颁布文件
社会办医	2017年5月23日	国务院	关于支持社会力量提供多层次多样化医疗服务的意见
医联体	2017年4月26日	国务院	关于推进医疗联合体建设和发展的指导意见
两票制	2017年1月9日	国务院	关于在公立医疗机构药品采购中推行“两票制”的实施意见（试行）的通知

1. 医药采购

医药采购实行两票制和带量采购改革，其中两票制改革是为了消除医药流通领域的经销商价格加成，带量采购则是为了直接降低药价，总的来说，我国卫生领域近年来着重致力于降药价。

2. 医疗机构模式改革

鼓励医院成立医联体和社会办医，吸引更多民间资本进入卫生行业。政府近年来鼓励社会资本进入卫生行业，大量卫生事业公司上市，医院纷纷成立医疗集团和医联体，资本的进入给卫生行业带来了新的活力。

3. 加强药品安全管理

尤其是2018年长春生物的问题疫苗出现后，政府更加重视卫生行业的药品安全问题，全国人大接连通过了《疫苗管理法》和《药品安全管理法》两部法律。

4. 卫生行业与“互联网+”

政府支持卫生行业结合现代互联网的先进技术，互联网问诊、互联网远程手术等网络技术与卫生行业相结合的新事物纷纷涌现，卫生行业结合新技术提供了更多元、更高质量的医疗卫生服务。

5. 中医药

中医药是社会的财富，必须发展起来，建设起来，动起来。加强中西医的融合与交汇。

第三节 新冠肺炎疫情对第三产业的影响

一、对第三产业总体的影响

在一场突如其来的疫情影响下，2020 年第一季度，我国 GDP 为 206504 亿元，比上年同期降低了 6.8 个百分点。其中，第一产业下降幅度为 3.2 个百分点，增加 10186 亿元；第二产业增加值下降幅度为 9.6 个百分点，增加值 73638 亿元；第三产业增加值下降幅度为 5.2 个百分点。疫情下，第三产业所受的影响主要在第二季度。据调查，在 2020 年第二季度，我国第三产业发展降低 61.9%，降幅较大。同时，发展规模指标环比巨幅下降 95.26 个百分点。在第一季度中，第三产业发展速度比降幅较大，难以在短期内恢复正常。

在第一季度，第三产业增加减少，产业内的其信息传输、软件和信息技术服务业增长 13.2%，金融业增加值增长 6.0%。在 3 月时，全国范围内的服务业生产指数比前两个月降低 3.9%，下降幅度为 9.1 个百分点。在前两个月，服务业企业营收减少幅度为 12.2 个百分点，互联网和相关服务营收的增加幅度为 10.1%，软件和信息技术服务业营收增加幅度为 0.7 个百分点。在 3 月，服务业商务活动指数比 2 月增加 21.7%，为 51.8%。产业内涉及的交通运输、零售业、仓储和邮政业等行业的商务活动指数，分别为 59.2%、60.5% 和 62.8%。服务业业务活动预期指数比 2 月增加 17.1%，为 56.8% 市场走势良好。

虽然第三产业在疫情期间对国民经济的贡献率大幅减少，2020 年一季度增加值为负值，对经济增长的拉动作用降低。住宿和餐饮业增加值大幅降低，一季度营收十分萧条；但是在二季度，行业经营收情况好转，住宿和餐饮业营收降幅缩小。新兴服务业如信息传输、软件和信息技术服务业发展趋势良好，在 2020 年第一季度的环比增速为 5.97%，第二季度的环比增速为 14.02% 消费受到抑制，恢复态势正逐步显现。第三产业中，货物和服务净出口使 GDP 降低了 1%。并且根据海关统计分析，在 2020 年第一季度，我国货物贸易比 2019 年同比减少了 80.6 个百分点，贸易顺差 983.3 亿元。同时受疫情影响，旅游业中特别是出境旅游大幅减少，贸易逆差与 2019 年相比，有一定程度的缩减。

生产生活秩序加快恢复，部分民生保障领域稳定增长。从产业来看，第三产业在一季度的增加值占 GDP59.4%，且与上年相比，第三产业比重提高 0.9%。

从第三产业中的行业来看，在疫情防控期间，为响应国家的号召，减少人员的流动，交通运输、仓储和邮政业的增加值与上年相比降低了 14%。然而，在复工复产的加快下，交通业逐渐恢复正常运转，带动了物流行业情况的好转，由数据可知，在 3 月份的全国货运周转量比 2 月增速加快 9.9%，客运周转量增速多 14.3%。在灵活的货币政策下，使资本市场正常、有效运作，证券市场稳定，金融业保持增长态势，其增加值同比增长 6.0 个百分点。对于线上交易、在线教育等依赖软件、信息技术和信息传输的服务业来说，其快速增长，增加值同比增长 13.2 个百分点。同时，在第一季度，防控疫情的需要，国家用于基层医疗卫生组织等方面的支出巨大，达 1372 亿元。

二、对第三产业内重点行业的影响

（一）住宿和餐饮业

住宿和餐饮业是第三产业中典型的“线下”服务性行业，根据国家统计局发布的数据，2019 年住宿和餐饮业增加值 18040 亿元，其中第四季度增加值为 5071.2 亿元。然而，2020 年一季度住宿和餐饮业增加值仅为 2820.9 亿元，同比下降 35.3%；二季度增加值为 3481.3 亿元，虽然较一季度有所回升，但与去年同期相比仍然减少。餐饮服务业以中小企业为主，抵抗外部风险能力不足，疫情期间营收大幅下降，发展停滞。

疫情期间，餐饮行业基本生存结构被打破。尤其在 1 月末到 3 月初的近两个月的时间里，餐饮企业无法开门营业，堂食这一基本餐饮模式直接被停掉，传统的餐饮商户收入极低，有近八成的商户在这两个月里并无收入来源。疫情也造成了严重的资源浪费问题。疫情正值春节期间，众多商家提前采购原材料进行库存，但突如其来的疫情导致众多的年夜饭预订被退订。原材料浪费、房租压力以及资金无法周转的问题导致众多商家面临倒闭的难题。相比于个体经营者，连锁企业的情况相对较好一些，虽然不至于面临倒闭，但也有不少门店面临关闭的危机。在疫情的冲击下，餐饮行业的消费需求和消费选择也有了变化。消费者对于安全更加关注，因此与在家就餐相比，外出就餐这一选择可能会被认为是更不安全更不卫生的选择，餐饮行业的硬性需求有所减少。

随着疫情防控工作的推进，2020 年第二季度住宿和餐饮业的经营情况有所改善。国家统计局发布的数据显示，2020 年上半年，餐饮行业收入同比下降 32.8%，二季度餐饮收入降幅比一季度收窄 23%，餐饮收入连续三个月好转；上半年限额以上住宿业企业客房收入降幅比一季度收窄超过 7%。居民的出行意愿增加，餐饮住宿企业复工复产有序开展，市场活力正逐渐恢复。但疫情导致的失业、收入下降等问题使居民对于非必需品的消费意愿减弱，行业运行的完全恢复仍需要一段时间。

（二）金融业

新冠疫情首先会直接影响到投资者对金融市场的风险偏好，许多投资者可能转为风险厌恶型，但是风险偏好的转变对金融市场的制约是暂时的，只有疫情危险期一过，风险偏好将会迅速回转。但是从 2019 年起金融去杠杆力度加大后，金融流动性就变得相对紧张。新冠疫情后，除保障人民基本生活的企业外其他一律停工停产，这对整个金融市场的流动也造成了负面影响。为了保证疫情期间的资金流动和金融市场正常运转，2020 年 2 月中国人民银行累计投放 1.7 万亿元。推动了市场利率下行，缓解了尤其是小微企业在内的各行企业的财务压力。同时，银行间隔夜拆借利率由 2019 年年底的 1.98% 下降至 2020 年 2 月的 1.63%，中国银行推出下调中标利率等相关政策，缓解了企业融资难题和企业融资成本。

银行业作为金融体系的主体，既受到疫情的影响，又是抗击疫情的重要经济支柱。企业经营和居民消费都受到疫情的较大影响，大多企业停工停产一个季度，资金链紧张，还款能力较弱，可能造成坏账。因此出台相关政策引导银行让利实体经济，包括对特定行业减息、降低贷款利率和延长还款期限以及下调逆回购利率等。对于二级资本市场，由于投资者的悲观情绪导致我国资本市场短期波动剧烈。2020 年春节后首次开盘，上证综指和深证成指分别下跌 7.72% 和 8.45%。随着各级政府和有关部门对复工复产的强烈支持和疫情防控的有序进行，A 股交易也逐渐回暖。

（三）旅游业

1. 短期直接影响

（1）景区。

疫情对旅游业的影响首先直接作用在旅游目的地上。实际上，现代旅游产业目的地包括景区在内的一系列自然人文风光带，其中也包含游乐公园等。据中国旅游协会调研显示，旅游景区占比 38.2%，对基于大众意义上的景区进行深入分析，景区所遭受的损失也直接反映在其营业收入中，减少收入的同时还增加了景区的维护成本。将全国景区按地域划分后统计收入损失情况，如表 8－34 所示。

表 8－34　　　　全国景区收入损失

地区	省份	景区情况（家）	平均收入损失情况
华东	上海市	148	春节期间 216 万元
华南	广东省	423	春节期间平均净投入损失 176 万元
华中	湖南省	100	一季度平均收入同比下降 574 万元
华北	河北省	331	仅白石山景区预计季度收入损失 1700 万元
西北	新疆	83	季度损失 60% 至 100%
西南	云南省	165	春节期间收入损失同比下降 71% 至 100%

数据来源：中国旅游景区协会。

（2）旅行社。

在近年来旅游业蓬勃发展下，截至 2019 年年底我国全国旅行社总数达到了 38943 家，包括传统线下实体旅行社以及线上旅行社（OTA），全国旅行社营业收入7103.38亿元，整个旅游行业蓬勃发展。但是就在旅游发展前景一片光明的情况下，新冠肺炎疫情暴发正值春节旅游旺季，防疫政策之下旅行社取消50万个旅游团行程，旅行社直接损失近亿元。包括春节在内的上半年的假期众多，疫情对旅行社的影响不仅在于旅游团取消带来的营收损失，还包括上下游企业间的应收账款问题以及长时间停业带来的现金流问题。此外，曾经直接或间接为中国就业市场解决近1/3就业岗位的旅游业市场遭受疫情影响也是巨大的，数以万计人口因安全问题失去工作，旅游业失业率急剧增长，远超2003年非典时期受损情况。

（3）对餐饮、住宿等行业影响。

餐饮、住宿业和旅游业三者供求关系显著，彼此影响，因此在旅游业遭受重创的情形下，食宿业的发展也停滞甚至倒退，更甚者，餐饮住宿一体的旅游度假村如迪士尼和长隆游乐园的损失高达1.75亿美元。在收入大幅下降的情况下，人力、场地、维护等成本却随疫情防护增加，中小企业更是难以生存。

2. 长期间接影响

（1）减少了消费者外出旅行的需求。

近年来的旅游业发展离不开人们逐渐增长的精神文化需求，人们对旅游的看法从简单的观光浏览逐渐深入当地文化中，形成文化旅游需求。然而旅游的特性是人群聚集的游览，与新冠肺炎疫情防护理念避免群体聚集相悖。疫情目前仍未结束，未来情况还未能预测，但可以发现的是，人们的防护理念在不断增强，对一些聚集性活动有所防备，在此观念的长期影响下，消费者对旅游的需求将会在一定程度上减少。

（2）境外游客来华旅游的市场恢复更漫长。

根据统计年鉴显示，我国接待包括港澳台同胞在内的入境旅客人数由2015年的13382.04万人次增长至14530.78万人次，增幅达到8.58%。此外，在“一带一路”倡议提出以来，沿线国家入境旅客也明显增加，截至2018年，“一带一路”沿线国家入境人数达到1099万人次，近五年增长率最高达到9.24%。但是随着疫情形势严峻，我国对出入境进行了严格的管制，海关对于进出口严加管理，境外旅客来华政策仍未恢复，对于境外业务市场几乎是致命的打击。

（四）信息技术服务业

对第三产业的发展来说，信息化与网络化服务功不可没。从环比角度看，与 2019 年一、二季度相比较，2020 年一、二季度环比增长率分别为 5.97%、14.02%，增速分别降低 10.84%、0.74%。这证明，信息传输、软件、信息技术等服务业不随外界环境的冲击，不受疫情过多的影响，仍然表现出良好的发展趋势。个别门类甚至在疫情期间加速发展，如线上云服务。同时为了更好地办公、学习，采用线上会议模式进行，进一步推动了网络化服务的发展。如在 2020 年 2 月，移动互联网接入流量增长 47 个百分点，疫情给了网络化服务机会，使其并没有像餐饮业、航空业等受到疫情的冲击。

（五）卫生和社会工作

受疫情的冲击，2020 年 1—5 月全国医疗卫生机构诊疗人数合计下降 24.1%，其中医院下降 24.3%。按登记注册类型分，公立医院和民营医院诊疗人次下降基本相近，都在 20% 至 25% 之间。按医院等级分，未定级医院诊疗人次下降幅度超过定级医院。基层医疗卫生机构总体下降 24.8%，和医院下降比例相当，但乡镇卫生院仅下降 12%，受疫情冲击最小，而诊所（医务室）诊疗人次下降幅度达到了 34.6%，下降幅度最大。

从出院人数角度来看，医疗卫生机构合计下降 19.3%，其中医院下降 18.7%，基层医疗卫生机构下降 22.8%，说明疫情对整个卫生行业的住院业务冲击巨大，对基层医疗卫生机构的住院业务冲击更大。按登记注册类型分，公立医院下降 20.8%，民营医院下降 9%，说明疫情对民营医院的住院业务影响不大。从医院分级来看，一级医院的住院业务仅下降 2.3%，说明疫情对一级医院的住院业务几乎没有影响。对于基层医疗机构来说，不同类型之间出院人数降幅差别不大。

从病床使用情况来看，各种医疗机构病床使用率都大幅下降，这与表 8-35 诊疗人次下降和住院业务萎缩相一致。医院中，三级医院病床使用率下降幅度最大，达到了27.13%，一级医院病床使用率下降最小，降幅为11.49%。但观察疫情前不同类型的医院病床使用率情况可以发现，三级医院达到了98.8%，而一级医院仅为58.3%，说明一级医院病床使用率下降幅度低并不是因为受疫情影响小，而是因为本来住院业务规模就较小。基层医疗机构中的社区卫生服务中心和乡镇卫生院的病床使用率下降程度也都达到了20%以上。

表8-35　　病床使用情况

医疗机构类型	病床使用率（%）		变动率
	2019年 1—5月	2020年 1—5月	
医院	86.2	67	-22.27%
其中：三级医院	98.8	72	-27.13%
二级医院	86.2	67.6	-21.58%
一级医院	58.3	51.6	-11.49%
社区卫生服务中心	54.1	41.6	-23.11%
乡镇卫生院	63.8	50.8	-20.38%

三、疫情后第三产业的发展展望

从以上数据分析可知，疫情对第三产业的冲击虽然显著，但是随着疫情防控工作的推进，我国第三产业经济在逐渐趋于好转，更显示出了政府施行的“六稳”“六保”任务的成效。针对以上分析，对疫情后我国第三产业的发展提出建议如下：

政府方面要从中国国情出发，按照市场发展的规律，适当进行政策调整。疫情下的中国百废待兴，各行各业受打击不小，因此，需要一定政策，如税费减免、租金补贴等措施，来对企业进行扶持，度过难关。其次，加大对金融机构支持力度，降低贷款门槛，缓解中小企业的生存压力。发掘第三产业新的动力点，促进产业恢复，以找到更好的拉动经济的增长点。同时，将医疗、教育、文化旅游等行业与人工智能、大数据技术相结合，推动服务业向数字化转型。推动第三产业发展，优化产业结构。在考虑各地区优劣势的基础上，有针对性地扶持第三产业中相关行业的发展，培育出有竞争力的核心企业群。

第九章　产业链发展现状

国家统计局在1985年《关于建立第三产业统计的报告》中，将第三产业分为四个层次：第一个层次是流通部门，包括交通运输业、邮电通信业、商业饮食业、物资供销和仓储业；第二个层次是为生产和生活服务的部门，包括金融业、保险业、公用事业、居民服务业、旅游业、咨询信息服务业和各类技术服务业等；第三个层次是为提高科学文化水平和居民素质服务的部门，包括教育、文化、广播电视事业、科研事业、生活福利事业等；第四个层次是为社会公共需要服务的部门，包括国家机关、社会团体以及军队和警察等。

第三产业也可以成为服务业，服务业指农业、工业和建筑业以外的其他各行业，其发展水平是衡量生产社会化和经济市场化程度的重要标志。服务业通常具有以下基本特征：

一是无形性。商品和服务之间最基本的，也是最常被提到的区别是服务的无形性，因为服务是由一系列活动所组成的过程，而不是实物，因此服务业也称为虚拟经济。

二是异质性。服务是由人表现出来的一系列行动，而且员工所提供的服务通常是顾客眼中的服务，由于没有两个完全一样的员工，也没有两个完全一样的顾客，那么就没有两种完全一致的服务。

三是生产和消费的同步性。大多数商品是先生产，然后存储、销售和消费，但大部分的服务却是先销售，然后同时进行生产和消费。

四是易逝性。服务业的易逝性是指服务不能被储存、转售或者退回的特性。

而产业链是对产业部门间基于技术经济联系，是部门间表现出的环环相扣的关联关系的形象描述。虽然广义产业链在面向生产的狭义产业链基础上尽可能地向上下游拓展延伸。产业链向上游延伸一般使产业链进入基础产业环节和技术研发环节，向下游拓展则进入市场拓展环节，但是由于第三产业的特殊性质，在现实生活中很难对第三产业的上下游供给关系进行清楚的划分，其产业内部大多数存在双向影响关系。因此本章不再讨论第三产业的产业链情况。

第十章　产业双循环的优化路径

第一节　双循环对第三产业的影响

由于第三产业内各行业在双循环中的作用和地位存在差异，因此，双循环新发展格局的构建必然会带来产业内结构的优化升级，下面以与双循环关系较为紧密的几个行业为例来论述双循环给其带来的影响。

一、对旅游业的影响

2020 年年初，新冠肺炎疫情对我国的实体旅游业造成巨大冲击，但是在疫情防控进入新常态后，线下旅游又实现了一定程度的增长。一方面，这种增长表明我国的旅游消费需求没有消失，只是在疫情期间被抑制；另一方面，也在一定程度上反映了我国的旅游消费市场韧性较强，不会因为“黑天鹅”事件的冲击而丧失活力。在双循环新发展格局下，我国的旅游业将迎来新的发展机遇，为了与新发展格局相适应，旅游业的发展也需要寻求突破，主要具有以下几个方面的意义。

第一，有利于拉动内需，刺激国内旅游市场的发展。变革旅游发展思路和重组旅游发展格局，是实现双循环新发展格局下旅游业焕发新活力的突破口。通过发展思路变革，可以充分挖掘新的增长点，例如开发新的旅游模式，以吸引更多的旅游消费；通过发展格局重组，可以在旅游产品类型更加丰富、产品体系更加完善的基础上，使安全系数得到增强，运行体制得到完善。这一系列举措可以刺激居民的旅游消费需求，带动旅游市场走出疫情带来的阴霾。旅游市场作为消费市场的组成部分，其复苏和振兴能有效拉动内需，从而促进整个消费市场向振兴的基本面发展。

第二，有利于国内旅游与国际旅游相互促进。随着中国国际地位的日益提升，中国的发展与世界的发展紧密相连。旅游业发展的方向不应该局限于国内，随着经济全球化程度的不断提升，跨国旅游越来越普及，我国旅游业的发展应该被置于世界旅游的发展之中。结合当前的国际局势，现阶段我们应该致力于把国内旅游振兴发展起来，以突出国内大循环的主体地位，当然这需要以不放弃构建国际旅游循环格局为前提。用构建国内旅游大循环的成效和经验去影响带动国际旅游的发展，有利于推动国际旅游大循环的构建，形成国内旅游与国际旅游相互促进的局面。

第三，有利于牢牢把握旅游发展的安全权。当前世界形势的变化复杂而深刻，各种意想不到的事件、不确定性风险逐渐增多。旅游业既然会参与国际循环，那么全球经济的变化必然会对旅游经济和政治安全带来威胁，为了应对这些潜在的威胁，要调整旅游产业布局，把旅游业的发展重心放在国内，以紧紧把握旅游发展的安全权。一方面我国稳定的政局、优越的制度可以拉动潜力巨大的内需，另一方面可以尽量减少外部环境的不确定性对我国旅游业发展的影响。

二、对交通运输业的影响

交通运输业在产业内发挥着沟通产业链上下游、节约成本等基础性作用，是第三产业的重要组成部分。在构建双循环新发展格局的战略目标引导下，交通运输业在国内和国际循环中都将发挥重要作用。在国内大循环中，交通运输业发展的重要意义体现在可以为国内大循环创造更为低廉的服务价格，以与生活紧密联系的快递行业为例，数据显示，十年前一件快递的平均运输价格是 30 元，2015 年就下降到了平均每单 13.4 元，到了 2019 年则进一步下降，变成平均每单 11.8 元。快递费用的下降在一定程度上反映出我国交通运输业受规模经济的影响成本有所下降，从而推动全国统一市场的形成。在国际循环中，交通运输业的发展重要意义在于提升国际运输贸易的竞争力，近年，我国的交通运输业在国际的地位不断增强，运输服务贸易逆差在2019年缩小了12%。双循环新发展格局给交通运输业带来了以下几个方面的机遇。

抢抓构建国内外一体化物流供应链的机遇。在内循环中，国内物流供应链体系的完整性是交通运输业得以发展的重要基础，在外循环中，国际物流供应链在交通运输业中的重要地位也不容忽视。受疫情影响，我国国内外的物流供应链都出现了一些问题，供应链断裂、迟滞、不稳定等阻碍循环体系正常运行的事件时有发生。在双循环新发展格局下，为了使物流供应链的畅通和稳定得以维护，同时推动国内国际双循环相互融合、相互促进的高效运转，党中央把保产业链和供应链稳定规划为了“六保”的重点任务之一。

抢抓构建多式联运体系的机遇。双循环新发展格局在交通运输业的体现在于实现综合运输，即货物的多式联运。改革开放以来，我国的多式联运体系已经得到了巨大的发展，但是仍然存在一些不足。在国内运输方面，主要的问题表现在各种运输方式之间没有形成有效的协同，这在一定程度上受制于没有形成统一的管理标准和运营规划。在国际运输方面，主要的问题表现在与国内的多式联运体系发展程度不匹配。为了弥补国内贸易多式联运体系建设不足这块短板，同时适应新发展格局的要求，需要构建国内外贸易一体化的多式联运体系，形成国内外兼容的管理标准、协调一致的政策法规，以多式联运为突破点，带动交通运输业向更高水平发展。

抢抓构建综合交通大数据中心的机遇。在数字经济飞速发展的背景下，掌握数据者就能把握发展的先机，过去，商流、物流、资金流的循环尽管相互有所联系，但是整体效率不高，数据流的出现可以沟通循环体系的各个环节，实现信息的高效交换，从而带动商流、物流等流转的效率提升。我国的“新基建”建设也为交通运输业的发展提供契机，为了实现各运输方式之间的数据信息高效互通，以综合交通大数据流赋能双循环实现有效调控，加快构建综合交通大数据中心的重要性得以凸显。

三、对金融业的影响

金融业作为一个重要工具，在政府进行宏观调控实现资源的有效配置方面发挥重要作用，“金融活、经济活”，金融业是保持经济活力的关键力量，因此，在构建“双循环”发展格局中，金融业的作用不容小视。

金融业服务于构建新发展格局具有一定的现实基础。首先，在国内循环上，金融业有广泛的客户群体，据公开数据显示，截至2020年6月，针对中低收入客户群体的消费金融公司贷款余额4686.1亿元，累计为1.4亿客户提供服务，因此，金融机构在如何拉动消费、平衡供给、节约成本等方面有丰富的经验，这些也正是构建新发展格局的关键环节。其次，在国际循环上，我国金融业不断加大力度实行对外开放，以境外主体持债规模为例，截至2019年，规模达到了2.3万亿元，同比增长26.7%。此外，2019年我国与“一带一路”沿线国家实现了超过2.73万亿元的跨境收付金额，同比增长32%。一系列数据都说明了我国金融业业务覆盖范围广泛，其根基较为稳定，为了更好适应双循环新发展格局，金融业改革应重点做好以下几方面工作。

一是继续推动金融开放创新。一方面，金融业内部应该加大创新力度，把金融服务供给侧结构性改革作为工作的主线，不断完善内部管理运行体制，在提高金融服务效率的基础上优化结构；另一方面，金融业应该充分发挥资本市场的作用，为其他创新主体提供支持，有规划地将资金向战略性和高技术新兴产业流转，新兴产业在发展壮大之后，又会反哺金融业，两者之间会形成动态的、良性的循环。需要注意的是，在与实体经济协同发展的同时，也要注意减少系统性金融风险的发生。

二是深化金融机构改革，为了使金融业在双循环格局中发挥更加重要的作用，对于金融机构内部，要加强监督管理力度、完善银行公司治理，形成产品业务多元化、覆盖范围广且服务效率高的金融机构体系。在客户选择方面，不能一味给予支持，对于那些经营不善的客户，金融支持可能会导致“僵尸”企业的产生，因此金融业需要加大对优势企业的金融支持力度，推动他们进行产能整合、技术升级，从而带动行业的优化重组。

三是扩大金融业双向开放，在对内开放方面，要加强金融业内部各组成要素的沟通交流，通过信息交互把握资金流向，使资金得到有效利用；在对外开放方面，要加强与国际金融机构的合作和交流，支持国际产能合作，鼓励企业使用人民币参与贸易结算、对外投资，从而在一定程度上推动人民币国际化，让人民币成为未来资产在全球进行配置的重要选择。但是，开放并不意味着忽视安全，金融业应该合理调整开放和安全之间的关系，以保障双循环的顺利进行。

四、对流通体系的影响

流通产业作为服务业的一部分，属于第三产业，但是其作用范围不局限于第三产业内，而是在整个产业结构中发挥基础性和支撑性作用。习近平总书记强调："统筹推进现代流通体系硬件和软件建设。"可见，现代流通体系的建设已经被提升到战略高度，将为双循环新发展格局的构建提供有力支撑。

现代流通体系在双循环新发展格局中的作用主要体现在基础支撑上。一方面，现代流通体系是国内大循环的骨骼框架，由于我国人口基数大，从而产生了庞大的消费需求，为了提高消费者满意度，流通的作用不言而喻，因为高效的流通体系可以推动商流、物流、信息流等循环要素的分工与协作，使循环过程的效率得到提升，供给和需求匹配得更加精准。另一方面，国内循环与国际循环的相互促进也离不开流通体系的支持，因为双循环是一个整体，不是割裂开来分开进行的，流通体系建设的重点是保障产业链和供应链稳定，这可以为扩大对外开放、保证内外贸稳定提供坚实基础。

由于受到顶层设计与现代流通体系实际建设不匹配和管理体制、运行机制的限制等因素的影响，目前我国的现代流通体系建设存在着机制混乱和管理模式落后等方面的问题，导致现代流通体系的建设进程有些滞后，尤其是相对于现代化经济和产业体系而言。为了加快现代流通体系的建设进程，使之与经济体系和产业体系相适应，并且满足双循环新发展格局的建设要求，未来的流通体系建设应以下述几点内容为重点。

第一点是建立与双循环新发展格局相适应的流通标准，只有标准建立了，后续的建设才能在一个可控的范围内进行，现代流通体系的建设应该在满足最低标准的基础上打造新的范式、新的规则，从而掌握话语权，提高在国际流通体系中的地位。第二点是以“国内大循环为主体”的目标为依托，打造与经济社会的发展水平相适应，与国内市场流通规模相协调的流通基础设施以及配套的流通管理体系，为现代流通体系的建设打好地基。第三点是提高国内流通体系建设的国际化水平，因为双循环是一个不可分割的整体，所以要保证国内流通体系与国际流通体系的高度统一，这样才能使两者相互促进，协调发展。相对应的，流通治理、运营与服务体系等都需要进行改造，从而更好地满足国际需求，将中国市场打造成国际市场。

五、对卫生和社会工作的影响

卫生行业的发展可以保障人民的生命健康，满足个体的安全需求。安全需求和生理需求一样，都是低级的物质需求，在满足了生理需求和安全需求以后，个体才会追求更高的精神需求，才会对美好生活有所需求，才会对更高级的消费品有所需求，进而不断扩大国内消费，拉动中国的内需。双循环对于卫生行业的影响主要有以下几个方面：

一是加速药品生产企业和医疗设备生产企业自主创新。双循环促进了药品生产企业和医疗设备生产企业实施科研应急攻关。遵循安全、有效、可供的原则，加快推进药物、新型检测试剂等研发和应用。

二是促进了信息技术行业与卫生行业的深度融合。由于卫生行业的需求，促进了信息技术行业与卫生行业的深度融合，如大数据、人工智能、云计算、互联网和5G技术在卫生行业的应用极大地促进了疫情防控。从长期来看，随着卫生行业的进一步发展，对信息技术的需求会越来越大，因此可以进一步促进卫生行业与信息技术行业的深度融合。

三是促进医疗设备的进口。虽然近年来国家出台一系列利好政策推动医疗设备行业蓬勃发展，不过我国医疗设备行业产品依旧以中低端产品为主，高端医疗设备部分仍需从国外进口，从医疗设备进口结构来看，中高端医疗设备约占全部进口医疗设备的44.3%。因此从长期来看，由于设备费用高昂、受众小、技术复杂，我国卫生行业需要长期依赖进口此类高端医疗设备，这在客观上也促进了进出口的平衡。

四是促进出口中医技术。在本轮疫情中，由于我国卫生行业运用中医药取得了显著的治疗效果，导致中医药在国外额需求大增。从短期来看，由于卫生行业运用中医药在抗击新冠肺炎疫情中发挥了重要作用，促进了中医药对国外的出口。从长期来看，由于国家对中医药越来越重视，未来卫生行业更将发挥中医药的价值，这将会导致国际社会对中医药技术的更大的需求，进而促进中医药技术在海外的广泛传播。

第二节　双循环背景下第三产业总体未来发展

通过上述对双循环对第三产业重点行业的分析，下面将对第三产业总体未来发展进行概括性的设想。

一、充分利用数字技术，实现数字化转型

公开数据显示，我国的数字经济规模增加值从2002年的1.2万亿元变成了2019年的35.8万亿元，平均年增长率为22%，由此可见，以大数据、人工智能、区块链等数字技术为基础的数字经济正在全国乃至全球范围内蓬勃发展。数字经济的高速发展给各行各业都带来了广泛而深远的影响，现阶段的热点是第五代移动通信技术逐渐走向商用。除此之外，由于数字经济并不是一个单独的行业，它对各行各业都有赋能和渗透作用，因此，2019年数字经济占GDP的比重达到了36.2%，可见数字经济给GDP带来的贡献也不容小视。

近年，第三产业产值占GDP的比重常被学者用来衡量产业升级的程度，说明第三产业在国民经济中的地位日益增强。为了进一步巩固第三产业在产业结构中的地位，应该充分利用数字经济时代带来的新技术、新机遇，顺应时代潮流，推动产业数字化转型。对于整个产业而言，数字化转型不是一蹴而就的，应该鼓励规模较大或数字化基础较强的企业率先触电数字化转型，在取得成功后为中小企业提供经验借鉴，鼓励并带动中小企业融入数字化转型的格局中。事实上，第三产业内的许多行业已经在进行数字化转型实践，以零售业为例，由于消费升级带来的异质性、多样性消费需求，以及行业内竞争的加剧，许多零售企业纷纷探索数字化转型之路，苏宁、天虹等大型零售商已经走在了数字化转型的前列。未来，不仅仅是零售业，整个第三产业都应该积极融入数字化潮流，探索可持续发展之道。

二、打造绿色供应链，促进供需精准匹配

第三产业作为与消费接触程度最深的产业，能够第一时间感知消费需求的变动，并将需求信息的变动传递给产业间其他成员，从而调整供给端，实现供需匹配。如何提高供需匹配的精准度和匹配效率就成为第三产业未来发展亟须解决的关键问题，绿色供应链建设恰是实现精准匹配供需的着力点。

供应链建设对于第三产业的重要性不言而喻，之所以提出绿色供应链的概念，是因为双循环新发展格局下强调经济要与环境协调发展，不能以牺牲自然环境为实现经济发展的代价。绿色供应链作为一种现代管理模式，积极响应国家的战略安排，把实现绿色发展的理念作为基本点，打造一个从采购、运输、储存到最终销售的闭合循环链，这个链条覆盖了产品的生命周期，有利于各个环节信息的高效交互，实现供需匹配，同时也实现了全过程的资源节约和环境保护。

一方面，作为实现供需精准匹配的桥梁，在移动互联、大数据、人工智能等数字技术的支持下，绿色供应链通过对海量消费者的数据进行分

析，合理安排库存，保证产品的销售渠道不会受阻，即不会出现产品积压的情况，同时新技术的使用可以实现产品的溯源，从生产到销售的全过程都可以实现追踪，除了可以使产品的质量得到提升，还可以使市场行为得到规范，减少非法竞争。另一方面，由于第三产业大都与居民的日常生活紧密联系，通过构建以消费端为主导的供应链体系，可以使整个产业的运转过程都紧紧围绕着消费需求，通过协调优化上下游核心企业的关系，推动每一个节点的合作与融合，加强创新，使产业内的经济活动在与保护环境相适应的基础上为消费者提供优质、安全的产品和服务。

三、推动产业链的深度融合

首先，在国内循环中，虽然我国第三产业的产业链已经经过了多次的调整和优化，但仍然存在着区域间分布不均衡、融合程度低等问题，为了实现国内循环中第三产业的高质量发展，推动产业链的跨区域合作与融合应该成为现阶段我国的主要工作。国内产业链的融合有多种路径，例如相似产业的合并、上下游产业的高效沟通以及跨区域产品销售等。以跨区域销售为例，应该将产品往消费潜力高的地区转移，近些年，由于经济的发展，我国中西部地区的下沉市场消费潜力得到了很大程度的挖掘，因此东部地区的优势行业可以考虑加大产品向这些区域的推广力度，具体实现方式包括通过网络直播、平台经济和跨区域项目交流等来加强区域间合作，开拓跨区域市场，从而在一定程度上促进产业链的深度融合。

其次，在国际循环中，我国第三产业的产业链在整个产业链条中大多处于中低层次，在上游层次占据的比重较小，为了提高我国第三产业在国际分工中的地位，推动产业链的融合至关重要。在未来的产业链布局中，要格外重视发展第三产业内具有高附加值的上游产品，由于整个产业体系是一个相互联系的整体，也应该加大对其他产业重点产品的支持力度。对于政府来说，转变行业扶持思路很重要，视角应该扩展到与重点行业相关的整个产业链，同时，科研创新方面的投入需要加大；相关管理规划部门应该摒弃“纸上谈兵”的工作作风，深入企业进行调研，梳理优势产业，在规划时将其放在重要地位，以提高国际竞争力；在企业层面，应该积极融入产业链融合的格局，注重建设现代化和国际化水平高的产业链，并通过创新提高自己的竞争力。

四、构建顺畅的现代物流体系

双循环新格局建设的一个重要目标是实现国内外市场的互联互通。与之相适应，当前第三产业要想走出困境、实现稳中求进和高质量发展，实现“畅通”是基本点，物流业在产业内发挥着联通各有机组成部分的关键性作用，作为第三产业的重要组成部分，恰是解决问题的关键所在。

在整个社会再生产的流通过程中，数字经济的发展带动商流、信息流、知识流、资本流等与互联网深度融合，在提高运行效率的同时还降低了成本。只有以实物流动为基础的物流无法利用信息技术实现高速流通。虽然物流过程不能完全被互联网替代，但是这并不意味着物流无法与现代信息技术进行结合，事实上我们已经有智慧物流、绿色化物流等诸多实践，在现代信息技术支持下，物流作为中枢神经的重要地位日益凸显。双循环新发展格局下追求流通体系乃至整个第三产业的突破，重中之重就在于构建国内与国际都通畅的现代物流体系。

在实际建设中，应该充分考虑物流环节的高效协作，致力于打造专业化、集成化、自动化、网络化和国际化的物流体系。除此之外，现代物流体系的建设还应该与其他工作协调进行，以未来的“新基建”建设为例，现代物流体系的建设应该抓住“新基建”这一契机，因为基础设施的发展很大程度上能够推动物流效率的提升。“新基建”的工作重点除了弥补铁路、公路等传统基础设施的不足之外，应该着眼于为现代物流体系的构建打下基础，把低成本、高效率的现代物流体系建设纳入未来“新基建”的工作重点，从而使基础设施建设与现代物流体系的构建相适应。

第三节　第三产业重点行业循环设想

一、餐饮业

（一）国内循环

到 2020 年 3 月底，餐饮业实现基本复工。尽管如此，后疫情时代的经济仍然还在受疫情的严重影响。中国作为第一批从疫情中迅速恢复生产的国家，在国内经济得到发展的前提下，有责任与义务助力全球经济市场的发展。就国内循环而言，餐饮业可以通过对产品链、营销链以及产业链进行优化升级从而拉动内需提高消费促进经济增长，而国际循环则依赖于国内循环的带动。

1. 产品链

产品链主要涉及餐饮产品从成本控制到产品的绿色、安全、健康再到业务多元的一整个过程。

（1）成本控制。

餐饮业一直存在着其固有问题，高额的人工成本、高额的食材成本、高额的租赁成本和高额的能源成本以及由此导致的低利润的问题。疫情的暴发使餐饮行业必须正视抗风险能力低这一问题。疫情暴发后，众多餐饮企业出现了资金链断裂等问题，大中型企业还能够勉强维系运营，小商户大多都面临倒闭的局面。根据 2019 年餐饮各业态成本相关指标显示，原材料成本在正餐、火锅、快餐小吃、团餐以及西餐休闲餐、日料中占比分别为 40.63%、40.11%、41.82%、55.75% 和 36.54%，是各业态中成本的主要构成成分。而人力成本则是第二大构成成本，在各业态中的占比分别为 24.63%、16.67%、20.72%、26.99% 以及 19.34%，房租及物业成本紧随其后，在各业态中的占比分别为 11.39%、11.85%、13.24%、4.62% 和 13.79%。这三项成本的总和在各业态中均能达到总成本的 90% 以上。

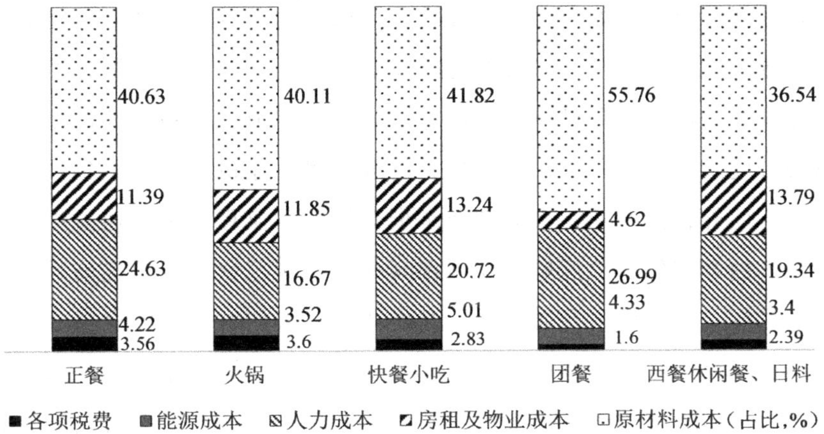

图 10－1 2019 年餐饮各业态成本相关指标

资料来源：《2020—2021 中国餐饮经营参数蓝皮书》。

针对成本问题，餐饮业可以从源头进行优化。针对高人工成本这一问题，餐饮企业可以通过入职前培训提高员工的熟练度，提高其效率，降低人工成本，也可以通过尝试高科技手段如推出无人餐厅等方式降低所需员工数，从而降低人工成本。针对高额的原材料成本，较大型的餐饮企业可以直接与原材料的直接生产者签订合约，省去需要支付的中间商利润，与此同时也可以保证原材料的新鲜。当餐饮企业对原材料有更高的需求时，也能够倒逼原材料生产者进行技术的革新从而降低其成本。良好的供应链管理可以帮助餐饮企业有效降低原材料成本，原材料提供者与餐饮企业建立良好的供求管理，采用统一系统，使原材料提供者能够及时且有针对性地提供原材料，不仅可以降低原材料存放过多可能导致的高库存成本与原材料浪费等问题，还能保证食品的质量。针对高房租及物业成本，餐饮企业可以考虑减少实体店铺的开设，进行部分线上电子商铺的拓宽，从而降低租房等成本。针对高能源成本这一问题，餐饮企业可以考虑改用更为高效且性价比更高的新型能源，或是进行循环经济，使废气、废热、废水、废渣能够实现自身的循环利用，成为新的能源和原料。

（2）绿色、安全、健康。

疫情过后，“安全、健康”成为消费者关注的焦点，绿色发展成为餐饮企业发展的重点。如何通过分餐的手段保障食品卫生以减少可能通过餐具共用导致的疾病传播，以及如何提高餐饮行业食物安全检测标准以避免海鲜等国外进口冷冻食材被新冠病毒污染的问题成为更被关注的重点。随着消费者健康意识的提升，餐饮企业还可以将营业执照以及卫生许可证进行公示。此外，某些不涉及关键操作步骤的制作流程也可以通过广告或者是宣传片的方式传达给消费者以体现其操作的规范化，以及提高顾客对于门店的信任。就食品本身而言，针对疫情之后人们对食品安全需求的新变化，结合卫生经济，企业可以大力开发新型产品，如使用无机蔬果作为原材料进行加工等。关于如何实现产品生产全过程的绿色生态化，餐饮企业可以从绿色循环经济着手，遵循循环经济三个基本原则，即减量化原则、再使用原则，以及再循环原则对生产的每个环节进行循环经济改造。从原材料输入到生产过程，再到最后的成品输出，三个环节都应当做到绿色生产。通过实施绿色采购，以较少的原料和能源满足生产需求，并通过生产过程的可循环化使最后产出物对环境无污染，满足环境可持续发展要求。

（3）业务多元化。

①布局新赛道。新冠肺炎疫情使消费者没有办法走出家门，因此，居家消费成为新的消费增长点。有不少餐饮企业已开始针对配送到家以及单人餐食等业务进行了相关布局以求更快抢占市场份额。在传统餐饮行业难以实现新一轮增长的当下，拓展居家餐饮这一新赛道有利于促进市场良性竞争从而实现产业优化。餐饮企业可以通过布局该赛道实现业务多元化进而拉动内需。

②发展新零售模式。在疫情的影响之下，众多餐饮企业没有办法正常营业，这使众多商家将餐饮堂食搬到线上，并通过产业链延伸从而发展线上餐饮零售业。如海底捞将其火锅底料进行包装并作为单独的零售产品放到网上进行售卖，反响良好。因此，餐饮企业可以针对自身品牌的产品进行产业链的延伸或收缩从而开发出具有特色的产成品或半成品，并通过官方的微商城卖给消费者，使业务更为多元。在这种双驱动模式下，餐饮企业能够增强抵抗风险的不确定性。

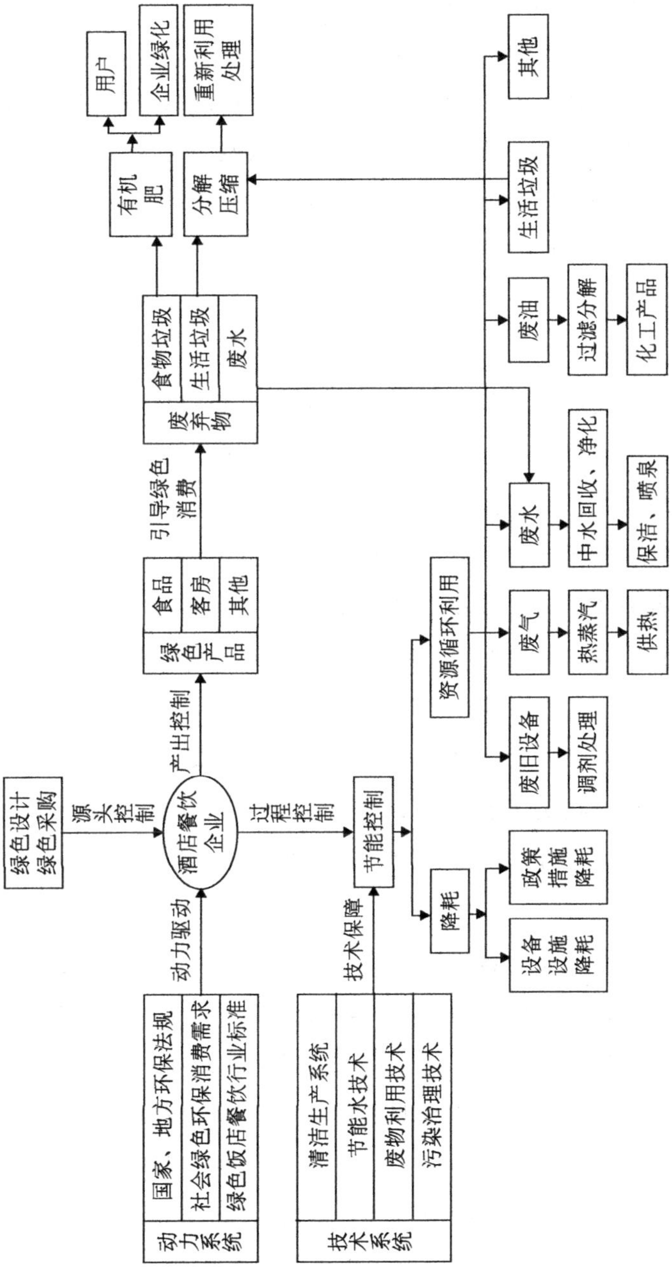

图 10－2　餐饮业绿色循环经济

③发力外卖产品。外卖作为新兴的餐饮行业产物，能够满足不同消费群体的需求，有广阔的市场前景。国家统计局 2020 年 6 月 15 日发布的数据显示，外卖等餐饮服务快速增长，5 月份限额以上住宿和餐饮企业通过公共网络实现的餐饮收入同比增长超过 20%。由此可以看出，餐饮行业恢复过程中主要依靠外卖行业实现收入增长。从城市等级分布来看，二线城市的外卖交易金额占比遥遥领先于一线城市和三线城市。因此，餐饮行业可以在一线城市大力推广外卖从而创造消费者需求。

2. 营销链

（1）发展线上营销。

大数据技术的成熟为线上营销提供了技术基础。通过大数据的手段，商家能够对不同的消费群体进行有效的划分，并针对其特点采取不同的营销手段，实现有效营销。针对二线城市以及外卖发展较好的地区，餐饮行业可以通过入驻美团外卖、饿了么等多个平台开展线上销售，外卖平台的销售能够节省餐饮企业人力，同时辅以优惠券等工具促进消费吸引消费者，能够起到有效的营销作用。针对区域范围较小的地方城市。餐饮企业可以建立相关的微信程序客户经理对老客户信息进行维护，建立多个微信客户群。每日在客户群发送供应菜品、半成品、水果等照片，吸引顾客在微信小程序下单。在更大范围内，餐饮企业可以开启“云带货”销售模式，通过主播试吃等方式进行营销，吸引更多潜在客户群体。

（2）线上线下整合。

在初期，餐饮企业能够通过开设更多的门店实现规模效应，但到了后期，由于区域化以及各种限制因素往往无法实现规模效应的提高，并且有可能出现竞争所导致的规模效益下降的情况，因此如何将门店的数目控制在合理范围内极为重要。当下信息技术发展，消费者对于网络依赖性强，将高额租赁成本转化为线上商店营运成本，不仅可以实现线上线下门店的联动，还能突破原本规模效应的瓶颈。因此，线上线下双营销的模式可以帮助餐饮企业更好地发展。线上营销能够拉直餐饮企业与消费者之间的距离，使其可以与消费者进行更有效的互动和供货，线下的营销能够使消费者真切地体验美食，而线上与线下营销的整合能够消除价格的落差感，获得消费者的信赖。在互联网时代，渠道融合模式能够把消费者从线上带到线下，从而拉动内需。

3. 产业链

(1) 餐饮、住宿业与旅游业的小循环。

餐饮业应当优化整体产业布局，发扬优势，弥补短板，全面完善食品住宿功能，结合旅游产业，整体发展。在传统的餐饮行业中往往形成单一市场竞争的形式，相关企业也因为区域限制等问题无法形成规模化链条化的经营，循环经济也得不到良好的实现。因此餐饮业应当与住宿业进行有机结合，从而打造更广阔的市场竞争模式，实现“餐饮+住宿”一体化的消费模式，从而促进消费。如餐饮企业可以与住宿业聚集在同一区域，如创建美食休闲城，那么上下游协作产业就可能产生，循环经济也能得到有效的发展。针对本地游客可以推出如“餐饮+客房”的综合消费场景，在通过餐饮文化吸引顾客的同时推出客房服务从而促进住宿业的发展，并通过优质的客房服务吸引消费者成为回头客。与此同时，餐饮业还可以与旅游业进行有机的结合。餐饮业是旅游产品中一个重要部分。在旅游的六大要素中，餐饮消费一直占据重大比例，在国内旅游中排在第一位，在国际旅游中排在第二位，仅在购物消费之后。因此，将餐饮与旅游进行有机的结合不仅能够促进当地饮食文化资源的开发，还能有效提高旅游的创收，带动旅游业的发展。针对各地区不同的文化，餐饮业应具备鲜明的地方特色，满足旅游客源对于餐饮产品的需求。针对当下消费者关注的绿色问题，推广绿色就餐、绿色住宿以及绿色旅游的消费意识，开发多种旅游产品促进消费。通过对饮食文化进行宣传，不仅可以创造独特的旅游产品，还能够提升潜在消费者对旅游的需求，从而促使旅游业成为推动经济发展的重要行业。

(2) 多行业生态产业网络。

除了餐饮住宿业与旅游业的小循环，餐饮业也可以与农业、手工业、环保业等不同产业组成产业网络。餐饮业与农业的组合可以更好地实现绿色餐饮，构建类似农家乐等消费模式。餐饮业与手工业则可以通过中华传统相结合，实现文化传播与消费的一体化。餐饮业与环保业的结合则有利于餐饮行业实现社会价值。整个大型产业网络的构建能够将多元产品进行组合，从而创造消费需求。在疫情的催化下，中国餐饮业迎来了“餐饮＋N”的时代，涌现出了“餐饮＋互联网”“餐饮＋供应链”“餐饮＋新零售”以及“餐饮＋灵活用工”等创新。在“互联网＋”广受欢迎的当下，“餐饮＋互联网”能够打通线上线下营销，助力餐饮业发展新零售业务，吸引更广大的一批年轻客户群体，实现从线上到线下的引流作用。“餐饮＋供应链”能够有效地对整个生产过程进行监控，从源头到产出，着重关注于供应链的价值附加部分，并将供应链进行向上和向下地拓宽，连接起第一产业的原材料生产和第三产业的外卖等物流配送，使餐饮业实现从成本中心到利润中心的转化。“餐饮＋新零售”是对餐饮业未来发展新模式的探究，使多种行业结合产生的新型运营模式，将餐饮业的产品进行多元开发。“餐饮＋灵活用工”是在疫情阶段新产生的创新模式，有助于对人才进行赋能，实现人民稳定就业，有效就业。

（二）国际循环

适应时代的需求，多数连锁餐饮业在国外市场均有布局且经营效果良好。因此通过餐饮行业出口提高经济发展将成为未来的一个新趋势。餐饮业既要通过国内循环拉动国际循环，也要通过引入海外投资企业加强国内餐饮市场转型，从而促进国内循环。引入国外投资能够形成良性竞争，倒逼中国企业从源头进行成本控制，学习国外先进的绿色理念，从而拉动内需促进消费。

二、批发与零售业

（一）立足国内市场

中国加入世贸组织之后，进出口贸易快速发展。2006 年进出口贸易占 GDP 的比例超过 60%。但之后逐年下降，2019 年这一比例为 31%，可见我国的 GDP 还是以国内大循环为主的。此次全球新冠肺炎疫情，在全球主要经济体中，中国率先控制住了疫情，同时率先实现了经济正增长，并成功举办了第三届中国国际进口博览会。可见，在不确定的世界中，中国市场拥有庞大、稳定且持续增长的需求。在几年前，“为中国定制”几乎成了一些网友抨击跨国公司差别对待中国市场的贬义词。而现在，就像在进博会上所展示的那样，随着中国市场创新活力增强，很多新兴消费需求领先于国际，跨国企业不得不用“为中国研发”来留住客户。因此，对于中国企业而言，坚持扩大内需这个战略基点，加快培育完整的内需体系是明智之举。细化到食品行业，可以从如下几个方面来落实。

1. 大力发展“互联网+食品”的零售模式

线上零售的模式经过十几年的培育与发展已经逐渐变得成熟与规范，人们对在网上购买食品的态度也完成了从最初的反感到警惕再到接受的转变。在2020年天猫“双十一”狂欢节，除了总成交额不出意外地又创新高达到4982亿元之外，食品细分领域的表现也十分亮眼，其中不乏许多国货新品崭露头角。如2019年5月才创立的意大利面品类空刻，秉持着“在家15分钟就能做出米其林级的意大利面”的理念成为了方便意大利面的开拓者，由于切入了一个崭新的细分领域而填补了市场空白，几乎没有竞争对手的空刻目前在天猫整个意大利面类目里占据约60%市场份额。回顾2020年“双十一”，有一个趋势极为明显，新产品新赛道集中爆发成为黑马。那些成功的厂商无一不是告别了“大促思维”，仅仅以便宜来打市场，把“双十一”视为清库存的绝佳机会，而是真正洞察了消费者的新需求，捕捉到那群不唯大牌、热爱尝鲜尝新和品位个性化的年轻消费者，然后设计制造出新产品，打造出一个新品类赛道。值得一提的是，由于疫情的原因，往年制造“双十一”爆款的中国工厂们在2020年也掀起了一轮“入淘潮”，来自阿里巴巴的数据显示，“双十一”期间顺德小家电产业带、义乌小商品产业带、南通家纺产业带、泉州男士精品产业带、清河羊绒产业带、川渝生鲜食品产业带等等都成交过亿，他们也纷纷希望在线上寻找内需机会。

2. 拓展产业间深度融合

食物代表的不仅仅是其本身，其背后还隐藏着独特的文化内涵、价值与情怀，这就使其很好地具备了与一二三产业融合发展的特点。比如，食品行业与文化和旅游产业的融合。近年来讲述各地特色食品与饮食习惯的纪录片获得大众的广泛好评，《舌尖上的中国》系列节目更是成为当时的爆款，正所谓一方水土养一方人，祖国大地幅员辽阔，生活在不同地方的人们有他们独一无二的饕餮盛宴。类似的纪录片用文学的手法不仅将当地特色食物的采摘捕捞、精心烹调的全过程展现在大众的视野中，还勾起人们对当地乡土人情的好奇与向往，随之拉动旅游产业的发展。再比如，食品与健康医疗产业的融合。近年来保健食品、功能食品的开发加速，食物的作用也不再仅仅是为了果腹，人们还寄予了其改善身体状况甚至减少患病的期待。在这种需求下，科学家们也逐渐开发出不同食物中的药用价值，有提高免疫力、降血脂降血糖、改善睡眠的，还有调节肠道菌群、改善骨密度、缓解视力疲劳，等等。随着国内人们生活水平的提高，大众对这些产品的日常需求也不断加大，大力促进与健康医疗产业的融合也是食品行业未来的发展方向。除了文化、旅游、健康、医疗产业之外，食品行业与其他产业融合发展的潜力还等待着企业的不断探索。

（二）加强国际合作

习近平总书记强调的国内大循环为主绝不是说要关起门来搞建设，而是要充分加强国际合作，积极联合国外高端产业配套环节和先进要素，主动吸引全球资源深度参与构建国内产业大循环。在对外开放布局上，中国正逐步从原来的沿海开放为主推进到如今的东西南北中全方位开放，同时积极完善自贸试验区布局，增设更多的自贸试验区平台，推动要素自主有序流动。此外，中国还将持续推动共建“一带一路”高质量发展。而食品行业在全球合作的机遇中更是大有可为。

1. 完善“产，购，储，加，销”一体化全产业链构建

打造安全放心的食品全产业链，提升产业链现代化水平，离不开国际交流与合作。北京首农食品集团近年来就通过国内外资源整合，打造了一条从田间到餐桌的食品全产业链，获得了快速的发展。在产业链的关键环节上，公司与世界上最大的生猪养殖企业 PIC 展开了战略合作。第一批

PIC 品系的曾祖代种猪已在北京投放，它有助于缓解新冠肺炎疫情下国内生猪资源短缺的局面。公司还同中信农业一起收购了英国樱桃谷农场公司全部的股权，实现了流失海外一个多世纪的北京鸭品种重返家园。同时公司与德国拜耳合作，建设了“首农—拜耳示范农场”，成为打造绿色农业发展的典范。首农食品集团通过汲取国际上的先进技术和产购销模式，拥有了较强的竞争力。但不得不承认的是，我国在食品卫生以及食品安全认证方面与发达国家还存在较大差距，尤其是在电商零售日益壮大的今天，食品“有品牌，无工厂”的现象时有发生，食品安全新闻频见报端，在全产业链构建的过程中，食品安全应作为重中之重。为实现这一目标，光靠企业的自觉是远远不够的，法律监管要发挥应有的作用。在科技水平日益发达的今天，完全可以将大数据、人工智能、云计算等技术应用其中，来追溯每一个产品的源头以及每一个产业链链条中的环节，真正打造让老百姓放心并具有国际竞争力的现代化食品全产业链。

2. 严防冷链环节病毒输入

目前国内疫情防控已经取得了明显的成效，但国外局势仍不乐观。海关检测出进口冷冻食品外包装上有新冠肺炎病毒的事件时有发生，同时大连、青岛等地也因进口冷冻食品，包括南美冻虾、冻鸡翅等上的病毒导致多人感染新冠，引起市民的普遍恐慌。由于新型冠状病毒在低温环境下可以存活更久的时间，因而冷冻食品的运输就给病毒的传播提供了便利。由于进口冷冻食品在长途运输中要经过多个环节，存在较大不确定性，同时国外的新冠疫情并没有得到有效的控制，因而严防冷链运输关口病毒输入成为了国内疫情常态化防控阶段的关键所在。我们有必要利用环境监测等技术在冷链病毒传播的过程中设置“前哨岗”，而不是在已经出现感染病例时再去追本溯源。同时，与进口国之间的沟通与协调也是迫在眉睫的，这些冷链食品必须在出口时先进行一次有效的新冠病毒检测，在之后的各个环节中要加强数据的共享，使整个物流信息达到透明畅通的标准，这需要国际的配合与协调。各个部门乃至各个贸易国之间有必要建立起统一的冷链物流监管服务平台，为大众提供权威的产品信息查询入口，莫让冷链成为新冠病毒的温床。

三、交通运输业

（一）在双循环中的作用和不足

物流链在供应链中占据重要地位，连接泛供应链的上游和下游，是我国“双循环”顺利发展的有力保障。首先，交通运输业带动上游企业转型升级，在供应链中，交通运输业常充当连接上、下游产业的工具。其次，商流与物流互相作用。在供应链中，商流和物流相互促进，商流成就物流，物流驱动商流。商流成就物流。对于物流来说，商流是形成了物流的需求。

随着我国的交通运输基建日渐完善，“中国速度”得到跨越式发展，国民可以选择更便捷高速的出行方式，企业可以选择更低成本、高效的货运方式。在这一系列的变化下，物流驱动商流的发展，企业可以通过降低运输成本满足更多市场需求。

结合疫情影响、我国交通运输业的现状，我国运输业还存在不少短板。

1. 供给不足

长期以来，我国交通运输业存在供给不足问题。从“九五”计划开始，我国交通运输的发展就滞后于经济发展水平。不仅是铁路、公路等运输，我国大城市也存在轨道交通供给不足的问题。目前，这一问题虽然有所缓解，但是仍然存在。存在这一问题的重要原因之一，就是投资资金不足。随着我国经济体量日渐壮大，人口日渐增多，我国交通运输业的固定资产投资占全社会固定资产投资的比重一直在 8% 左右，2019 年超过了 10%。尽管如此，交通运输业建设需要较长时间，这些投资额没有办法在短时间转化使用，因此供给问题仍然存在。

2. 路线分布地区、区域不平衡

在我国交通网络的布局上，城乡、区域之间差异明显。相比之下，东部的交通网络相比较西部更加密集，这与东部的经济发达程度、地理特征等有关；城市地区的交通运输也比农村地区更加便利。然而，乡村、不发达地区的内需开发更具有潜力。在我国“双循环”战略实施的过程中，在开发了大量的国内需求之后，如果交通运输供给无法提供保障，那么这些需求就无法转化为GDP，也无法顺利实现国内大循环。除此之外，在这次疫情中，如果我国交通网络不够发达，运输不够快捷，救援物资就无法顺利送达，会耽误当地的疫情控制。

3. 运输结构不佳

目前，我国的交通运输结构虽然有所改善，仍存在不少问题。国务院在2017年颁布的《推进运输结构调整三年行动计划》中提出，结构调整应当以推进大宗货物运输“公转铁、公转水”为主攻方向。在我国目前的运输结构中，公路运输比重仍然高居不下，铁路运输和水路运输的占比虽然近年来有所上升，但仍然较低。公路运输存在长途运输成本高、能耗大、易污染环境和事故多等缺点。因此，长途或者大宗货物的货运结构需要及时调整，这也是我国“双循环”顺利进行的基础。

4. 能源、环境问题

我国各类交通工具在运行过程中要消耗大量的化石能源，这就使交通运输业的发展无法避免能源、环境问题。首先，化石能源不是可再生能源，地球上的能源储备是有限的，所以交通运输业的发展将会遇到能源危机。其次，化石能源的燃烧、消耗会产生大量的二氧化碳温室气体和一氧化氮等有害气体，会造成环境污染和全球变暖。同时，这些问题还会存在交通运输业基础建设的过程中，解决这些问题刻不容缓。

（二）设想

1. 实现多元融资，倡导国企混合制改

我国交通运输业供给不足的重要原因就是资金投资不足，针对这一点，本书建议我国应当利用好我国40万亿元新基建投资，加大对交通运输业的资金投入。除了财政补贴之外，运输业企业也可以运用多种方式融资，比如民营资本、外商资本等，降低融资成本，确保融资资金充足。目前，我国经济处于“新常态”，我国经济在保持高速发展的同时，也需要依靠创新驱动和优化经济结构。我国的交通运输行业大多是国有企业，其资金结构、运作效率等存在国有企业的弊病，可以通过发展混合所有制，为这些企业注入新的资金。在进行国有企业的混合所有制改革时，需要关注所引入的非国有资本的比例、质量。若所引入的非国有资本比例过低或者质量较差，也没有办法使制造业国有上市企业的面貌焕然一新，相反，可能会带来两类资本争夺控制权等问题。

2. 调整投资策略，向乡村和西部倾斜

我国广大的农村和西部地区具有巨大的内需潜力，但是其交通运输业分布的不平衡阻碍了这种内需的挖掘与转化。国家应当因地制宜地出台相应的政策，引导各类交通运输企业调整投资策略，将建设资金引入农村、中西部地区，完善我国各地区的交通网络路线。加大不发达地区的投资，不仅可以解决交通运输线路分布不平衡的问题，也可以在一定程度上带动当地的人力市场发展，产生更多的内需。而且，随着这些地区的交通通畅之后，并将激发出更大的经济活力，带动这些不发达地区的整体发展。除了加大对乡村与西部的投资规模之外，交通运输企业还需要提高在东部地区的服务质量，提升运速，解决东部地区经济拥挤的压力问题。

3. 升级统一装备，大力发展多式联运

针对我国运输结构存在的问题，企业应当升级统一的装备，大力发展多式联运。狭义多式联运是通过集装箱实现多种运输方式（水/公/铁/空）的联合运用，优势包括降低货差货损、转运方便、小批量仓储、降低物流成本和简化流程等。根据交通运输部的数据，截至 2011 年，美国的多式联运的货运量占全部货运量的比重已经达到 9.2%，而我国 2018 年多式联运货运量占全部货运量比重仅 3% 左右，差距较大。从美国发展多式联运的过程中，我国可以借鉴其中的经验。各地企业可以就自己的优势和劣势，开展相互之间的合作，取长补短，共同推进运输路线、结构的优化。目前，我国部门港口城市，如深圳海铁联运的增速很快，说明具有巨大的市场需求。政府应当加大对于多式联运基础设施的建设，参考发达国家已有的经验选址，对于已有的运输路线等进行改进升级。同时，就海铁联运而言，政府可联系铁路集团与港口公司，推进铁路线进港工作，进一步提升海铁联运效率。为了进一步提高多式联运的覆盖面和效率，各地政府还可以建立各级别的货运标准，推广标准集装箱运输车辆，逐步淘汰落后低效的栏板车、仓栅车等老旧车辆。

4. 加大科研投入，促进运输业智能化

为了解决我国交通运输业存在的环保、技术问题，应当加大对于运输业的科研投入，提升行业的智能化。未来交通运输业的发展，利用绿色清洁能源和提升运输效率是一个趋势。有关部门应当强化各类运输企业的资源节约和保护环境的理念，并制定效应的法律法规，完善各类运输方式的绿色标准，推行到各省市，各地可以按照自身的情况制定各自的行业标准。各类技术人才是推进交通运输业现代化的主要动力。因此，企业应当与各类高校紧密联系，输送大量“新鲜血液”进入企业，加快我国运输行业的新进程。为了应对新冠肺炎疫情此类大事件，交通运输部门采用多源大数据及区块链进行数据对比分析，明确交通运输风险位置初步分析原因，提高高新技术应用能力，提升行业智能化水平。在预警大事件之后，及时推出相应的应急方案。

四、卫生和社会工作

卫生事业事关每一位人民大众的身体健康，是发展好事业的基础，本部分阐述对未来卫生行业发展的设想，主要从产业链及双循环角度阐述。对上游企业阐述，主要从倒逼国内企业医疗器械自主创新，对下游，加强患者与医生交流等，并且加强中医药出口，做大做强。即医疗企业自主创新、健康服务体系持续完善、中医药传承创新发展三方面。

（一）国内企业医疗器械自主创新

从 2018 年起，美国这一世界第一大经济体对中国的经济实施制裁，使中国的经济发展不顺畅，尤其是在国际市场方面。2019 年我国暴发新冠肺炎疫情，在医疗器械方面，也出现了一些问题，总的来说，就是高端医疗器械的自给自足出现问题，很大程度上依赖进口，这两方面的压力，一定程度上会促使中国企业研发高端医疗器械，实现自主创新。但是现状却堪忧，2019 年中国医用材料的进口额同比增长超过出口额。高端产品几乎依靠进口，低附加值的低值耗材、低端诊疗设备国内可以大量生产，企业的创新质量低。

1. 完善相关行业政策

发展好医疗器械行业，首先，应加大扶持力度，制定并完善相关政策，国家对医疗器械行业实施扶持，在各方共同的鼓励下，自主创新的医疗器械企业会越来越多，政策环境变得非常好。重点发展高值医用耗材。2017—2019 年，为鼓励药品医疗器械创新发展，国务院发布多项政策，一系列政策的推出极大地完善了行业政策，给企业提供极大的支持，鼓励医疗企业创新。

2. 强化人才培养

人才是推动创新的第一动力，没有人才，就不能谈创新。本书从三阶段分析，即通过信息收集与处理、总体规划与分析以及实施计划阶段分析。信息收集与处理也即是人才需求与人才供给分析，对现有的人才予以盘点；总体规划与分析阶段就是对人才总的规划，从总量、结构、素质等方面等展开；对于拟定实施计划就是提出建议对策。国家或企业应该：（1）管理体制调整，对医疗器械人才的调整及时、恰当等。（2）加强知识培训，需开展医疗器械法律等知识培训。（3）引进优秀人才。对于退休专家，可以采用返聘的方式。

3. 加强知识产权保护

知识产权保护，是当前医疗器械行业的重中之重。（1）对于国家来说，要加大对违法者的惩戒力度。（2）对于企业来说，申请专利保险，可以有效地维护企业知识产权，当出现侵权行为，保险公司会第一时间提供相应的维权保护，此外，当需要起诉侵权人时，其中所产生的诉讼费用可由保险公司来承担。（3）企业需对核心产品进行专利战略性保护申请的布局与实施计划，是当今企业立足市场必不可少的战略决策，每一家医疗器械企业都应该将其作为重中之重，以免多年的研发结晶被人利用，成他人之美。

（二）健康服务体系持续完善

1. 全民健康信息平台标准化建设

全民健康是国家的重中之重，只有将健康问题提上议程，国家的发展才能有秩序地进行，尤其是在疫情阶段，控制疫情十分重要。加快全民健康信息平台标准化建设尤为凸显。要推进基于电子健康档案的区域全民健康信息平台标准化建设，建立具有指引性意义的制度，及时发布数据。百姓的健康数据关系到社会的很多部门，需要多方合作，实现数据的共享与规范连接。

2. 强化全国医院信息平台标准化建设

病人的疾病情况需要及时记录，同一个病人可能在不同的医院就诊，临床数据对于病人及医生是十分重要的，要加强医院联系与病人数据的共享，加强全国医院信息平台标准化建设是有必要的，加快数据分析用于临床决策支持的作用。

3. 全民健康信息数据库标准化建设

（1）全面优化全员人口信息数据库。

病人的信息数据可以建立一个索引，提升数据真实性、及时性、有效性。同时与多部门的平台一起合作，数据大家一起享用。全面优化数据，对一些不真实的数据删选出来，进行替换。

（2）加快电子健康档案数据库建设。

老百姓自己的健康纳入管理，并且实施动态管理，比较及时、准确地反映病人的信息，医生及时了解情况，作出最正确的诊断，推进健康档案共享文档标准应用。之前每一家医院、卫生机构都有自己的文档标准，现在可以统一起来。

（3）规范电子病历数据库建设。

各地区的医院、卫生机构以及政府机构应该联动起来，大家要实现数据的共通、共享；国家和省级的病人数据库要建立起来，推进公共卫生和患者服务信息共享。

五、旅游业

（一）在双循环中的作用

旅游业在双循环中的地位可结合其供需分析，总体上，旅游业对其上游产业如航空运输及能源产业的供应进行承接，对下游产业如保险业以及公共环境事业进行供给输出。交通运输、日常食宿、管理支持、风险防范、提供能源保障角度。

旅游业在双循环中，尤其在后疫情时代的作用明显，重大意义，就上述分析可以具体划分为支撑作用和联通作用。支撑作用主要体现在旅游业在其产业链甚至产业网中的中心地位，旅游业在循环中不仅作为供给方还充当着需求方的角色，起到稳定上游支持下游的作用，其中在供应链中还具有明显的影响、吸引和融合作用。由显著的数据观测发现，旅游业为社会提供了大量的工作岗位，直接或间接地影响就业形势，由此对 GDP 产生巨大贡献。例如，截至 2019 年年末，旅游业对 GDP 的综合贡献为 10.94 万亿元，占 GDP 总量的 11.05%。旅游直接和间接就业人数占全国就业总人口的 10.31%，解决我国就业的一大难题。连通作用则体现旅游业“连通器”的特性，在产业网或是简单小循环中，旅游业处于中心地位，对上下游也有着连通作用，同时也保持对其支持系统中的多个市场的连通，使资金流和信息流等在小循环和大循环中顺利流转。此外，在疫情暴发前，旅游业作为直接连通国内和国际旅游市场的产业，在拉动旅游内需的同时也激活国际市场，同时带动上下游市场经济。

（二）设想

在后疫情时代发展背景下，建立以国内旅游大循环为主体的双循环旅游发展格局意义重大，就如何建设方面，参考过去学者的研究，提出以下设想。

1. 发展全国性大循环

截至目前，疫情的影响仍然在持续，国内旅游市场虽有所缓和，但境外游市场还未“解冻”。在此情形下设想短途旅游将成为热门形式，中西部和低线城市旅游也成为热点。我国幅员辽阔，全国旅游城市作为一个整体系统，以每个旅游城市为中心实施短途出行计划，即考虑安全以及卫生经济在内，又能实现高效大循环。

2. 省份间循环

建立国内循环下的良性竞争市场，以省份划分，形成合作共赢机制。"客源互送"是现今旅游业发展中新兴的方式，在现有的旅游资源以及客户分布的角度下，对旅客进行省份间的循环互送，将很大程度上降低各省市间的市场进入壁垒，建立省份间的高度紧密关系，形成良性循环。

3. 国内国际双循环

现今国际旅游市场陷入困境，但人们对境外旅游的需求仍存在，因此应充分利用国内旅游大循环的经验推动国际旅游循环。同时，适当加强引入外商投资，加强国内循环的监管，构建国内国际良性竞争的环境。

4. 线上线下循环

与传统的旅行社相比，后疫情时代下线上旅行社 OTA 的发展意义将逐渐增强，出于疫情防护和卫生经济考量，应着重建设以线上智慧旅游体系为主，线下咨询旅游为辅的旅游服务体系，实施线上线下大循环。

总　结

本书旨在研究双循环背景下产业结构的优化升级现状，分别对三次产业进行产业发展现状、产业链发展现状以及产业的双循环路径进行归纳梳理。总体来看，我国三次产业保持着第一产业稳定发展、第二产业中流砥柱、第三产业持续增长的发展现状。在以实现双循环为目标的前提下，三次产业的发展同时存在一定问题，本书在有效优化产业内部结构以及产业链发展的基础上，促进国内国际双循环协同发展。

我国第一产业的发展迅速，在我国的经济体系中充当着非常重要的角色，同时，在第一产业的生产过程中逐渐进行转型，越来越注重科技在生产过程中的重要作用，让科技的发展促进第一产业的发展，但同时，第一产业目前也存在着一些问题，还有巨大的发展潜力。在生产方式上，大多集中在直接生产方面，一些附加值高的环节却较少考虑。从整个产业体系考虑，尽管已经取得了如此大的成就，可在诸多方面却还是存在着不足：一是我国第一产业在精深加工方面严重落后，产业链短，这种低效率的生产模式是不足以支撑我国第一产业未来的发展的。不仅如此，相较于发达国家而言，加工技术与装备也普遍处于落后状态。二是与其他产业交融程度低。尤其是在近年来，不仅仅是第一产业的生产，其休闲功能也越来越重要了，现代第一产业发展的一种趋势就是与旅游业融合发展。三是产品市场制度不完善，发育尚不完全，跟不上现在的市场需求，有相当一部分质量十分优良的第一产业产品在国内因市场原因得不到认可，只得探索国外市场。四是在产业链核心技术上的缺失，被一些发达国家拿捏住了技术关卡，这种局面也使提高我国相关产品质量的道路十分坎坷和曲折。

第二产业作为稳定国内经济，实现“六稳六保”的重要支撑力量，实现其产业结构升级是“十四五”时期实现全面建设社会主义现代化国家目标的关键一步。在如今的形势下，我国内外环境正发生深刻复杂的变化，工业、建筑业供应链格局加速调整，竞争空前激烈，创新能力不高等一系列问题会制约我国第二产业的高质量发展。2019 年，第二产业的国内生产总值为 386165.3 亿元，占国内生产总值的 39.0%，其中，工业生产总值占国内生产总值的 32.0%，建筑业生产总值占国内生产总值的 7.2%。2011—2019 年的第二产业的生产总值平均增长速度为 9.6%，相较于 1979—2019 年的平均增长速度 10.6%，降低了 1 个百分点，反映出第二产业占国民经济的重要程度稳定不减。产业链方面，第二产业的产业链存在上游资源过度开发、中下游产业制度不规范、重污染程度较大等问题。

第三产业是推动我国经济增长的主要动力，也是提高我国经济效率必不可少的部分。第三产业所提供的服务型消费商品，不仅可以满足消费者的需求，而且能够提高消费者的生活质量。第三产业对 GDP 的增长贡献率不断增加，使第三产业代替了第二产业的地位，成为我国经济的支柱和经济增长的动力。2020 年的新冠肺炎疫情使人民的消费受到抑制，第三产业增加值下浮了 5.2 个百分点，其中，虽然旅游业受疫情的冲击加大，但随着生产生活秩序加快恢复，部分民生保障领域实现稳定增长，例如物流业、金融业以及软件与信息服务业。

总体来说，在双循环背景下，第一产业在发展迅速的同时存在科技化水平较低、效率不高等问题；第二产业对经济增长保持着一个较为稳定的中流砥柱作用，但同时其长期以来存在的问题也较多：产业结构的高度化有待提升、产业创新能力不高，资源利用率低、多行业的集中度不断提升、中美贸易战使出口受阻。第三产业对经济增长的贡献随着经济发展不断提高，但由于其产业性质的特殊性较容易受到疫情等突发事件的影响。而针对各个产业中存在的问题，我们需要采取一定措施。从短期来看，外需转内需是经营主体一种相机的抉择。而从长远看，想要突破困境，我国产业还是要从其他环节（如研发、生产、流通）进行改善，以减缓国内相关产品供需不平衡的现状，并进一步融通国内外相关产品的产品市场，形成双循环格局。应继续改善工艺提高产品国际竞争力，加强第一产业科技化、第二产业链现代化、加大对企业的监管力度等措施有效促进双循环战略的实施。针对第三产业，未来要充分利用数字技术实现数字化转型，打造绿色供应链促进供需精准匹配，推动产业间深度融合，构建现代物流体系。每个产业与行业在循环中都有着不可替代的作用，不仅充当循环的供给方，也充当着循环中的需求方。在完善产业中行业内部结构的同时要形成良好的国内循环，立足于国内市场，并且既要通过国内循环拉动国际循环，又要通过国际循环促进国内循环。

参考文献

［1］贾根良．国内大循环为主体的双循环与中西部大开发［J］．广西师范大学学报（哲学社会科学版），2020，56（6）：103－113．

［2］刘鹤．加快构建以国内大循环为主体、国内国际双循环相互促进的新发展格局［N］．人民日报，2020－11－25（006）．

［3］伍山林．“双循环”新发展格局的战略涵义［J］．求索，2020（6）：90－99．

［4］张燕生．构建国内国际双循环新发展格局的思考［J］．河北经贸大学学报，2021，42（1）：10－15．

［5］金碚．构建双循环新发展格局　开启中国经济新征程［J］．区域经济评论，2021（1）：5－9．

［6］丁晓强，张少军，李善同．中国经济双循环的内外导向选择——贸易比较偏好视角［J/OL］．经济管理：1－15［2021－02－16］．https：//doi.org/10.19616/j.cnki.bmj.2021.2.002．

［7］黄逸江．《国内大循环：经济发展新战略与政策选择》评介——基于现代货币理论视角［J］．财经问题研究，2020（10）：126－129．

［8］魏杰．“双循环”重大战略调整背后的5个核心逻辑［J］．经营管理者，2020（11）：48－53．

［9］何云．“双循环”与产业结构调整的金融思考——以天水市为例［J］．甘肃金融，2020（12）：43－46．

［10］丁守海，徐政．双循环格局下经济高质量发展路径探索［J］．宁夏社会科学，2021（1）：5－11．

［11］罗良文，梁圣蓉．新发展格局下需求侧管理的内涵、特点、难点及途径［J/OL］．新疆师范大学学报（哲学社会科学版）：1－9［2021－02－16］．https：//doi. org/10. 14100/j. cnki. 65－1039/g4. 20210209. 003.

［12］刘哲希，陈彦斌．消费疲软之谜与扩大消费之策［J］．财经问题研究，2018（11）：3－12.

［13］黄群慧．“双循环”新发展格局：深刻内涵、时代背景与形成建议［J］．北京工业大学学报（社会科学版），2021，21（1）：9－16.

［14］金碚．经济双循环视域下的需求侧改革［J/OL］．新疆师范大学学报（哲学社会科学版），2021（05）：1－9［2021－02－10］．https：//doi. org/10. 14100/j. cnki. 65－1039/g4. 20210125. 001.

［15］张永亮．“双循环”新发展格局：事关全局的系统性深层次变革［J］．价格理论与实践，2020（7）：4－7，12.

［16］程恩富，张峰．“双循环”新发展格局的政治经济学分析［J］．求索，2021（01）：108－115.

［17］刘伟，陈彦斌．中国经济增长与高质量发展：2020－2035［J］．China Economist，2021，16（1）：2－17.

［18］陈劲，阳镇，尹西明．双循环新发展格局下的中国科技创新战略［J］．当代经济科学，2021，43（1）：1－9.

［19］金碚．关于“高质量发展”的经济学研究［J］．中国工业经济，2018（4）：5－18.

［20］傅春，赵晓霞．双循环发展战略促进新旧动能转换路径研究——对十九届五中全会构建新发展格局的解读［J］．理论探讨，2021（1）：82－87.

［21］沈坤荣，赵倩．以双循环新发展格局推动“十四五”时期经济高质量发展［J］．经济纵横，2020（10）：18－25.

［22］郭晴．“双循环”新发展格局的现实逻辑与实现路径［J］．求索，2020（6）：100－107.

［23］樊纲．双循环与中国经济发展新阶段［J］．开放导报，2020

(6)：7－10.

［24］马建堂，赵昌文．更加自觉地用新发展格局理论指导新发展阶段经济工作［J］．管理世界，2020，36（11）：1－6，231.

［25］黄炎．“双循环”新发展格局下中国产业结构与基本经济条件适配性分析［J/OL］．兰州学刊：1－14［2021－02－10］．http：//kns. cnki. net/kcms/detail/62. 1015. c. 20210207. 1440. 022. html.

［26］沈瑗瑗．我国产业结构升级研究进展［J］．企业科技与发展，2020（8）：4－6，9.

［27］刘轶芳，李霞．双循环新发展格局对环境经济的影响分析［J］．中国环保产业，2020（12）：11－13，10.

［28］周诚君．关于金融支持高质量发展和双循环新发展格局更好推动产业结构调整升级有关问题的思考［J］．南方金融，2020（12）：3－10.

［29］马丹，郁霞，翁作义．中国制造“低端锁定”破局之路：基于国内外双循环的新视角［J］．统计与信息论坛，2021，36（1）：32－46.

［30］张倩肖，李佳霖．新时期优化产业转移演化路径与构建双循环新发展格局——基于共建“一带一路”背景下产业共生视角的分析［J］．西北大学学报（哲学社会科学版），2021，51（1）：124－136.

［31］陈要立．双循环新发展格局下河南产业结构调整优化思路研究［J］．决策探索（下），2020（12）：9－10.

［32］陈林．“双循环”新发展格局下产业升级的关键［J］．人民论坛，2021（2）：38－40.

［33］黄群慧．“双循环”新发展格局：深刻内涵、时代背景与形成建议［J］．北京工业大学学报（社会科学版），2021，21（1）：9－16.

［34］班军．构建双循环新发展格局的内涵、背景与对策［J］．中国经贸导刊（中），2021（02）：154－155.

［35］段炳德．构建新发展格局的理论逻辑与政策建议［J］．中国劳动关系学院学报，2021，35（1）：41－49.

［36］刘贵富．产业链基本理论研究［D］．吉林大学，2006.

［37］范晓屏，刘志锋．网络化——产业集群发挥效应的关键［J］．特区经济，2005（12）：283－284．

［38］郁义鸿．产业链类型与产业链效率基准［J］．中国工业经济，2005（11）：35－42．

［39］吴金明，黄进良，李民灯．论产业链建设与创新的“3＋3＋3＋3”模式［J］．湖南科技大学学报（社会科学版），2007（3）：49－54．

［40］蒋国俊，蒋明新．产业链理论及其稳定机制研究［J］．重庆大学学报（社会科学版），2004（1）：36－38．

［41］吴金明，邵昶．产业链形成机制研究——“4＋4＋4”模型［J］．中国工业经济，2006（4）：36－43．

［42］张燕．博弈论视角下的移动互联网产业链纵向优化整合研究［D］．江西师范大学，2016．

［43］卜庆军，古赞歌，孙春晓．基于企业核心竞争力的产业链整合模式研究［J］．企业经济，2006（2）：60～61．

［44］薛风雷．对于优化农业产业链的思考［J］．农村经济与科技，2010，21（2）．

［45］唐琴琴．浅析农业产业链存在问题及对策［J］．商，2012（7）．

［46］谷永芬，吴倩．我国农业产业链升级路径选择［J］．江西社会科学，2011，31（8）：88－93．

［47］赵绪福．农业产业链优化的内涵、途径和原则［J］．中南民族大学学报（人文社会科学版），2006（6）：119－121．

［48］韩兰华，潘荣根，汪桥．政策激励下农业产业链纵向协作的演化博弈分析［J］．信阳农林学院学报，2020，30（3）：37－40．

［49］孙梦．智慧农业促进农业产业链发展作用研究［J］．物流工程与管理，2020，42（8）：174－176．

［50］倪冰莉．“互联网＋”时代农业全产业链发展模式创新［J］．商业经济研究，2020（21）：85－88．

［51］李际，李海．2019 年我国电力发展形势及 2020 年展望［J］．中

国能源，2020，42（3）：25－29.

［52］张静．基于有序 Logistic 模型的发电企业债券信用评级研究［D］．天津财经大学，2017.

［53］单葆国，吴姗姗，李江涛．新冠疫情对2020年电力需求影响及应对之策［J］．中国电力企业管理，2020（4）：28－29.

［54］杜宇，黄成，吴传清．长江经济带工业高质量发展指数的时空格局演变［J］．经济地理，2020，40（8）：96－103.

［55］杨荷，曾庆均．长江经济带建筑业市场结构、产权结构对市场绩效的影响——基于省际面板数据的实证分析［J］．重庆工商大学学报（社会科学版），2017，34（5）：54－63.

［56］周佐民，龚鹏辉，刘晓阳，任军平．疫情之下大浪淘沙——市场机遇与挑战并存［N］．中国矿业报，2020－06－08（004）.

［57］王佳营，曾威，任军平．待疫情过去，铀矿市场或是春天［N］．中国矿业报，2020－05－25（004）.

［58］马庆．行业视角下的第三产业发展与就业协调性研究——基于改进的结构偏离度分析［J］．技术经济与管理研究，2020（10）：94－98.

［59］马殷春．经济全球化背景下我国经济增长与第三产业竞争力的互动关系［J］．商业经济研究，2017（15）：164－166.

［60］王柄楠．我国产业结构、产值增长和就业——以第三产业为例［J］．新西部，2018（3）：61－63，70.

［61］李慧．中国第三产业税收贡献研究［J］．税务与经济，2020（2）：97－105.

［62］马海涛，彭倩茜．促进我国第三产业结构性优化的财税政策研究［J］．河南财政税务高等专科学校学报，2018，32（3）：1－6.

［63］刘彤．顺应双循环，发展新食业．中国食品报，2020（1）：31－33.

［64］王瑞莲．功能性食品产业发展现状与对策研究．现代食品，2020（5）：56－58.

［65］代晓敏，高志刚，王玉茹，陈杰．新冠肺炎疫情对交通运输行业的影响分析与政策建议［J］．公路交通科技（应用技术版），2020，16（7）：337－340.

［66］周新军．内需拉动下的中国交通运输业——规模结构、投资效应及未来走势［J］．经济研究参考，2011（52）：20－30.

［67］杜振华，米师悦．中国软件出口现状及趋势展望［J］．全球化，2019（12）：66－76，135－136.